AF532645

Hannalore Gewalt

# Thüringer Dorfleben

*Kinderspielen an der Nesse um 1932.*
*Foto: Oskar Dorn*

Verlag Rockstuhl

**Impressum**

*Umschlaggestaltung:* Harald Rockstuhl, Bad Langensalza

*Titelbild:* Frühstückspause auf dem Ehrenborn bei Falken an der Werra – 1959. Stehend v.l.: Ingrid Cron, Else Hoffmann, Marie Becker, Hans-Martin Oppel und Edith Oppel. Sitzend v.l.: Elli Oppel, Minna Zipf, Berthold Zipf, Günther Oppel und Klaus Richardt. Foto: Heinz Nießler

*Umschlagrückseite:* Hannalore Gewalt mit Ihrem Ehemann Roland 2013. Foto: Harald Rockstuhl

1. Auflage 2013

**ISBN 978-3-86777-471-0**

*Innenlayout:* Harald Rockstuhl, Bad Langensalza

*Druck und Bindearbeit:* Beltz GmbH Bad Langensalza

Gedruckt auf alterungsbeständigem Papier nach ISO 9706

*Die Deutsche Nationalbibliothek* verzeichnet diese Publikation in der Deutschen Nationalbibliografie. Detaillierte bibliografische Daten sind im Internet über *http://dnb.d-nb.de* abrufbar.

*Inhaber: Harald Rockstuhl*
*Mitglied des Börsenvereins des Deutschen Buchhandels e.V.*
*Lange Brüdergasse 12 in D-99947 Bad Langensalza/Thüringen*
*Telefon: 03603 / 81 22 46 Telefax: 03603 / 81 22 47*
*www.literaturversand.de*

## Einleitung – 1956 und 2012 – mit 17 Jahren.

Wie sieht heute eine 17-jährige das Leben einer 17-jähringen im Jahr 1956? Als die Thüringer Autorin Hannalore Gewalt 17 Jahre alt war, zählte man 1956. Ihre Jugend ließ sie in den Büchern „Ländliches Thüringen“, „Feldraingeschichten“ und „Thüringen – All meine Gedanken“ wieder lebendig werden.
Im Juli 2012 arbeitete Nina Spitzhüttl aus Mülverstedt als Schülerpraktikantin im Verlag Rockstuhl. In dem Zusammenhang, bat ich Sie einmal einen Blick in das Jahr 1956 zu werfen. Wie sieht heute eine 17-jährige das Leben einer 17-jähringen im Jahr 1956? Dabei schrieb Sie:

*Aus dem Buch* ***„Ländliches Thüringen – Erinnerungen an Thüringen“*** *von Hannalore Gewalt las ich vor allem die Kapitel „Entbehrungen und Sehnsüchte“, „Dummheiten in der Schule“ und „Unvergessliche Erinnerungen an die Weihnachtszeit“, aber auch, wie sie auf die Idee kam, ein Buch über ihr Leben zu schreiben und was es in ihrem Dorf früher schon alles gab. Anfangs war ich skeptisch, da mich Bücher von früher normalerweise nicht so sehr interessieren. Doch schon, als ich begann zu lesen, konnte ich feststellen, dass Hannalore Gewalt einen sehr schönen Stil zu schreiben hat. Als sie ihren Ort Molschleben vorstellte und beschrieb, was es dort damals alles gab, konnte ich mir das alles sehr gut vorstellen. Auch erklärte sie alle Sachen, die man heute vielleicht nicht mehr so kennt. Ich bekam dadurch einen sehr guten Einblick in das Dorfleben damals, was mich mehr interessierte, als erwartet. Es gab sehr viele Unterschiede zu dem heutigen Leben auf dem Dorf, welches mir ja sehr gut bekannt ist. Doch trotz der großen und vielen Unterschiede bemerkte ich auch da schon Gemeinsamkeiten Molschlebens mit Mülverstedt, dem Dorf, in dem ich lebe. Heute gibt es in den Dörfern nicht mehr so viele Betriebe wie Tischlereien oder Polsterer. Doch die wichtigsten Sachen, wie ein Bäcker oder Fleischer oder auch ein Konsum, gibt es noch heute in den meisten Orten. Ich war jedoch erstaunt, welche Vielfalt von Betrieben und Geschäften damals schon vorhanden war.*
*Als nächstes las ich das Kapitel „Entbehrungen und Sehnsüchte“, weil es mich ehrlich interessierte, auf was man früher alles verzichten musste. Dass es zu der Zeit wenig Obst gab, vor allem wenig exotische Früchte wie Bananen, Kiwis oder Ananas, wusste ich bereits. Das dies aber so viele Sehnsüchte hauptsächlich in Kindern und Jugendlichen weckte, hätte ich nicht erwartet, da heutzutage von den Kindern eher Süßigkeiten als Bananen bevorzugt werden.*

*Hannalore Gewalt im Januar 2013.*
*Foto: Harald Rockstuhl*

*Bei dem Kapitel „Dummheiten in der Schule" überraschte es mich, dass gerade ein Mädchen die größte Unruhestifterin ist, heute bei uns ist das eher umgedreht. Auch die Art der Streiche ist heute recht ungewöhnlich, da man jetzt viel weniger erfinderisch ist und sich wohl kaum die Mühe macht, sich etwas auszudenken. Heute spielt man den Lehrern kaum Streiche, warum auch immer. Auch die Bestrafungen waren früher härter, man musste wegen kleinen Sachen schon nachsitzen. Auch so etwas ist heute untypisch. Strafen gibt es bei Verstößen gegen die Schulordnung, und auch dann muss man nicht nachsitzen, sondern Arbeitsstunden verrichten. Ich denke, gerade Erfahrungen über die Schulzeit sind bei diesem großen Zeitunterschied sehr stark verschieden, da sich in diesem Bereich viel verändert hat und die Schüler durch die technischen Möglichkeiten viel weniger Zeit haben, um die Lehrer zu ärgern, da sie sich lieber mit ihren Handys beschäftigen.*

*Besonders schön fand ich ihre Erinnerungen an Weihnachten, vor allem, da ich hier sehr viele Parallelen zu dem Weihnachtsfest bei uns zu Hause ziehen kann. Nach der Kirche essen wir auch Kartoffelsalat und Würstchen. Und auch ich bin der Meinung, dass der Weihnachtsbaum eines der schönsten Dinge an Weihnachten ist. Natürlich ist der Schmuck und vor allem die Beleuchtung unterschiedlich, außerdem schmücken wir den Baum alle zusammen, aber trotzdem sieht er in dem spärlich beleuchteten Wohnzimmer am Heiligabend viel schöner aus, als wenn man ihn nachmittags schmückt. Umso älter ich wurde, umso stärker fiel auch mir auf, dass es egal ist, wie viel man geschenkt bekommt. Es zählt die Bedeutung und vor allem das Beisammensein an den Feiertagen. Oft ist Weihnachten die einzige Zeit im Jahr, in der alle 4 Familienmitglieder nachmittags gemeinsam auf der Couch sitzen oder liegen. Solche Momente sind selten und deswegen besonders schön.*

*Besonders gut gefällt mir an dem Buch von Hannalore Gewalt auch ihre Art zu schreiben. Man merkt, dass sie ihr Leben schon als Kind genossen hat und ihr sehr viel in guter Erinnerung geblieben ist. Das Gelesene vermittelt Wärme und Geborgenheit und ich glaube, man konnte sich früher sehr wohl fühlen, wenn man nur wollte. Deswegen habe ich meine anfängliche Skepsis zu dem Buch abgelegt und finde, es lohnt sich, auch mal Bücher zu lesen, die man sonst nicht so oft lesen würde, weil man auch daraus viel lernen kann."*

Soweit Nina Spitzhüttl aus Mülverstedt, aufgeschrieben im Frühjar 2012.

*Bad Langensalza im Januar 2013* *Harald Rockstuhl*

# Inhalt

## Der Küchenschnitzer

In einer Küche werden seit eh und je vielerlei Geräte oder Werkzeuge für das Kochen und Backen benötigt. Mit der Zeit entwickelten sich diese Hilfsmittel immer weiter, aber ein gut in der Hand liegendes, gut geschärftes, kleines Küchenmesser, ist auch heute noch unersetzbar. Wir bezeichnen ein solches Utensil als Schnitzer. Im Thüringischen Wörterbuch fand ich diese Bezeichnung mit der Erklärung, kleines Küchenmesser, auch unter Hilfsmittel oder Utensil. Für mich ist dieses kleine Werkzeug, seit ich ein Messer halten kann, sehr vorteilhaft.

Wenn ich mich an unsere Küche während meiner Kindheit erinnere, da fallen mir sehr wenige Geräte ein, welche die Küchenarbeit erleichtert hätten, aber der gute Küchenschnitzer war stets gegenwärtig. Es ist keine große Investition, aber einige Schnitzer gehören, nach meiner Meinung ganz einfach zu einer perfekten Ausrüstung, denn ein Schnitzer ist bei vielen Arbeiten sehr hilfreich. Früher schälte man vor allem Kartoffeln mit dem Schnitzer, auch Schwarzwurzeln, Spargel, Äpfel, Birnen oder Möhren und Gurken. Beim Bohnenschnippeln, Gemüse putzen, oder beim Entfernen der Blüte und des Stielansatzes der Stachelbeeren, überall wird der Schnitzer gebraucht, weil er klein und spitz ist und man mit ihm in die kleinste Ecke kommt. Aber gut geschärft sollte das Messerchen schon sein, das stellt man gleich fest beim Schälen von Zwiebeln oder Knoblauch.

Als junge Frau kam ich einmal in einen Haushalt, welcher auch ohne den so gelobten Küchenschnitzer auskam. Als ich dann die Hausfrau beim Kartoffel schälen sah, wie ungeschickt sie mit dem Besteckmesser herumhantierte, hätte ich am liebsten nachgeholfen. Diese ungelenken Bewegungen, die relativ dicke Schale, und das Augenausstechen, das konnte ich bald nicht ansehen. In der Zeit hätte ich leicht die doppelte Menge an Kartoffeln einwandfrei geschält.

Nun ist die Mechanisierung nicht an den Küchen vorbeigegangen, spätestens nach der Wende zog wohl in einen jeden Besteckkasten auch ein Gemüseschäler ein. Mit einem modernen Schäler wird der Küchenschnitzer nun doch bei vielen Arbeiten beiseite gelegt, zumindest beim Schälen. Zwetschen oder Pflaumen entsteinen, Bohnenschnippeln oder Stachelbeeren putzen, es gibt schon noch einige Arbeiten für das handliche Messerchen. Ein Schäler ist sehr zeitsparend, und ich denke dabei an einen Nachbarn, welcher auch in den schlechtesten Zeiten stets an eine Menge Spargel kam. Dieses Gemüse verstand er relativ schnell und gut zu schälen, aber mit einem Spargelschäler wäre es immer noch leichter gewesen.

Wenn Salatgurken, oder eine Menge Senfgurken geschält werden müssen, dann denke ich bei jeder geschälten Gurke, was für ein Segen, so ein Gemüseschäler doch ist.
Ganz sicher gibt es auch heute noch Menschen, die sich mit einem stumpfen und unhandlichen Messer abquälen, aber eigentlich sollte dieser Zustand beendet sein, lange genug hat es gedauert.
Warum soll man sich die Arbeit nicht erleichtern, wenn es möglich ist, die Küchenarbeit ist ohnehin noch anstrengend genug.
„Ein jeder Mensch ist seines eigenen Glückes Schmied", dieser Ausspruch hat zu allen Zeiten seine Berechtigung behalten.
Heutzutage gibt es ja Messer in allen Varianten und allen Preislagen zu kaufen, aber man muss es auch nicht übertreiben, wie ich finde!
Eine Hausfrau wird nicht automatisch zu einer passionierten Köchin mit einer aufs Neueste ausgestatteten Küche und einem Arsenal an Messern.
Ein Schnitzer, ein Schäler und ein größeres Fleischmesser, damit lässt sich alles erledigen was es auch immer in einer Küche zu schneiden oder zu schälen gibt. Man kann an alten Gegenständen und Gewohnheiten hängen, aber man muss dabei nicht automatisch die Augen vor dem Neuen verschließen.

## Die gute, alte Wäschewanne

Wer kennt ihn nicht, den aus geschälter Weide geflochtenen, rechteckigen Korb, oder auch Wäschewanne genannt? Links und rechts gab es einen derben, gedrehten und recht handlichen Griff. Oft beförderten die Hausfrauen Wäsche in diesem praktischen Haushaltsutensil.
Mittels einer solchen Wanne wurde gegebenenfalls auch die gesamte hausschlachtene Wurst, oder Speckseiten, bis zum Räucherschlot transportiert, wenn keine eigene Räuchermöglichkeit vorhanden war. Während des Sommers, wo sich das Tagesgeschehen vorwiegend auf dem Felde abspielte, sehe ich eine solche Wanne, in einem größeren Haushalt auch gleich mehrere, voller gewaschener Wäschestücke in irgendeiner Ecke stehen. Dort wartete die Wäsche auf einen Regentag, an dem es die nötige Zeit gab, die oft etwas lästige Bügelwäsche endlich in Angriff zu nehmen.
Aber vor allem war diese Wanne einer ganz anderen Verwendung zugedacht. Es war unsere aller Schlafstatt, sobald wir das Licht der Welt erblickt hatten. Selbst können wir uns natürlich nicht an dieses – Ersatzkinderbett – erinnern. Aber als die nachfolgenden Geschwister darin lagen,

*Heini Kalensee, Vollbad ca. 1938 in Molschleben. Sammlung Ewald Roth*

dieses typische Bild ist schon noch in unserer Erinnerung gegenwärtig. Ich sehe diese Korbwanne auf zwei zueinander gerückten Stühlen in manch einer Stube stehen. Und das kleine Bündel Leben blieb darin, bis ein gewagter Aufstehversuch die Angelegenheit zu gefährlich machte. Dann wurde es höchste Zeit für den Wechsel der Schlafmöglichkeit des Sprösslings. Oftmals wurde ein Gatterbett auch bei Verwandten oder guten Bekannten ausgeborgt, denn das Geld saß damals nicht sehr locker, und eine Anschaffung hing von der Notwendigkeit ab.
Der so genannte Babykorb unterschied sich innerhalb der einzelnen Familien schon ziemlich. Handelte es sich um einen vermögenderen Haushalt, war entweder schon eine Babygarnitur vorhanden, oder sie wurde geschneidert. Fast in einem jeden Haushalt existierte eine Nähmaschine, und die Hausfrau lernte zeitig den Umgang mit diesem praktischen Hilfsmittel. Eine Ummantelung der Wanne, äußerlich und auch innewandig, war schnell genäht. Ein Gummizug am oberen Rand machte diese Verkleidung passend. Auch ein Holzbügel für den so genannten Himmel war vorrätig oder wurde für kleines Geld angeschafft. Damals wussten die zukünftigen Eltern nicht, ob ein Mädchen oder ein Junge unterwegs war. Eine Farbe rosa oder hellblau wurde umgangen, indem ein zart gemusterter

Stoff gekauft wurde. Nun fehlte bloß noch ein vierrädriges Holzgestell, auf welches die Wanne aufgeschraubt werden konnte, und schon stand ein ansehnlicher, hübscher Stubenwagen parat und in freudiger Erwartung. Oftmals borgte man sich diese Erneuerung auch unter Freunden aus, der Korb war jedoch Eigentum, schon wegen seiner vielseitigen Verwendungsmöglichkeit. Bereits vor der Hochzeit wurde er angeschafft, denn ältere Wäschekörbe hatten oft schon die Holzwürmer beim Wickel. Bis in die heutige Zeit hat es der Wäschekorb allerdings nicht geschafft, meist wurde der Wechsel zum leichteren, handlicheren Plastekörbchen unmerklich vollzogen.

Auch durch die Entwicklung der Waschmaschine sind die Wäscheberge merklich kleiner geworden. Heute wird schon, je nach Familiengröße, wöchentlich gewaschen, was die große Wäschewanne entbehrlich macht.

Auch die Hausschlachtungen wurden, bis auf wenige Ausnahmen, abgeschafft, sodass keine Wurst oder Speckseiten mehr in der Korbwanne transportiert werden mussten. Außerdem gibt es jetzt derartige Transportmöglichkeiten aus leichter Plaste, das schließt schon einmal einen Holzwurmbefall aus.

Der Wäsche- oder Babykorb war jedoch keine rein dörfliche Anschaffung, auch in den Stadtwohnungen existierte ein solches Monstrum, schon wegen der Babys, die ja überall erwartet wurden. In den kleiner gewordenen Wohnungen wäre heute sicher nicht genügend Platz für eine so sperrige Wanne. Sie gehört schon zu den vergangenen Generationen und zu den Erinnerungsbildern einer vergangenen Zeit.

Heutzutage wird ein Kinderzimmer mit allem möglichen Drum und Dran eingerichtet und ein Kinderbettchen angeschafft.

Vorbei ist die Zeit der großen, aufgestauten Wäscheberge und vorbei das armselige Bild einer schmucklosen, nüchternen Wäschewanne auf zwei Stühlen, in welcher der Nachwuchs aufbewahrt wurde.

Es ist nicht alles gut, was so allmählich verschwand, aber bezüglich des Wäschekorbes atme auch ich auf, dass uns die Zeit andere, bessere Möglichkeiten eröffnet hat. Als einen Ersatz für den Babykorb investieren die jungen Eltern schon einmal in eine hübsche und romantische Wiege, was früher meist zu kostspielig gewesen wäre. Es sei denn, auf dem Hausboden befand sich noch eine solche Kinderwiege von anno dazumal, das war aber bloß bei vermögenderen Familien der Fall.

Als Aufbewahrungsmöglichkeit für Babys und diverse Wäscheberge, sowie als Transportmittel für sperrige Dinge, hat die Korbwanne mit der Zeit nun wirklich ausgedient, und niemand weint ihr nach, hoffe ich jedenfalls!

## Freunde

Zwei Igel trafen sich die Tage,
nach Igel-Art stell' man sich vor:
„Wie geht es dir?“ war eine Frage.
„Ach weißt du, ich trag's mit Humor.
Seit Tagen schon knurrt mir der Magen.
Der Garten ist so aufgeräumt,
rein alles hat man fortgetragen,
selbst fegen wurde nicht versäumt!“
„Folg' mir mein Freund, ich kenn' den Ort,
an dem täglich noch Futter liegt!“
So schlichen sich die beiden fort –
wie gut, dass es noch „Freunde“ gibt.

## Der rote Milan

Noch immer zieht er seine Kreise,
ganz so als wäre nichts geschehen.
Die Welt stirbt langsam, wohl zu leise,
dabei wird sie sich weiter drehen.
Wir Menschen haben sie zerstört,
aus Egoismus, Gier und Streben!
Als ob sie uns allein gehört,
der Mensch kann so nicht weiterleben!
Der stolze Vogel hoch am Himmel,
wie lange wohl wird's ihn noch geben?
Just, für des Menschen Lust und Fimmel,
gab wohl schon manch' ein Tier sein Leben.
Der Vogel findet kaum noch Futter,
für seine Kinder, seine Brut!
Der Schmerz, er tötet Brut und Mutter;
solch' Sterben fördert Angst und Wut.
Ist es uns wirklich ganz egal,
weshalb Pflanzen und Tiere sterben?
Der Milan, er hat keine Wahl;
was hinterlassen wir den Erben?

## Die große Reise

Die Turmfalken sind abgeflogen,
ganz ohne Tschüß, Aufwiederseh'n,
sind einfach so davongezogen,
über Täler, Berg' und Höhen.
Gebirgsstelzen und auch die Spötter,
sie folgen ihnen alsbald nach,
besuchen ihre Vogelgötter,
auf Erden droht schon Ungemach!
Auch Schwalben zogen nach dem Süden,
in jedem Jahr das gleiche Spiel.
Lasst eu're Flügel nicht ermüden
und kommt heil an am weiten Ziel!

## Sieben fette und sieben magere Jahre

Die Drossel sitzt im Eibenstrauch,
sie wird gelockt von reifen Beeren.
Genüsslich füllt sie sich den Bauch,
wer wollte es ihr wohl verwehren?
Knall rote Beeren so früh im Jahr;
der Herbst scheint wahrlich schon im Land!
Noch Sommer, schon Herbst?
Es ist nicht klar, wer hat das Zepter in der Hand?
Wohin man sieht – Kälte und Regen,
verdorben ist das reife Korn.
Wo blieb der reiche Erntesegen;
es weckt den Missmut, auch den Zorn!
Auch kein Gebet half uns'rer Flur.
Die jungen Schwalben frier'n im Nest
von satter Brut gar keine Spur;
der Vogelzug mutiert zum Test!
Natur wehrt sich mit aller Kraft,
gegen die Sünden dieser Welt.
Es scheint, als hätte sie's geschafft –
sie wurde gar zu sehr gequält!
Ich las von sieben mag'ren Jahren,
sieben fette ging'n denen voraus.
Und sollten wir das je erfahren,
dann gnade uns Gott, o welch' ein Graus!

## Warten auf den Frühling

Die gelben Blütchen schauen schon
heraus aus hart gefror'ner Erde.
Die Sonne hat sie aufgeweckt,
denkt sie, dass es schon Frühling werde?

Der Winterling als früh'ster Gast,
bracht' uns stets Hoffnung auf das Licht.
Ist erst der Winterling erblüht,
schrecken des Winters Schergen nicht.

Dann ist die Seele neu gestärkt,
und auch die Hoffnung kann erblühen,
die Vögel werden wieder singen
und sich um uns're Gunst bemühen!

## Chaotisches Chaos

Könnte dieses Auf und Ab
der Anfang schon vom Ende sein?
Oder – papperlapapp –
das Chaos noch vermaledei'n?
Voraussagen – nur hü und hott,
meist aus dem Moment geboren,
denn scheinbar hat der Wettergott
jeglichen Verstand verloren?
Die Sonne hat sich rar gemacht,
wurd' aus dem Verkehr gezogen.
Und so entstand, just über Nacht,
der Schlamassel, ungelogen!
Vulkanausbruch – die Welt in Not,
Eurokrise in Griechenland,
Aschewolke und Flugverbot,
Europa haftet im Verband!
Ölversaute Meeresflächen,
kann es denn noch schlimmer kommen?
Die Natur wird sich prompt rächen!
Alle Welt ist wie benommen.
Riesenschulden noch und nöcher,
wer kommt jemals dafür auf?
Auf den Straßen tiefe Löcher –
Idiotie im Schnelldurchlauf!

## Die Mausefellmütze

Im Flur des Hauses waren laute, aufgeregte Stimmen zu hören. Es hatte Ärger gegeben in einem der Jungenzimmer, das mit drei ziemlich verwegenen Burschen belegt war. Nun hatte ich schon immer eine neugierige Ader, die nicht eher Ruhe gab, bis ich den genauen Grund für die allgemeine Unruhe und dem Tuscheln hinter vorgehaltener Hand genauestens kannte.
Es sickerte durch, dass sich die Heimleitung zu einer, von uns Lehrlingen der Forstwirtschaft, ziemlich gefürchteten Schrankvisitation berufen sah. Die Reinigungskräfte hatten einen undefinierbaren, etwas strengen Geruch gemeldet. Oder besser gesagt, es verbreitete sich ein bestialischer Gestank, immer, wenn die bewusste Zimmertür geöffnet wurde. Das Korpus delikti war rasch gefunden, und die Damen der Reinigungstruppe waren wieder einmal stolz auf ihre gut funktionierenden Spürnasen.
In einem Kleiderschrank versteckt fand sich eine halbfertige Fellmütze aus Mäusefellen. Dieses Fundstück hätte beinahe dem Eigentümer den Lehrplatz gekostet, denn die Heimleitung spielte dieses Vergehen, gegen die allgemeine Heimordnung, ziemlich hoch.
Aus dem dichten Fell der Waldmaus, auch Rötelmaus genannt, sollte eine wärmende Kopfbedeckung entstehen, aber leider hatte der besagte Lehrling die chemische Formel der Gerbsäure nicht mehr hundertprozentig im Kopf. Die kleinen Felle waren nicht ordnungsgemäß gegerbt worden, so dass den winzigen Fellbälgen nichts anderes übrig blieb, als langsam vor sich hinzugammeln. Welcher mörderische Gestank bei solchem Prozess entstand, ist allzu erklärlich.
Die Bewohner jenes ominösen Zimmers waren schon des öfteren durch ziemlich ausgefallene Ideen ins Visier der Spürnasen geraten, so waren es ein gefangener, geschlachteter und verspeister Schäferhund, sowie in Lehm gepackte und gebackene Igel. (selbiges praktizierten die zur damaligen Zeit herumvagabundierenden, so genannten Zigeunervölker). Die Jungentruppe war stets erfinderisch, eben eine wilde Horde, die allesamt auch das Zeug für einen eventuellen Revierförster in sich trugen. Ein Revierförster und ein Zahnarzt gingen später aus ihren Reihen hervor.
Das Thema Mausefellmütze war nicht etwa durch das Aufspüren und Vernichten des Objektes abgehakt für uns Lehrlinge, sondern es geisterte noch länger in einzelnen Köpfen herum. Wer wünschte sich in jenen strengen Wintern nicht auch eine Fellmütze? Natürlich gehörte ich auch dazu, wie konnte es anders sein! Einzelne Jungens hänselten mich fortwährend, bei

dem Arbeitsauftrag Mäusevernichtung in Junganlagen, von wegen des damit verbundenen Ekels beim Fangen und Abziehen der Waldmäuse. Ich würde angeblich nie ein ordentlicher Förster werden, wenn ich die bei mir stark ausgeprägte Abneigung nicht endlich über Bord werfen könnte. Es waren leider völlig andere Unzulänglichkeiten, die mir das Studium später dann vereitelten, als der Ekel vor Mäusen. Jedenfalls wollte ich die ständige Hänselei nicht auf mir sitzen lassen und meinen Mut beweisen, indem ich über meinen Schatten sprang. Kurz entschlossen fing ich am darauf folgenden Tag zwei große Rötelmäuse mit schnellem Handgriff, tötete sie und steckte beide Exemplare in die Brusttasche meiner Arbeitsjacke. Somit war der erste Akt gut bestanden, wie ich den anerkennenden Mienen der Mitlehrlinge entnehmen konnte. Am Abend beim Umziehen im Bad waren die Mäuseleichen schon wieder vergessen, ich griff nichts ahnend in die Jackentasche und zog meine Hand blitzschnell wieder zurück. Die Tiere waren inzwischen erkaltet, und die Berührung tat mir alles andere als gut. Ich besorgte mir ein kleines Brettchen und Nadeln zum Fixieren der Mäuse auf der Unterlage. Tief Luftholen und den ersten Schnitt wagen! Ratsch, das ging ziemlich daneben. Ehe ich mir meinen Fehlschnitt besser besehen konnte, stieg ein solcher undefinierbarer Gestank in meine Nase, dass ich durchzudrehen drohte. Blitzschnell riss ich das breite Fenster unseres Badezimmers auf und warf Brett samt Nadeln und Mäusen im hohen Bogen hinaus. Alles „Forschungsmaterial“ landete auf einem kleinen Schleppdach. Es war nicht direkt gut einsehbar für die Parkspaziergänger. Am anderen Morgen hatte die Natur, dass heißt der Marder, Katzen und sonstige Nachträuber meinen Spleen „Mausefellmütze“ spurlos entsorgt. Ich wollte wieder einmal schlauer sein als meine männlichen Mitstreiter es waren, wollte einen mir bekannten Lehrer wegen der Zusammensetzung der Gerbsäurebestandteile befragen und weitaus vorsichtiger beim Verstecken des Korpus delikti sein. Hirngespinste einer pubertierenden Jugendlichen, das konnte nur schief gehen!

Somit war das Thema Fellmütze, Mäuse abziehen und Felle gerben nun endlich gestorben. Wir froren weiterhin an die Ohren, aber mit 71 Jahren könnte ich mich immer noch für die Herstellung einer Waldmausfellmütze durchaus begeistern. Ich kann gar nicht beschreiben, wie unendlich dankbar ich der Natur bin, dass sie mich bis ins Alter mit einem guten Erinnerungsvermögen ausgestattet hat. Es ermöglicht mir, lange zurückliegende Erlebnisse in die Gegenwart zu holen und mich noch heute im Alter daran zu erfreuen.

## „Mai kühl und nass …!“

Das war der Wonnemonat Mai,
ging viel zu trocken auch vorbei,
d’rum lassen wir ihn einfach zieh’n!
Er wollte sich doch nicht bemüh’n,
um die Wälder, um die Fluren,
um all die vielen Saatkulturen.
Mich dauert, was im Mai gestorben,
all das, was wegen ihm verdorben.
Notreife gibt es vielerorten,
ob Westen, Osten, Süden, Norden.
Mich dauern Bäume, Busch und Gras,
zu sehr fehlte das kühle Nass!
Ein wenig Tau genügte schon,
und überall erblühte Mohn.
Die Blüte ist von kurzer Dauer,
denn Hitze liegt schon auf der Lauer.
So traurig ist es, was wir sehen,
trostlos das tägliche Geschehen.
Und gibt es noch so viel Verderben,
die Hoffnung lassen wir nicht sterben!

## Der Tropfen auf dem heißen Stein!

Trock’nes Gras am frühen Morgen,
gähnend lässt der Tag sich an.
„Etwas Tau sollt’ ich besorgen,
dass ich den Tag bestehen kann!“
So dachte es die bunte Wicke,
die durstig auf dem Stengel hing.
Sie kam heut’ gar nicht ins Geschicke,
denn niemand goss das arme Ding.
Niemand sah die kleine Blüte,
nicht, wie sie um ihr Leben bangte.
– Ein wenig Wasser, meine Güte! –
Mehr war es nicht, was sie verlangte!
Und kurz darauf war es geschehen,
was sommers vielerorts geschieht.
Die Wicke ward nicht mehr gesehen,
hätt’ gerne länger noch geblüht!

# Die „Rattenburg“, eine makabere Urlaubsgeschichte

Unsere Silberhochzeitsreise brachte uns nach Bulgarien, direkt an das Schwarze Meer. Landschaftlich und auch vom Erholungswert her, war es ein unvergessliches Erlebnis, das wir wohl nicht missen wollen.
Untergebracht wurden wir in einem, rein äußerlich sehr ansprechenden Hotel, alter bulgarischer Baustil mit viel Holzverarbeitung und inmitten eines Waldes gelegen.
Unsere Tischnachbarn waren der Arnstädter Schulrat samt seiner Ehegattin.
Zur damaligen Zeit wurden ausländische Urlaubsreisen stets in Gruppen organisiert, also gemeinsamer Flug, Unterbringung im selben Hotel, Tagesausflüge, und überhaupt war der ganze Trupp meist irgendwohin gemeinsam unterwegs. So stellten sich, stets abwechselnd, einige von uns vor einem Obstgeschäft in die Schlange, wenn Weintrauben, oder etwas Seltenes angekündigt wurden. Liegestühle und günstige Strandplätze wurden für alle ausgesucht und organisiert. Für die Heimreise wurde Ungarische Salami und Original-Schafkäse besorgt. Gemeinsam organisierte es sich eben besser, wir waren nun einmal als Herdentiere angereist. Auch ein gemeinsamer Kochkurs von bulgarischen Spezialitäten hielt die Meute zusammen, aber nicht, dass dies alles uns nicht gefallen hätte. Beköstigt wurden wir in einem gegenüber liegenden Restaurant. Dort gab es feste Plätze an den Tischen, die sich aber am ersten Tag einfach so nach Sympathieempfinden festlegten. An unserem Tisch saßen, wie gesagt, Urlaubsgäste aus Arnstadt. Wir unternahmen gemeinsam Spaziergänge, um die Gegend kennen zu lernen. Bereits am zweiten Tag berichteten die Tischnachbarn, dass in ihrem Zimmer irgendein Tier die mitgebrachte Schokolade aufgerissen und angeknabbert hatte, wobei ziemlich breite Bissspuren hinterlassen wurden. „Das können nur Ratten gewesen sein“, platzte ich einfach so heraus. Aber das konnte ja nicht sein, denn wie sollen Ratten in ein Hotelzimmer gelangen, so dachte ich damals. „Oder vielleicht ein Eichhörnchen, auch solch’ Überfall hatte ich als junges Mädchen in einem Sanatorium erfahren.“ Aber auch das ging gar nicht, weil ja ein Eichhörnchen zum Fenster hereinkommen müsste. Und wir waren angehalten worden, die Fenster zu schließen, wegen eventuellen Diebstählen bei den aneinanderhängenden Balkonen. Wie dem auch sei, wir konnten keine verständliche Lösung finden, aber ein Unwohlsein befiel uns schon.
Am anderen Morgen, an unserem Silberhochzeitstag, erschienen unsere Tischpartner ziemlich spät. Wir wollten gemeinsam an den Strand gehen, deshalb warteten wir auf die Arnstädter. Nach einer geraumen Weile tauchte die Ehefrau des Schulrates mit hochrotem Kopf in der Eingangstür auf. Sie stürzte an unseren Tisch, und sofort sprudelte es aus der redseligen

Dame nur so heraus, sehr zum Bedauern des Schulrates, ein sehr besinnlicher und bedachter, ruhiger Herr. Auch hatte er wohl ein wenig Bammel um seine vorbildhafte Stellung zu Hause in der DDR. Jedenfalls saß beim Wachwerden eine dicke Ratte auf der Handtasche unserer Tischnachbarin. Nach kurzem Zögern sprang die Ratte auf das Bett des Herrn Schlurates, danach rannte sie über die Bettdecke zu ihrem Schlupfloch bei den Heizungsrohren. Dieses Vorkommnis machte natürlich das Chaos komplett, und eine gepfefferte Beschwerde hagelte es bei der Direktion. Diese beschwichtigte das Ehepaar mit einem Umzug in eine andere Etage und ein anderes Zimmer. „Aber wenn die Ratten dort sind, wer will dann ausschließen, dass sie im neuen Zimmer nicht auftreten sollten?“ So waren meine ersten Gedanken, und sofort schickte ich meinen Ehemann zurück ins Hotel, um nachschauen zu lassen, ob sich in unserem Zimmer eventuell auch ein solches ominöses Loch befinde. Bei der gründlichen Inspektion wurde festgestellt, dass außer der fehlenden Wandfliese im Bad kein Loch zu finden war. Nein, diese fehlende Fliese war ein kleiner Schandfleck in jedem Badezimmer, so hatte ich schon herausgefunden. Angeblich käme man so leichter an eine defekte Rohrleitung, so machte man uns glauben, seitens der Direktion, und wir waren naiv genug, solchen Blödsinn auch noch zu glauben. Auf jeden Fall waren wir alle wieder beruhigt, und angenagte Nahrung hatten wir ja auch noch nicht entdeckt.
Am nämlichen Abend feierten wir unter uns allein die Silberhochzeit in einem anheimelnden Restaurant.
Weil das Land Bulgarien damals unter mangelnden Energiereserven zu leiden hatte, wurde dort ständig zum Stromsparen aufgerufen, aber dennoch war unser Heimweg zum Hotel gut beleuchtet. Auch die Fassadenwand war angestrahlt, was wir absolut nicht verstanden. Wohl wegen des konsumierten Sektes schlief mein Ehemann relativ bald ein. Ich wollte noch einmal ins Bad, um meine Füße erneut einzucremen. Mit der einen Hand die Tür öffnen, mit der anderen den Lichtschalter bedienen, und schon offenbarte sich ein nicht erwartetes Drama. Mein Aufschrei, der ganz sicher überall hörbar war, trug dazu bei, dass alle Hotelmitarbeiter hinter der Rezeption zu Tode erschraken. Eine fette Ratte stolzierte auf unseren Badetüchern, die auf dem Badewannenrand hingen, stürzte genau über der fehlenden Fliese zu Boden und verschwand im beschriebenen Loch. Ohne etwas überzuziehen, rannte ich eine Treppe tiefer in die Empfangshalle. Dort war noch reges Treiben zur mitternächtlichen Stunde, denn dann wurden die einquartierten Engländer samt Kinderschar erst so richtig munter. Die Hotelangestellten starrten mich wie versteinert an, scheinbar dachten sie, ich sei von einer Ratte gebissen worden. Sie begannen sofort, mich zu beruhigen, aus Angst davor, die englischen Urlaubsgäste könnten sonst

von der allgemein bekannten Rattenkalamität erfahren. Aber da kannten mich die Bulgaren schlecht, denn ich war nicht bereit, unser teuer und schwer erarbeitetes Geld für so einen Rattenkäfig hinauszuschmeißen. Ich wollte entweder Rückflug und Erstattung sämtlicher Kosten, oder einen Umzug in ein anderes Hotel. Der Direktor war nicht erreichbar, also warten bis zum Morgen! Zu allem Unheil war für den kommenden Tag eine Busreise ins Landesinnere geplant, also Zeit genug, der ganzen Reisegruppe reinen Wein einzuschenken. Meine Nachtruhe war beendet, ich knipste erst einmal sämtliche Birnen an, die ich finden konnte, was kümmerte mich nun die Energiekrise! Der Diensthabende tat mir schon fast wieder leid. Der arme Kerl tat auch nur seine Pflicht. Allerdings erfuhr ich nun von ihm, weshalb die Fenster geschlossen gehalten wurden, wegen der Ratten, und auch die Fassaden- und Außenbeleuchtung war wegen der Rattenplage. Man befürchtete, die Viecher könnten schnurstracks die Fassadenwand hochklettern. Auch die aufgestellten Marmeladenglasdeckel mit Ködergift unter den Betten und den versteckten Heizkörpern waren nun damit erklärt. Unsere „Rattenburg“ war eines der wenigen Hotels, die beheizbar waren, also musste es funktionieren, wenn die anderen nun Anfang Oktober langsam geschlossen wurden. Aber das alles interessierte mich herzlich wenig. Man hatte gelogen und getrickst, uns in die Gefahr einer Infektion gebracht.
Nun wusste ich also Bescheid, wie dort seit langer Zeit der Hase lief, aber bis zum Sonnenaufgang hatte ich schon noch einige Stunden zu überstehen. Ich kochte vor Wut und vor Ekel, also ein mitgebrachtes Buch könnte mich eventuell etwas beruhigen. Falsch gedacht, eine jede Seite las ich wieder und wieder, ohne sie zu verstehen. Denn hinter meinem Kopfende zerrte und scharrte es derart laut, dass ich ständig befürchtete, diese ekelhaften Viecher könnten sich irgendwo durchfressen. Mein Ehemann schlief indes tief und fest, er war eben ein echter Bauer, der sich nicht so leicht aus der Ruhe bringen lässt.
Bei der Morgenwäsche musste mein Mann neben mir stehen und aufpassen, dass sich nichts einschlich. Was habe ich mich geekelt, ich mochte gar nicht darüber nachdenken, obwohl in unserem Speiserestaurant auch Ähnliches vorgehen könnte? Unvorstellbar!
Schon beim Frühstück war mein Erlebnis und das der Arnstädter in aller Munde, sehr zum Bedauern des Schulrates, denn man hatte auch mit Berlin telefoniert, und sein Amt sollte besser nicht ins Wackeln kommen. Ein Genosse im Amt konnte nicht so eine dicke Lippe riskieren, wie ich es wagte, da stand viel auf dem Spiel, da war es schon besser, man hielt sich aus aller Aufruhr heraus. Als wir von unserer Busreise wieder zurück kamen, ging es zur Sache, da waren Ausreden falsch am Platze. Unser Reiseleiter

aus Berlin trat kaum in Erscheinung, wohl kein Mann für unvorhergesehene Ärgernisse, oder auch wieder sein Amt, das er behalten wollte …?
Der Hoteldirektor wurde herzitiert, neben ihm die Generalvertretung der Bulgartouristik, und dann ging der Streit los. Gefallen ließ ich mir nichts, niemand konnte mir widerlegen, dass jene Rattenburg total durchsetzt war mit dem Rattenvolk. Es gab für uns alle nun nur entweder Rückreise und Erstattung aller Ausgaben, oder Umbuchung in ein intaktes, renommiertes Hotel. Nach hartem Hin und Her fiel die Entscheidung. Zum ersten Male in der Geschichte der Touristik wurde eine ganze Reisegruppe wegen begründeter, belastender Beeinträchtigung umgesetzt. Es war also durchaus keine noble Geste, dass uns die Generalvertretung umziehen ließ?
Und das in das erste Haus am Platze, eine Augenweide, im wahrsten Sinne des Wortes. In jenem Hotel wohnten bislang Schweden, Engländer, Westdeutsche, also das westliche Ausland. Für uns war es eine einmalige Erfahrung, nun in den Betten der „höheren Gesellschaft" liegen zu dürfen. Wir bekamen ein Zimmer mit Seeblick, scheinbar wollten sie mich ganz besonders beruhigen, wegen der negativen Reklame, oder Sonstigem. Wir stellten fest, wie nobel, gepflegt, einmalig, einfach wunderschön bulgarische Hotels sein konnten.
Aber bei einem Spaziergang zur „Rattenburg" waren wir erschrocken, dass bereits am nächsten Tag unsere Zimmer wieder belegt waren, denn auf den Balkonen wedelten Badehosen und Handtücher. Wenn die Hotelleitung Glück hatte und es ging niemand auf leisen Sohlen ins Badezimmer, dann kämen die Gäste vielleicht gar nicht in den Genuss der Untermieter. Wie sie das Problem, ausgelegte Köder unter Betten und Heizkörpern regelten, das konnten wir nicht kontrollieren. Auf jeden Fall war ich mit einem Schlag überall bekannt geworden. Vom Personal etwas von der Seite betrachtet und belächelt werden, damit konnte ich leben.
Nicht nur meinem Mann und mir verschaffte dieses Vorkommnis einen ausgezeichneten Urlaub, auch die ganze Reisegruppe lernte Luxus auf Bulgarisch kennen. Auf der Heimreise gab es viel Dankeschön und Händeschütteln für meinen Mut, es mit der Generalvertretung aufgenommen zu haben. Es dauerte aber eine ganze Weile, bevor ich wieder ganz ruhig eine Badezimmertüre öffnen konnte. In Kliniken, Sanatorien und Hotelzimmern sah ich in Zukunft ganz genau nach, ob auch nicht ein einziges Loch irgendwo war, aus dem es unerwünschten Besuch geben konnte.
Unsere Zahnbürsten sind auf Reisen grundsätzlich in einer Plastehülle, weil ich mir nicht noch einmal vorstellen wollte, dass ein Rattenschwanz die Borsten berühren könnte.
Diese Reise war ganz sicher eine der ausgefallensten Reisen, in unser damaliges Bruderland Bulgarien.

## Unverhoffter Zaungast

Mit einem Krug voll hellen Bieres,
so steh' ich hinter einem Baum.
Mich fasziniert der Klang des Liedes;
das Bier indes verliert den Schaum!

Seh' die Fenster hell erleuchtet,
hör' die Kinder fröhlich singen,
gern säß' ich mit im warmen Stübchen;
spür' die Muße in mich dringen!

Stehe hinter der Kastanie,
es dunkelt längst, die Zeit verrinnt;
hab' mir den Moment gestohlen,
ich bin ein ungehorsam' Kind!

Sehn' mich nach des Vaters Güte,
der mit den Kindern singt und lacht.
Hab' nicht mehr, du große Güte –
an meines Vaters Bier gedacht!

Ich hatte ganz die Zeit vergessen,
das Bier war lange schon dahin;
die Strafe war dem „angemessen",
geboren auch mein  Eigensinn!

Ich liebte das Klavierkonzert,
ich liebte all' die Lieder;
wurd' ich erneut nach Bier geschickt,
fand ich mich hinter'm Baume wieder!

Niemand kannte mein Geheimnis,
das mir so viel Freude machte;
niemand kannte meine Sehnsucht,
die mir stets viel Ärger brachte!

*1. Mai 1959 – Maibaum einholen für die Gemeinde Tüngeda im Harthwald.*
*Foto: Werner Rockstuhl*

*Generationenfrage – Bier mit Milch*
*Foto: Harald Rockstuhl 1986*

# Sich erinnern können

Die Bilder, welche in unserem Inneren gespeichert sind, werden oftmals nur durch ein einziges Wort, oder ein Bild wieder mobilisiert. Und plötzlich entsteht vor unserem geistigen Auge lange Vergessenes, oder vergessen Geglaubtes. Eine schon einmal erlebte Geschichte wird wieder lebendig und gegenwärtig, es ist oft so deutlich, als sei alles erst gestern geschehen, wir erinnern uns sogar an Gerüche. Ein Duft allein kann eine Erinnerung in die Gegenwart zurückholen, genauso deutlich wie ein einziges Stichwort.

So geschehen, als vor einigen Tagen unsere Ölheizung ganz unverhofft ihren Geist aufgab. Eine ungewohnte Kälte durchzog plötzlich alle Räume, es wurde merklich ungemütlich, so wie ich es aus den Wintertagen meiner Kindheit kannte. Zum Glück verfügen wir heutzutage über ausreichend warme Kleidung, aber wohlfühlen ist etwas anderes. Ich ging in den Heizungsraum, um nachzusehen, was da nicht in Ordnung war.

Schon einigermaßen klein und hilflos kam ich mir vor, und ich starrte das Ungetüm von einem Ölbrenner an. Auf einem erleuchteten Schild las ich die Aufforderung, einen ganz bestimmten Knopf zu drücken. Obwohl ich auf technischem Gebiet eine völlige Null bin, drückte ich auf den angegebenen Knopf, und ich hoffte, die Maschinerie damit wieder in Gang zu setzen. Und ich war einigermaßen erstaunt, dass sich absolut nichts regte. Ich rief nach meinem Mann, in der Hoffnung, dass er etwas ausrichten könnte. Er drückte mehrere Knöpfe, aber auch danach tat der Brenner keinen einzigen Muckser.

Es half nichts, für derartige Havarien, wie man solche Pannen heute nennt, gibt es einen Havariedienst, welcher Schäden fachmännisch behebt. So oft hatte mich das Heizungsgeräusch schon gestört, aber im Moment wäre ich glücklich über einen einzigen Ton aus dem Heizungskeller gewesen. Ich griff also zum Hörer, und an der anderen Seite der Telefonstrippe meldete sich unser Heizungsmonteur. Es war Freitagabend, und der Techniker versprach, am anderen Morgen nach dem Schaden zu sehen, obwohl ich ihm schon anmerkte, dass er nicht gerade auf solche Anrufe wartete.

Nun waren die Erinnerungen wieder alle da. Unsere kalte Küche, der eisige Flur und die Schlafzimmer mit glitzernden Wänden während der kalten Winterszeit. Es blieb uns nichts anderes übrig, als noch ein Kleidungsstück überzuziehen. Wir waren eingemummelt, wie wir es damals im Luftschutzkeller sein mussten. Die Straßenverhältnisse sind derzeit im ganzen Land nicht die besten, dennoch hatten wir Hoffnung, dass ein neues Elektronikteil so schnell wie möglich angeliefert werden könnte. Ausgerechnet die Elektronik musste ausgewechselt werden. Schon klar, dass derartige

Reparaturen nicht bloß unser Nervenkostüm, sondern auch die Brieftasche ganz schön strapazieren würden. In einigen Tagen ist Heiligabend, nun wusste ich auch endlich, was ich mir wünschen sollte.
Wie sehr mich die alles beherrschende Kälte wieder an meine Kindheit erinnert!
Obwohl die Räume klein und niedrig waren, war doch bloß die Stube als ein wintertauglicher Raum zu bezeichnen. In der Küche mit ihrem kalten Steinboden, der Falltür in den Keller und die unzureichend isolierten Außenwände, reichte die wenige Wärme gerade aus, um zu kochen und das Geschirr abzuwaschen. Mehr gab der winzige Sparherd neben dem eingemauerten Kessel nicht her.
In unserer einfach eingerichteten Stube gab es einen grünen Kachelofen, der war sein ganzes Geld wert. Gleich nach dem Krieg ließ ihn unser Vater einbauen, ein halbes Schwein ist wohl dabei draufgegangen. So spielte sich fast der gesamte Alltag während der kalten Jahreszeit in der sogenannten Stube ab. Auch unsere Kleidung wechselten wir Kinder vor dem Kachelofen. Noch am Morgen waren seine Schamottsteine und Kacheln nicht völlig ausgekühlt. Auch drei dicke, hölzerne Fensterladen hielten den scharfen Westwind fern. Heutzutage sind wir schon ziemlich verwöhnt durch die Zentralheizung. Wenn auch Flur, Treppenhaus und die Schlafzimmer nicht angedreht werden, ist doch das gesamte Haus einigermaßen überschlagen, also angenehm wohnlich und temperiert.
Die Winter früherer Zeit habe ich zwar noch strenger in Erinnerung, aber dafür war wohl auch die kaum wärmende Kleidung verantwortlich zu machen. Durch unsachgemäßes und zu enges Schuhwerk hatten mein Bruder und ich die Füße angefroren. Wegen der Schmerzen konnten wir keine Ruhe im Bett finden. Anfänglich juckten die geschwollenen, blau-rotgefärbten, geschädigten Stellen nur, aber je wärmer sie unter der Federdecke wurden, begannen die Stellen auch heftiger zu stechen, und die Schmerzen brachten uns fast zum Wahnsinn. Über Stunden hielt ich die Füße an die gekalkte, untapezierte Wand hinter meinem Bett. An manchen Stellen war der Putz völlig abgewetzt. Bei meinem Bruder waren die am schlimmsten betroffenen Zehen aufgeplatzt. Ich wollte mir seine Schmerzen gar nicht vorstellen. Unsere Mutter versuchte die Füße mit einer Schüssel voller Schnee und einer Schüssel voll mit heißem Wasser zu kurieren. Abwechselnd hatten wir die Füße dahinein zu stecken. Ob so der Begriff „Wechselbad der Gefühle" entstand, ich könnte es mir gut vorstellen. Diese Wahnsinnsschmerzen hatten wir auszuhalten, ich war fast 30 Jahre, bis ich alle unangenehmen Frosterscheinungen endlich los war. Vergessen werde ich diese Tortouren wohl nie wieder, obwohl schon so viele Jahre vergangen sind.

So hat der Winter mit all seiner Schönheit auch viele hässliche Seiten!
Auch unangenehm stößt mir der Winter auf, wenn ich an unser kaltes Klassenzimmer der Schule denke. Es waren riesige und hohe Räume, denn es gab kinderreiche Klassen, teilweise über 40 Kinder saßen in den drei Bankreihen. Wir Schüler wurden angehalten, abwechselnd etwas Holz oder Kohlen mitzubringen. Brennmaterialien gab es per Zuteilung auf Bezugsscheine, direkt übrig war da eigentlich gar nichts. Bei Unterrichtsbeginn hatte der Ofen erst einmal mit sich zu tun, um einigermaßen auf Touren zu kommen, gegen 11 Uhr gab er schon wieder seinen Geist auf, denn der Holzkasten war leer. Zum Glück saß ich wegen meiner Geschwätzigkeit auch immer ganz vorn, also in Ofennähe, aber die Jungen in der Fensterreihe hatten oft zu klamme Finger, um den Stift ordentlich zu halten. Auch in Ofennähe fröstelte es einem, es war ganz einfach unangenehm, aber nicht zu ändern. Die Schulkinder der heutigen Zeit können das ganz sicher nicht nachempfinden und das ist auch gut so!
Meine ständigen Vorstellungen beim Kinderarzt hörten auch während des Winters nicht auf. Das Wartezimmer war übervoll, also mussten Mutter und ich in aller Frühe mit dem Milchfahrer in die Stadt kommen. Oft war der Platz in der Fahrerkabine schon besetzt, also blieb nur die Ladefläche zwischen den scheppernden Milchkannen übrig. Neben dem Holzvergaser stand eine Holzkiste, auf die wir uns kauern konnten. Der Fahrer schmiss eine alte Decke herauf, und dann ging es los, durch, oder um sämtliche Schlaglöcher, die der Krieg übrig gelassen hatte. Der Holzvergaser war heiß, aber der Fahrtwind, und oft das Schneegestöber, nahmen die meiste Wärme. Den Kopf hatten wir hinter der Fahrerkabine zu verstecken, denn auch schon im geduckten Zustand war es kaum auszuhalten. Meist fuhren wir die etwa acht Kilometer gegen den heftigen Westwind an. Als später der Lehrer fragte, aus welcher Himmelsrichtung der Wind die meiste Zeit des Jahres pfeift, da war sofort mein Finger oben, denn das hatte ich nun oft genug schmerzhaft erlebt.
Auch später, als ich längst verheiratet war, unsere Kinder schon zur Schule gingen, machte ich Bekanntschaft mit den unangenehmen Eigenschaften des Winters. Die Kinder wollten die Großeltern besuchen. Geschützt hinter der Fahner Höhe bemerkten wir an jenem Tag zu Hause gar nicht, wie gemein der Sturm vom Westen her pfiff. Wir marschierten ihm direkt entgegen. Ein paar Äpfel hatte ich in Zeitungspapier gepackt, denn damals gab es noch nicht in allen Orten Läden, um Obst zu kaufen. Alle dicken Sachen hatten wir übereinander gezogen, und die Freude wieder einmal in meinen Heimatort zu kommen, ließ mich nichts Schlimmes ahnen. Wir hatten den Berg hinter uns und waren am Ende des Waldes angelangt.

Kaum traten wir auf freies Feld, jagte uns der heftige Sturm fast wieder rückwärts. Der eisige Wind stach derart im Gesicht, dass ich als Erwachsene meine Not hatte, damit fertig zu werden. Ich packte das Zeitungspapier aus, legte einige Seiten übereinander und riss Löcher für die Augen heraus. Die primitiven Masken klemmte ich hinter die Mützenränder der Kinder. Vor dem Anblick konnte es einem grauen, jedoch begegneten wir keinem Menschen. Mit den Masken ging es ein wenig besser, aber ich dachte dabei wieder an den Zugwind hinter dem Holzvergaser. Mit dem Sitz auf dem Holzkasten hätte ich nun gern getauscht.

Der Winter war und ist ein strenger Gesell, aber er schenkt uns auch glückliche Momente. Manches friedliche Landschaftsbild unserer verschneiten Heimat entschädigt vieles.

Heute lese ich ziemlich erschrocken von einem tödlichen Unfall eines vierzehnjährigen Schülers, welcher unter den Schneemassen seiner selbstgebauten Schneehütte erstickte. Sofort dachte ich wieder an die Schneehütten aus meiner Kindheit, die ich auch als kleines Mädchen mit aufbaute. Zwar waren es nur Hilfsarbeiten, denn die großen Jungen unserer Straße hatten dabei das Sagen. Niemand von den Erwachsenen kümmerte sich auch nur einmal um das Vorhaben. Die Hütten standen zumeist nur zehn Meter von unserem Häuschen entfernt, weder Mutter noch Vater machten uns auf eventuelle Gefahren eines Erstickens aufmerksam. Irgendwie hatten wir Kinder großes Glück, denn mir ist nicht bekannt, dass einmal eine Schneehütte eingestürzt wäre, und ein Kind zu Schaden kam. Sobald die älteren Jungen bemerkten, dass der Schnee schwer und nass wurde, klemmten sie zwei derbe Latten überkreuzt vor den Eingang. Dieses Zeichen verstand ein jedes Kind, und niemand hätte auch schon vor Angst diesen Rieseniglu betreten. Er konnte in Ruhe zusammenrutschen, obwohl wir schon der Höhle nachtrauerten. Wir saßen gern auf unserem Schlitten in der relativ großen Höhle, die sicher 4 x 4 Meter maß, und die Decke war relativ dick und schwer. Es sind unvergessliche Erlebnisse.

Vielleicht sollten doch die Kinder den Vater oder Großvater befragen, damit er ein Auge darauf hält und bei Gefahren warnt. Obwohl ich selbst in jedem Winter am Schneehöhlenbau beteiligt war, hätte ich es unseren Kindern nicht erlaubt, denn ich wusste schon um die Gefahren.

Der Winter ist keinesfalls ungefährlich, und fast an einem jedem Tag erinnert mich irgendein Geschehen an diese kalte Jahreszeit meiner Kindheit. Dass dieses traurige Geschehen unsere Erinnerung wieder mobilisiert, kann niemand verhindern. Der Winter und seine Auswirkungen können ebenso berauschend wie niederschmetternd sein. Die Eltern sollten mit ihren Kindern über derartige Vorkommnisse sprechen, es verhindert eventuell solche Unglücke!

Ein gewisser Wagemut ist ja den meisten Jungen wie angeboren. Sie messen ihre Kräfte und ihren Mut gern mit Kameraden. So traut sich ein mutiger Junge als einziger auf den höchsten Baum zu klettern, oder mit dem Schulfreund zusammen auf die große elterliche Scheune zu steigen. Sie bauten einen ansehnlichen Schneemann und stellten ihn auf den Dachfirst. So erinnere ich mich an die Erzählung meines Mannes, wobei es mich immer noch ein wenig schaudert. Ich kenne die längst abgerissene Scheune noch, sie war gut und gern 15 Meter hoch. Kein Elternteil hatte damals etwas gegen dieses Wagnis. Im Gegenteil, man war stolz auf diese mutige Leistung des Sohnes, welche von vielen Dorfbewohnern bestaunt und lobend anerkannt wurde. Dass die beiden Jungen abrutschen konnten und herunterfallen, bedachte einfach niemand. Auch hätte eine morsche Dachlatte brechen können, dann wären die Kletterkünstler bis auf den Scheunentennenboden gestürzt. Wäre kein Schutzengel zugegen gewesen, wer wäre wohl als Schuldiger benannt worden? Es wäre nicht der Winter gewesen, obwohl er die Jungen verführte, leichtsinnig zu werden. Wenn so eine Erinnerungsgeschichte gut ausging, dann wurde sie noch nach vielen Jahrzehnten gern weiter erzählt. Auch bei den Jungen festigte so ein Wagnis das Selbstwertgefühl.

Hoffen wir darauf, dass stets genügend Schutzengel die Kinder behüten mögen, und sie zeitig genug vor Gefahren warnen!

Aber auch das Alter schützt vor Torheit nicht!

*Im Nessetal um 1930. Foto: Oskar Dorn*

## Das Schwalbenlied

Ach, wie ich dieses Zwitschern liebe,
diese altbekannten Klänge!
Sie wecken in mir so viel Freude;
Kinderzeiten – Lobgesänge!
Kein noch so schönes Schwalbenlied
holt mir die Kindheit je zurück,
doch es umschmeichelt mein Gemüt,
schenkt mir ein ganz klein wenig Glück.
Ich seh' die alten Bilder wieder;
die Drähte voller Schwalbenpaare!
Ihr Flug am Himmel, auf und nieder –
vergangen sind die schönen Jahre!
Ach, könnten mich die vielen Lieder
begleiten auf der letzten Reise!
Mir wär' der Tod nicht so zuwider –
ich zög' getrost auf meine Weise!

*Bei den Hörselbergen um 1930. Foto: Oskar Dorn*

## Ein einzig' Schwälbchen

Nur ein einzig' kleines Schwälbchen
ging aus der ersten Brut hervor.
Bettelnd saß es auf dem Drahte,
sein Bettelruf blieb mir im Ohr.

Ein kleines Schwälbchen hat's geschafft;
recht klein blieb so die Schwalbenschar.
Dem Elternpaar fehlte die Kraft –
wir hoffen auf das nächste Jahr.

Die Schwalbenmama brütet wieder,
sie sitzt recht brav auf ihrem Nest.
Bald piepst es unter dem Gefieder
viel Kinderfreud' wünsch' ich ganz fest!

*Schlafende Schwalben in Grumbach bei Bad Langensalza 1998.*
*Foto: Harald Rockstuhl*

## Das geschenkte Glück

In die Wiege gelegt bekam ich eine Gabe,
es war wohl vom Himmel ein winziges Stück.
Und wenn ich im Leben 'mal wenig Glück habe,
dann hol' ich mir das aus der Wiege zurück.

## Wiederkehr?

Hör' kaum noch ein Vöglein singen,
all ihre Nester sind schon leer,
Sperlinge haben's Regiment
und strapazieren das Gehör.
Junge Finken, junge Meisen,
sie flattern mutig im Geäst,
brillieren schon mit der Balance,
sofern der Mut sie nicht verlässt.
Im fahlen Licht beginnt der Tag,
schon sind die Spatzen auf der Tour,
tschilpen laut, aus voller Kehle,
doch leider stört's die Ruhe nur!
Allmählich ging der Frühling hin,
kaum freuten uns noch seine Lieder.
Noch wärmt die Freude Herz und Sinn,
ich hoff' schon jetzt, es singt bald wieder!

## Wenn der Hunger quält

Ein Specht fliegt ein in uns'ren Garten,
möcht' nicht etwa auf Futter warten.
Sich seiner Größe voll bewusst,
setzt er sich durch mit starker Brust.
Er fliegt direkt in's Vogelhaus,
treibt frech die kleinen Vögel raus,
flüchten erschreckt in alle Ecken,
vor Schnabelhieben sich verstecken.
Rasch allen Mut zusammen nehmen:
„Ach, wenn wir doch an's Futter kämen!"
Sie kommt zurück, die große Schar,
dorthin wo's Vogelfutter war.
Verstärkung kam auch für den Specht,
zu zweit verteidigt sich's nicht schlecht.
Die Kernbeißer mit festem Blick,
weisen die Spechte brüsk zurück.
Doch Amseln, auch die Drosseln flüchten,
sie haben nicht viel auszurichten.
Nur rasch noch einen Kern ergattern,
ist das ein Hasten und ein Flattern!
Rasch wird das Vogelhäuschen leer,
es gibt kein einzig' Körnchen mehr.
Nun ist das Tagewerk vollbracht,
ich bange um die kalte Nacht.
Ein sich'res Plätzchen wird gesucht,
gleich für die kalte Nacht gebucht.
Streu' morgen neues Futter aus,
in uns'rem großen Vogelhaus.
Kein Vogel sollte Hunger leiden,
sich aber auch nicht darum streiten!
So ist's denn auch im Vogelleben –
sie sollten lernen, gern zu geben!
Das Ihre teilen und verschenken,
barmherzig sein und selbstlos denken!
Woher sollt' das ein Vogel wissen?
Für Ihn zählt bloß der eig'ne Bissen!

# Die Rückseite der Kernkraft

Nachrichten, die mich erschrecken,
keinen Schlaf mehr finden lassen,
kann die Welt nicht mehr begreifen,
auch die Tragweite nicht fassen.
Atomkraftwerke sind geborsten;
es musste irgendwann so kommen.
Wer wollte die Gefahr schon sehen?
Nun ist die Menschheit wie benommen.
Die ganze Welt scheint aus den Fugen,
sie scheint von jetzt auf gleich verloren –
was ist die Wahrheit, was ist Lüge?
Wird eine neue Welt geboren?
Ich verstehe viel zu wenig
von einem großen Supergau.
Kernschmelze ist nicht beherrschbar
wobei ich der Wissenschaft vertrau'.
Will lieber eingeschränkter leben,
auf manch ein Luxusgut verzichten!
Die Wissenschaftler sind gefordert,
dass sich die Nebel baldigst lichten.
Denn die Geister, die wir riefen,
wir werden sie wohl nie mehr los?
Die Hinterlassenschaft der Kernkraft
bedroht ewig der Erde Schoß!
Ich hätte einen letzten Wunsch:
dass die Wissenschaftler dieser Welt
für den Atommüll, der uns bleibt –
ein Lager fänden, das ewig hält!
Ein Ort, der wirklich sicher wäre –
Atommüll – niemand weiß wohin!
Kein Einstein konnte Antwort geben,
bedacht' es nicht von Anbeginn.
Endlager sind mehr als wichtig,
soll das Leben fortbestehen!
Wird das Problem nicht bald gelöst,
muss alles Leben untergeh'n!

## Der Ofen im Wandel der Zeiten

Fast unmerklich verschwand der Ofen aus den Behausungen der Menschen, obwohl er eigentlich über Jahrhunderte, ja sogar Jahrtausende, aus unser aller Leben nicht wegzudenken war.
In den Ländern der Dritten Welt, in den ärmeren Schichten der Bevölkerung, besteht der Ofen immer noch fort, meist auch in einer primitiven, selbstgebauten Ausführung.
In unseren Breiten beheizten zumeist zwei Öfen die Wohnungen, oder die Häuser. Ein Herd stand in der Küche, ein eiserner Ofen wärmte uns die Stube. Später lösten Kacheln die gegossenen, z. T. reichlich verzierten Eisenplatten ab, und ein Kachelofen in vielerlei Ausführungen wurde der Stolz der Familie.
Wer aus seiner Kindheit einen solchen Kachelofen kennt, schwärmt noch heute von seiner wohligen, lange anhaltenden Wärme. Oft gab es da auch eine integrierte, aus Kacheln bestehende Ofenbank, oder ein bequemer Sessel stand ganz in der Nähe des Ofens.
Der Kamin, wie er heutzutage oft als Prestigeobjekt in Eigenheime eingebaut wird, zierte früher meist nur die Gemächer der gut bürgerlichen oder adeligen Haus- bzw. Schlossbesitzer.
Schon der Einbau eines Kamins verlangt viel fachmännisches Geschick, das Feuerungsmaterial bestand zumeist aus trockenem Pflaumen- oder Zwetschgenholz. Trocken sollte das Kaminholz unbedingt sein, ansonsten zieht der viele Rauch nicht in den breiten Schlot, sondern verteilt sich im Wohnraum.
Noch heute denke ich manchmal an unseren Kachelofen in der Stube, bei einem Umzug wurde einfach der Ofensetzer bestellt, und dieser nahm unseren Ofen fachmännisch auseinander, um ihn in der Stube im neuen Zuhause wieder aufzubauen. Damals sah ich als Kind zwar öfter zu, wenn der Meister Kachel für Kachel im ganzen Raum auf einen bestimmten Platz legte, aber ich muss wohl übersehen haben, dass die Kacheln nicht bloß mit Lehm verfugt wurden, sondern auch aus Halterungsgründen eine Fliese mit der nächsten verdrahtet wurde. Dieses Verdrahten wäre für mich wichtig gewesen, denn dann hätte ich vorher gewusst, dass es beim Abbau eines solchen Ofens nicht so einfach war.
Meine Schwiegereltern besaßen nämlich auch einen solchen verlässlichen Kollegen in punkto Wärmestrahlung und Halten der Hitze.
Ich höre meinen Mann noch erzählen, dass er sich erinnert, als Kleinkind öfter auf einem kleinen Sims gesessen zu haben.

An der Vorderseite dieses Ofens waren zwei besonders aparte Schmuckfliesen eingelassen. Einen Sims, auf welchem ohne weiteres ein kleines Kind sitzen und sich wärmen konnte, war um die beiden Kacheln gebaut.
Ein Bild stellte die Kartoffelernte, und das andere das Ährenlesen dar.
Eine Mutter befand sich mit ihrem Sohn auf einem Kartoffelacker, eine Schubkarre mit zwei Säcken voller Kartoffeln stand neben der Mutter und deren Sohn. Ein kleines Dörfchen mit einer Kirche deutete an, dass wohl die Glocken zum Abendgebet riefen. Die kleine Familiengruppe hatte die Hände zum Gebet gefaltet, und die Mütze des Jungen war abgenommen. Ein sehr andächtiges Bild, was vom Fleiß der kleinen Bauersfamilien erzählt. Ebenso andächtig hatte der Modelleur die Darstellung der Ährenleser geformt. Bescheidenheit und Eintracht drückten die beiden Ofenkacheln aus. Allerdings musste beim letzten Umsetzen die Fliese der Ährenleser entzwei gegangen sein. Kurzerhand setzte der Meister die „Übriggebliebene" auf der Rückseite ein, somit war der Kachelofen ohne seinen Schmuck zu einem ganz einfachen, glatten Ofen degradiert. Jedem war es aufgefallen, dass der Ofensetzer das Beste aus der veränderten Situation gemacht hatte.
Bis eines Tages das einige Jahrhunderte alte Bauernhaus abgerissen werden sollte, weil eine Erneuerung des Hauses Unsummen an Geld und Material verschlungen hätte. Das Balkenwerk wurde geprüft und als nicht mehr tragbar zum Abriss freigegeben.
Mir kam plötzlich das gerettete Fliesenbild mit der Feldandacht wieder in den Sinn. Wo war es eigentlich abgeblieben? Hatte es der Fliesenleger mitgenommen? Beim Absuchen des Ofens fand ich die Kachel auf der Rückseite, mittig – zwanzig Zentimeter von der Wand entfernt.
Bevor mein Mann aus der Stadt zurückkommen würde, wollte ich die Kachel ausgebaut und gereinigt haben, um sie als neues und altes Wandbild für unsere Diele zu präsentieren.
Nun kam die Sache mit dem Verdrahten zum Tragen, denn ohne diese Sicherung hätte ich eine jede Kachel sehr viel leichter aus der Mitte der Rückwand herausbekommen.
Nun musste ich von der Pike auf – Kachel für Kachel abbauen, Lehm entfernen, Draht durchtrennen, den Ruß aus dem Gesicht wischen und so weiter, bis ich in der Mitte angekommen war.
Wie einen Edelstein hielt ich irgendwann in einem völligen Chaos und total verrußt und verdreckt die Kachel unversehrt in den Händen. Schnell einen Eimer Wasser, Bürste und Reinigungsmittel holen, um dieses Kleinod und Andenken zu reinigen!

Mein Mann schob das große Rolltor auf, und ich präsentierte ihm verrußt, aber dennoch sehr stolz ein lange verlorengeglaubtes Fliesenbild. Immer, wenn ich es am Wochenende abstaube, erinnere ich mich an jenen glücklichen Moment. So blieb wenigstens etwas von diesem alten, so geliebten Kachelofen.

In Museen, Schlössern und Burgen stehen noch die wunderschönen Prunköfen als Zeitzeugen großer Handwerkskunst. Diese meisterhaften Arbeiten mit den Schmuckkacheln haben auch sicher diese Zimmer nicht erwärmen können, damals durften sich nur wenig Menschen an diesen herrlichen Öfen erfreuen. Seit vielen Jahrhunderten verkörpern sie nicht die Wärme und Geborgenheit, sind der Prunk einer vergangenen Zeit.

Eine Sprachwissenschaftlerin der Universität Jena brachte mich auf die Idee, diesen Aufsatz über den Ofen zu schreiben. Dieser Frau Doktor schickte ich mein Manuskript unter anderem über Redewendungen im Dialekt aus früheren Zeiten. Sie war total begeistert, womit ich nie gerechnet hätte. Noch niemand vor mir sammelte diese alten Redewendungen in unserer alten Ursprache, dem Dialekt. Aus ihrem Brief stammt der Satz: „Aus unseren Wohnungen verschwinden zwar die Öfen, aber es gibt immer wieder Dinge, die uns hinter dem Ofen hervorlocken!“

*Alte Ofenkachel gerettet – im Haus von Roland Gewalt.*

Recht hat sie, wir müssen das Vergangene sammeln, weil es ein Stück unserer Gegenwart ist!
So geht eben auch die Zeit der Öfen vorüber, nicht radikal und sofort, langsam, fast ein wenig unheimlich.
Mich faszinieren immer schon die Lehmöfen in den bayrischen Stuben. Sogar eine Liegestatt ist auf, oder neben ihm platziert. Dort finden zumeist die Kranken oder Älteren Platz, welche die meiste Wärme benötigen. Wärme ist gleichzusetzen mit Geborgenheit, und eben diese Geborgenheit werfen wir mit den alten Öfen aus unserem Heim! Ob wir gut dran tun?
Natürlich ist eine Heizung sauberer, leichter zu händeln, wie man heute sagt, denn Ofen säubern, Ruß und Dreck fallen weg, niemand muss mehr Kohlen schaufeln. Keiner muss mehr täglich die Öfen mit Feuerungsmaterial bestücken, auch die Asche muß nicht täglich entsorgt werden.
Mit Grauen erinnere ich mich an den Kaminkehrer, welcher einstmals seine Kugel und den Besen mit Karacho durch die Esse sausen ließ. Aus allen winzigen Ritzen des Stubenofens und des Küchenherdes, sowie aus beiden Rohranschlüssen drang der Ruß in die Wohnung. Die Zimmer und ich selbst, alles war total verdreckt, ich musste einen Tag Urlaub nehmen, um alles wieder in Ordnung zu bringen. Zugegeben, das sind unangenehme Einzelfälle – gottlob –, aber unsere Öfen, wir liebten sie dennoch!
Auch der Schornsteinfeger von damals hat ganz sicher diesen Tag nie vergessen können!
Eine Heizung ist nie mit einem Ofen und seinen vielen Vorzügen vergleichbar.
Im Winter, wenn Hände und Beine vor Kälte schmerzen, setzen Sie sich einmal vor die Heizung! Sie ist hart, ungemütlich, aber keinesfalls einladend. Niemand wird diese Umstellung aufhalten, denn neben dem Unangenehmen gibt es sehr viel mehr Vorteile, nicht nur allein für die Umwelt, auch für uns ist es leichter!
Die Bratäpfel aus den Röhren vermisse ich zwar, wie unromantisch da die Bratäpfel aus dem Elektroherd sind!
So könnte ich ewig Vor- und Nachteile gegeneinander aufwiegen, der Ofen bleibt für uns verloren! Aber es bleibt die Neugier und die Begeisterung für neue und auch für alte Dinge.

## Auch die Erinnerung schwindet!

Kaum noch erfreut die erste Blüte,
labte ich mich am Vogelsang.
Kaum noch so jung, du meine Güte;
allmählich macht das Alter bang!

Die Vöglein hören auf zu singen,
noch duftet all die Blütenpracht;
die Zeit muss ihre Opfer bringen –
oft wird’s ein Abschied über Nacht!

Für ewig bleibt’s ein Stirb und Werde,
ein Auferstehen und Verblüh’n;
denn nichts währt ewig auf der Erde,
so sehr wir uns auch drum bemüh’n!

Der Erinn’rung bleibt ein läng’res Leben,
so lang’ wir Menschen sie bewahren.
Wir mögen sie lieben und sie pflegen,
auch sie verblasst, stirbt mit den Jahren!

## Der Schöpfung ein Dankeschön!

Ein Platz am Sommerfliederbusch,
welch Farbenspiel, welch feiner Flor!
Kleinste Bewegung, nur ein Husch, –
schon fliegen ängstlich sie empor.
Die Falter in mannigfacher Zahl,
sie wollen sich am Nektar laben.
Wer lud sie ein zum großen Mahl –
sie sind in Einfachheit – erhaben –!
Vernetzt sind sie auf ihre Weise,
so fanden sie die Nektarquelle.
Alles geschieht vollkommen leise,
kein Rascheln, keine große Welle!
Purpurfarben und enzianblau,
wer könnte da schon widerstehen?
Wenn ich zu all den Faltern schau,

ist ihnen „Lust“ nicht anzusehen.
Die Flügel samtig, seidenweich,
just, wie aus Feenhaar gewoben.
Die Schönheit so facettenreich;
muss die Schöpfung dafür loben!
Schier niemand traut sie zu berühren,
die Musterung der Flügelpaare.
Zum Träumen können sie verführen,
und es bleibt in uns, über Jahre.
Die Flügel transparent und filigran,
mit feinem Atem Tupfer aufgehaucht.
Fast himmlisch muten diese Wesen an,
beinah’ wie in ein göttlich Flair getaucht.
Die Fühler sind so feingliedrig und zart,
ertasten ihre Welt und vieles an Gefahren.
Ihr Wesen, so zerbrechlich und apart;
möge das Leben sie vor allem Leid bewahren!
Die Falter sind den Elfen gleich,
so sanft, berauschend und grazil.
Die Schöpfung ist unendlich reich,
sie zu beschützen ist das Ziel!

*Großmutter Jenny und Tochter Elsbeth Topf in Molschleben, ca. 1950.*
*Sammlung Ewald Roth*

## Genug ist irgendwann genug!

Frühherbstlich mutet es mich an,
die Nächte sind recht kühl geworden.
Schon Herbstgedanken dann und wann –
bläst der Wind vom fernen Norden.

Über'm Teich kreisen schon Schwalben,
es hat etwas von Abschiedsschmerz.
Zu früh ist es allenthalben,
es wird mir dabei weh ums Herz.

Zu kurz kamen meist Freud' und Lust,
die Schirme hatten Hochsaison,
und Kälte nährte Angst, auch Frust,
zerstört die Sommer-Illusion.

Doch irgendwann von jetzt auf gleich,
hat Petrus doch noch umgedacht.
Er schickte uns noch Sonne reich –
wie herrlich, wenn die Sonne lacht!

## Der kleine Unterschied

Es riecht nach Äpfeln, reifen Pflaumen,
nach Birnen und nach süßem Wein;
vorzüglich schmeichelt es die Gaumen,
der Herbst soll uns willkommen sein!

Der Frühherbst mit den stillen Tagen,
er ist uns allen wohlbekannt.
Er gibt uns keinen Grund, zu klagen,
klammheimlich schleicht er sich ins Land.

Er wärmt das Herz auf seine Art,
mit warmen Farben, die wir lieben.
Sein Braun und Rot sind sehr apart,
ein Schwärmen ist nicht übertrieben.

Der Frühherbst ist ein Augenschmaus,
er streichelt die geschund'nen Seelen.
Der Spätherbst dann, ist oft ein Graus,
doch zählt zum Jahr, sonst würd' was fehlen.

Die Gärten wirken aufgeräumt,
die Winterfrucht ist ausgebracht.
der Herbst, er hat es nicht versäumt,
er schlich sich ein, sehr wohlbedacht!

## Der große Bruder!

Oft und gern hat er gegeben,
mehr, als man so gibt im Leben.
Er lebte einsam und bescheiden,
stets d'rauf bedacht, den Streit zu meiden.
An einem Klavier vorübergehen,
das ist bei ihm selten geschehen.
Musik, das war sein Element,
ein Jeder weiß es, der ihn kennt.
Mit der Welt schien er im Reinen,
doch sehnte er sich nach den Seinen!
Den Kindern half er, so gut er konnte,
doch kein Kind, das es dem Vater lohnte!
Von den Kindern abgeschrieben,
schlimm, wenn sie sein Geld nur lieben!
Sein Bruder war sein einziger Draht,
gut, daß es diesen Bruder gab!
Die Tränen, die ich bei ihm sah,
sie gingen mir unendlich nah.
Zur Christnacht ward' er einst geboren –
er starb, es ging ein Schatz verloren!

## Der erlösende Regen

Schon seit Jahren muss ich mich damit abfinden, dass ein erholsamer Schlaf die Nächte nicht mehr ausfüllt. Eigentlich ist es anders geworden, seit ich begann zu schreiben. Entweder kann ich trotz aller körperlichen Erschöpfung gar nicht erst einschlafen, oder die Gedanken, die aus mir heraus drängen, machen mich plötzlich hellwach, so dass für die nachfolgenden Stunden nicht mehr an Schlaf zu denken ist. Warum es vorwiegend die Nachtstunden sind, während denen ich ruhiger schreiben kann, fand ich noch nicht heraus. Wobei die Qualität des Geschriebenen nicht beeinflusst wird, von der Tag- oder Nachtzeit. Es drängt mich einfach dazu, den

*Apfelernte. Sammlung Ewald Roth.*

Stift in die Hand zu nehmen und meine Gedanken fließen zu lassen. Zugegeben, es ist nicht so leicht vorstellbar, aber ich erlebe es immer und immer wieder, und ich muss es geschehen lassen, ob ich es will oder nicht. Erst danach finde ich wieder Ruhe, die man nun einmal für einen erholsamen Schlaf benötigt.
Das Ergebnis lässt sich nicht gegen die eingebüßte, wertvolle Nachtruhe aufrechnen. Es ist einfach der Drang aufzuschreiben, was gerade mein Inneres aufwühlt. Es ist nicht immer eine Wohltat, und wird von Außenstehenden ganz sicher nicht verstanden.
Früher hatte ich mir einen solchen Lebensrhythmus nicht vorstellen können, und es vielleicht als Spinnerei abgetan. Aber es ist so, wie es ist, oft komme ich mir vor, wie in einer Art Trancezustand zu sein, währenddessen ich auch für kurze Momente einschlafe und gleich darauf wieder hellwach weiterschreibe. Mein Stift gleitet dann über das Papier und macht meinen Aussetzer kenntlich. Erst wenn ich alles notiert habe, was ich ansonsten befürchte zu vergessen, bin ich erleichtert und kann beruhigt einschlafen.
Heute ist es wieder eine solche ruhelose Nacht, in welcher mich meine Gedanken nicht schlafen lassen – verstehe es wer will!

Die vergangenen Sommernächte ließen wohl wegen ihrer überdurchschnittlich hohen Temperatur kaum einen durchgängigen Schlaf zu. Mein Fenster steht weit offen, aber so recht abgekühlt hat es sich immer noch nicht. Alles lechzt nach Wasser, nach einem leichten, befreienden Nieselregen, der das Grün wieder kräftiger werden, und die Früchte der Natur wieder saftiger erscheinen lassen. Die Sonne hat es in den letzten Tagen einfach zu gut gemeint. Nicht bloß wir Menschen sehnen uns nach Erfrischung, auch der Tier- und Pflanzenwelt könnte eine Abkühlung gut tun. Vielerorts haben heftige Gewittergüsse, Hagelschläge und Schlammlawinen große Schäden angerichtet. Wenn derartige Unwetter angekündigt werden, hofft wohl ein jeder, es möge gnädig ausfallen, aber es liegt nicht immer in unserer Hand. Ich gehe zum Fenster, denn ich höre leise ganz leichte Regentropfen auf das Blätterdach der Gartenbäume fallen. Tatsächlich ist es der so ersehnte humane Regen, der nach den brütendheißen Tagen gerade zur rechten Zeit kommt. Die Schneidernte ist unter Dach und Fach, aber das verbliebene Erntegut wie Kartoffeln, Rüben, Mais, Birnen und Äpfel, wie auch für die sommerlichen Blüten der Hausgärten, für all das wird es ein Segen sein.
Auch wir Menschen können so wieder neue Kraft schöpfen, und außerdem ist die Waldbrandgefahr vorerst gebannt.

Dieser große Flächenbrand hat in vielen Ländern enorme Schäden hinterlassen, dabei auch unwiederbringlich Kulturgüter zerstört.
Es muss noch mehr für den Erhalt unserer Natur getan werden, um den Klimawandel zu stoppen! Die gehäuften Unwetter und Katastrophen in aller Welt sind zweifelsohne das Ergebnis der Umweltsünden von uns allen.
Wie wohltuend ist da so ein leichter Nieselregen, das Beste, was wir uns wünschen können. Ein plötzliches Donnergrollen bringt mich dazu, das Stromkabel am Fernseher herauszuziehen, besser ist besser!
Eine Eule fliegt, sicher vom heraufziehenden leichten Gewitter erschreckt, auf die Fensterbank. Sie schaut herein und sie denkt ganz sicher: – Noch eine Nachteule! –
Es war bloß ein kurzer Besuch, der durch den Lichtschein angezogen war. Ich lege auch meinen Stift zur Seite und versuche wieder einzuschlafen. Meine Gedanken kreisen um die Jahreszeit, darum, das mit dem Monat September auch der Herbst das Zepter alsbald übernehmen wird. Die ersten Haselnüsse fallen bereits, und die Brombeerernte ist auch schon in vollem Gange.
Heute ernten wir die ersten kleinen Kürbisse, die bereits ihren Reifegrad erreicht hatten und das schützende Laub stellenweise verdorrt war. Das süßsaure Kürbiskompott erinnert an die Kindheitstage, obwohl es vor über siebzig Jahren noch keine solchen Sorten gab, wie sie heute angeboten werden. Nicht einmal schälen muss man die derben Früchte mehr, was ohnehin ziemlich über die Hände geht. Aber wer den Winter über gut versorgt sein möchte, der muss sich sputen, denn ohne Fleiß keinen Preis! Das war zu allen Zeiten so, und wir Hausfrauen sollten doch der Industrie nicht ganz und gar das Feld überlassen! Übrigens kocht in einer ausgedienten Bratpfanne, in der Hofküche, das erste Pflaumenmus. Auch die Zwetschgen sind nicht mehr das, was sie einmal waren. Die Züchtung ist nicht auf dem alten Stand stehen geblieben. Die Früchte sind größer, viel saftiger, aber doch wohlschmeckend. Der viele Saft muss in der Röhre wieder verkochen, das verträgt sich nicht so recht mit den Strompreiserhöhungen, die in aller Munde sind.
Mögen wir soweit gesund bleiben, dass wir noch in der Lage sind, zusammen den Garten zu bestellen und zu beernten. Anschließend das Geerntete verarbeiten und konservieren, das wäre wünschenswert. Das ganze kommende Jahr werden wir uns daran erfreuen können, ich hoffe, es werden uns allen noch einige Jahre vergönnt sein!

## Ist's schon so weit?

Die ersten Nüsse fielen schon.
Soweit schon ist das Erntejahr?
Der Specht fliegt aufgeschreckt davon,
als er beim Nüsseknacken war.
Der Specht hat ab jetzt leichtes Spiel,
beim Stehlen seiner Lieblingskost,
mein Rücken will nicht, wie ich will;
lass' ihn gewähren, ganz getrost!
So ist nun 'mal der Zeitenlauf,
die stärkste Kraft findet sein Ende.
Niemand hält diesen Wandel auf –
für einen jeden kommt die Wende.

*Ein Specht im Mühlhäuser Stadtwald.*
*Foto: Harald Rockstuhl*

## Der ungebetene Gast

Herr Specht besucht uns jeden Tag,
er plündert uns'ren Haselstrauch,
fragt nicht, ob es der Gärtner mag;
ein wenig dreist ist er wohl auch.

Die letzten Beeren war'n verschwunden,
Verdacht fiel auf den Herrn von Specht.
Er hatte flugs herausgefunden;
Die „Roten“ munden gar nicht schlecht!

G'rad' letzte Früchte sind uns wert,
so wie's auch mit den Blumen ist.
Wenn Nüsse auch ein Specht begehrt,
werden sie manchmal schon vermisst.

Es nützt nicht zetern, noch Geschrei!
Wir ernten das, was uns noch bleibt.
Es grenzt an Erbsenzählerei,
weil es ein Specht nie übertreibt!

## Sinnlose Verschwendung

So viele Bäume müssen sterben,
für unnützes Werbepapier.
Reklame soll um Käufer werben,
ich frage mich, steht das dafür?
Der Wust an Werbung muss nicht sein!
Die meisten wollen es nicht seh'n.
Ein Stück Natur büßen wir ein;
so kann's einfach nicht weitergeh'n!
Es wird gerodet und gefällt,
alsbald füllt Werbung Abfallkübel.
Zerstört wird dafür unse're Welt.
– Verschwendung – heißt das große Übel!

## Auf ein Neues!

Die Äcker sind wieder bestellt,
die Winterfrucht gut aufgegangen.
Im neuen Grün steht schon das Feld,
obwohl der Herbst mies angefangen.

Immer wieder gibt es Hoffnung
auf gutes Wachsen und Gedeihen;
doch die Natur ist nicht mehr jung,
konnt' manche Fehler nicht verzeihen.

Unsere geschädigte Natur
behält auch hier und da Blessuren.
Oft kaschieren wir den Schaden nur,
doch Hilfe wär' – Genesungskuren!

Möge es wachsen, blüh'n und reifen!
Das wünschte ich in jedem Jahr!
Lassen wir auch manches schleifen,
wir werden es zum Glück gewahr.

Zumeist hilft die Natur sich selbst,
doch oftmals braucht sie uns're Hand.
Verweig're deine Hilfe nie,
denn auch du brauchst dieses Land!

## Erste Blumen

Es zieht mich früh am Morgen schon
hin zu den Winterlingen,
vergessen will ich Eis und Schnee,
freudig den Tag beginnen.
Ich sehn' mich nach des Frühlings Kraft,
hoffe d'rauf, sie bald zu spüren;
nur sie vertreibt des Winters Last,
kann mich hin zum Leben führen.
Die ersten Blumen sind für mich
eingefangener Sonnenschein,
sie bringen die Hoffnung wieder
und können mir ein Anfang sein!

## Die erste und die letzte Blume

Auf die erste Blume freu ich mich,
weil sie für mich das Jahr einläutet.
Sie bringt mir die Hoffnung und das Licht,
das mir für's Leben viel bedeutet.

Die letzte Blume dann hingegen,
erinnert mich an Abschiedsschmerz;
es macht mich irgendwie verlegen,
stimmt mich traurig, bedrängt mein Herz.

Die erste und die letzte Blume,
ich sehe beide gerne blühen,
sie sind für mich so ganz besonders
und brauchen sich gar nicht zu mühen.

Die vielen Blumen über's Jahr,
ich seh' sie mit ganz and'ren Augen.
Ich lieb' sie so, wie's immer war,
sie können zum Sinnieren taugen.

## Lebensretter

Ein Arztbesuch, das kann ich sagen,
zählt meist zu den unschönen Tagen.
Verordnungen, die dort erlassen,
wir als Patienten oftmals hassen.
Rezepte gibt es samt Moral,
wem von uns ist das schon egal?
Wir alle wollen weiterleben,
d'rum müssen wir uns dem ergeben!
Bist du privat, kommst du gleich dran,
steh'n vor dir auch so fünfzig Mann.
Privatpatienten – Edelrasse,
erst danach folgt die graue Masse.
Die Masse hat sich dran gewöhnt,
nur ab und an wird aufgestöhnt.
Man ruft dich auf, bist durchgeschwitzt,
weil du ja schon vier Stunden sitzt.
Lunge abhör'n, Blutdruck messen,
Puls und Zunge nicht vergessen,
Leidensgeschichte kurz erzählt,
ein rascher Griff, dorthin, wo's quält.
Nun steht die Diagnose fest,
an der es sich kaum rütteln lässt:
Aufgeben das, was schon seit Jahren,
all' deine Lieblingsdinge waren,
gern' mal ein Stückchen Torte essen,
kannst du ab dato ganz vergessen!
Marmelade und süße Trauben,
sind ungesund, ist kaum zu glauben!
Fitness steht an erster Stelle,
so ist sie nun, die neue Welle.
Durchtrainiert, recht schlank und sehnig,
manch' ein Patient hält davon wenig.
Asketisch leben, Sport und Pillen,
klingt nicht gerad' nach eig'nem Willen,
doch schlucken wir recht brav und bieder,
täglich all' die Pillen wieder,
die kluge Ärzte uns verschreiben,
damit wir lang' am Leben bleiben!
Gibt es auch vieles zu beklagen,
so wollen wir doch „Danke“ sagen!

## Wer trägt eine „Schuld“?

Große Töne, nichts dahinter,
Schulabbrecher gibt’s nicht minder.
Keinen Bock auf Schule, Pflichten,
unser Staat wird es schon richten!
Respekt und Ehre, Fehlanzeige,
zu Fehlern stehen, viel zu feige!
Einfach so den Tag verdösen,
Probleme schaffen, keine lösen,
Party, Drogen, trallala,
Arbeit ist für and’re da!
Viel versprechen, nichts erfüllen,
Alkohol muss Sehnsucht stillen.
Vorgesetzten Achtung zollen,
ist etwas, das sie nicht wollen.
Lesen, lernen und sich bilden,
das unterscheidet uns von „Wilden“.
Unwissenheit lässt sich entfernen,
durch lesen, lernen, nochmals lernen!
Mit Lernen fängt das Leben an,
und nichts ist von allein getan.
Wir verschließen meist die Augen,
das kann als Hilfe niemals taugen.
Fast alle denken nur an sich,
Gemeinsamkeit vermisse ich.
Ich hör’ kaum jemand „danke“ sagen,
mit „bitte“ auch kaum jemand fragen.
So kann es doch nicht weitergeh’n,
will die Probleme niemand seh’n?

Kindheit heißt spielen, träumen, toben,
heißt Kinder lieben, formen, loben.
Jugend heißt Lehre, Grundstein legen;
wird allen Kindern dies gegeben?
Das Leben dann mit mancher Tugend
ist Spiegelbild – Kindheit und Jugend:
An Liebe und an Bildung sparen,
das rächt sich sicher, noch nach Jahren.

## Wenn etwas zur Normalität wird

Wir gehörten zu den Familien, die nie eine Beziehung zum sogenannten Westen besaßen. Es gab kein Westpaket mit all den Dingen, die nun einmal alle unsere Begehrlichkeiten weckte. Es war die Zeit, als unsere beiden Mädchen sich auch über einen Kaugummi, Schokolade oder Filzstifte gefreut hätten. Wie gerne hätte ich ihnen manchen kleinen Wunsch, wie später dann z.B. eine Jeans-Hose, erfüllt. Aber leider besaßen wir kein Westgeld. Aber ich hatte eine sehr gefällige Arbeitskollegin, welche sehr viele Kleidung geschickt bekam. Oft waren neue, oder fast neue Dinge dabei, und diese Kollegin überließ sie mir. Ich sehe heute noch die strahlenden Augen unserer Mädchen. Eine von ihnen wohnte im Internat, alle Zimmerbewohnerinnen verfügten über „Westbeziehungen", mir tat es regelrecht weh, daß sie nie dieselbe Möglichkeiten wie ihre Schulfreundinnen haben konnte. Dabei äußerte sie nie einen Wunsch diesbezüglich, deshalb war es auch für mich eine außergewöhnliche Freude, wenn ich etwas besorgen konnte. Natürlich sind solche Dinge nicht von großer Wichtigkeit, aber ich wusste aus eigener Erfahrung, wie es sich anfühlte, wenn man außen vor stand.

Unsere Kinder stellten nie irgendwelche Ansprüche, das machte uns als Eltern immer ganz besonders stolz.

Später dann tauschte ich fünf Mark gegen eine Westmark, eine Zeit danach war unser Tauschgeld auf sieben bis acht Mark gestiegen. Die Studentenbude war nicht beheizbar, also mußte unbedingt eine Heizung her, diese war aber nur für D-Mark zu haben. Es gab immer Leute, die mir halfen, obwohl ich eigentlich wusste, daß es der reine Wahnsinn und auch Wucher und Ausnutzung einer Zwangslage war. Was war dann eigentlich meine Arbeitskraft noch wert?

Gut, daß dann mit der Wende ein wenig mehr Gerechtigkeit einzog. Ich kam mir nicht mehr wie ein Bettler vor.

Wir ehemalige DDR-Bürger bekamen einmal 100,– D-Mark Begrüßungsgeld. Unsere Freude darüber war so groß, daß es mir die Tränen in die Augen trieb. Später, als wir uns in Bayern nochmals 40,– D-Mark abholen durften, fand der Kollege am Auszahlungsschalter den Stempel für die empfangenen 100,– D-Mark nicht sofort. Er war der Meinung, daß mir diese nun auch noch zustünden, also 140,– D-Mark. Ich klärte den Irrtum auf, aber der Kollege wollte sich nicht darauf einlassen. Ich nahm ihm meinen Ausweis aus der Hand und blätterte, in der eingeklebten sogenannten Ziehharmonika, nach dem bewussten Stempel. Weil ich ihn auch nicht

sofort fand, blätterte der nette Mann schon mit den Scheinen und beschwor mich laufend, doch nicht so bescheiden zu sein und das Geld anzunehmen. Endlich fand ich den Stempel, und nun klärte sich alles auf. Die Kollegen insgesamt, und alle Umstehenden, konnten den Wahnsinn gar nicht sofort begreifen, und der Auszahler legte mürrisch das Geld zurück in die Kasse mit den Worten: „Wer hat so etwas schon einmal erlebt, da wollte ich nun etwas Gutes tun, aber die Ehrlichkeit siegte, alle Achtung vor Ihnen!". Ich mußte weinen, aber ich hätte es mir nie verziehen, wenn dann durch einen dummen Zufall doch die Wahrheit ans Licht gekommen wäre. Wie hätte ich denn dagestanden, nein diese Blamage, soviel war mir das Geld nicht wert. Noch beim Hinausgehen, glücklich mit unseren 40,– D-Mark, starrten mich alle an, als käme ich vom Mond. Dabei war gar nichts passiert, ich war bloß ehrlich, und das zahlt sich immer aus.
(Die Ziehharmonika war von der Polizei eingeklebt worden, weil man mehr Platz für die Visastempel brauchte. Ich war im Betrieb Brigadeleiterin und hatte für die Brigade schon mehrere Reisen ins Sozialistische Ausland organisiert.)
Vom ersten Begrüßungsgeld kaufte ich gar nichts, außer einem kleinen, eher kitschigen Porzellanengel, welcher auf einem Schächtelchen, gefüllt mit einer Praline, aufgeklebt war. Ich konnte einfach kein Geld ausgeben, es war mir so kostbar, ich wusste, wie lange ich hart zu arbeiten hatte, um im Notfall an einige D-Markscheine zu gelangen. Ich erinnere mich noch, als wir vor einem Schaufenster standen, hinter welchem Damenblusen in allen Farben und Nuancen auf runden Kreiseln aufgehängt waren. Mir schien es Verschwendung in höchster Potenz zu sein, denn wer sollte, um alles in der Welt, diese Unmengen an Damenblusen kaufen, und vor allem auch wirklich benötigen? Dieses Überangebot überforderte uns einfach.
Heimwärts hielten wir in einem kleineren Städtchen an, die Nachbarin, und auch ich wollten Backzutaten für das bevorstehende Weihnachtsgebäck kaufen. Als wir den Laden betraten, überraschten mich mehrere Gänge, angefüllt mit Hunde- und Katzenfutter. Dieser Wahnsinn, früher fütterten wir diese Tiere mit unseren Essenresten, und sie lebten ebenfalls lange. Ich verstand es einfach nicht, daß man um jeden Preis ein Geschäft machen wollte. Am Backzutatenregal konnte ich mich nur schwer für Dinge entscheiden, aber einige Kleinigkeiten legte ich in den Korb. Auf dem Weg zur Kasse las ich die Preise, und ich trug rasch alles wieder an den Platz zurück ins Regal. Meine Nachbarin staunte über meinen leeren Korb, sie hatte doch einiges zu bezahlen. Ich dagegen dachte, so lange Jahre hast du auf all die kleinen Nettigkeiten verzichten müssen, und nun

soviel Geld dafür ausgeben? Ich konnte es nicht, denn auch die kleinen Abpackungen summierten sich leicht auf 10,– oder 12,– D-Mark. Die Nachbarin war es eher gewohnt, sie kannte all die süßen Dinge. Ein Verwandter versorgte sie zu den Festtagen seit Jahren mit den von uns so ersehnten Artikeln.
So fuhren wir damals nach Hause, und ich hatte bloß den kleinen Engel in meiner Manteltasche. Unterwegs standen wir oft im Stau, dieser Andrang der „Ahnungslosen" war ein wenig zuviel für die Straßen. Es war später Nachmittag, und einige Westdeutsche hatten Körbe, gefüllt mit Bananen, Gebäck und Kannen voller Kaffee, es war eine freundliche Geste. Unser Enkel bekam einiges an Geld geschenkt, auch Süßigkeiten und die beliebten Matchautos. Aber auch ich hatte daran gedacht, eventuell eine kleine Aufmerksamkeit parat zu haben. Vor Weihnachten stand ich oft ewig in den Schlangen, wenn es in den Exquisitläden Nürnberger Lebkuchen mit Oblaten, oder die beliebten Kirschbomben zu kaufen gab. Diese, unsere Mitbringsel gab ich als Dankeschön zurück. Dafür gab es ebenfalls dankbare Blicke und viele gute Wünsche. Irgendwie sah man den Einheimischen die Rührung wegen der Mitbringsel an, auch ein gutes Gefühl damals.
Ja, nun waren wir in Würzburg, kamen aus der Auszahlungsstelle, in welcher man sich ebenfalls über unsere Ehrlichkeit wunderte. Hatten wir einen solch schlechten Ruf? Vielleicht hing es damit zusammen, daß es zu viele Menschen gab, die immer bloß forderten, aber das waren gottlob nicht alle aus unserer Heimat!
Wir hatten heißen Kaffee und geschmierte Brote dabei, auf einem Parkplatz stärkten wir uns erst einmal. Auf große Schau waren wir nicht aus, aber uns die weihnachtlich, geschmückte Stadt ein wenig näher besehen, das hatten wir uns vorgenommen. Ich erinnere mich an einen Imbissstand mit Fischbrötchen, es waren diese dicken, aufgeblasenen Brötchen. Obwohl ich ja gar nicht hungrig war, leistete ich mir doch so einen Fischhappen, allerdings erschlug mich der Preis dafür fast. Was hab' ich diese dicken Brötchen gelobt, ich wollte es mir nur einfach schönreden. Als es diese Art Brötchen dann bei uns zu Hause zu kaufen gab, waren sie mir viel zu teuer und zu pappelig, da lobte ich mir unsere Brötchen für fünf Pfennig. Aber den Zahn haben sie uns ja auch gezogen! An einem Obststand kam ich aus dem Staunen nicht heraus. Auf einem Schild stand Clementinen, ich hatte noch nie davon gehört, also fragte ich den Verkäufer. Er erklärte mir, daß es kernlose, saftige Mandarinen seien, davon nahmen wir einige mit.

Anschließend wollte ich noch in ein großes Kaufhaus, aber da wären wir besser draußen geblieben. Scheinbar gab es noch viele solche Nachzügler, die sich die geschenkten 40,– D-Mark noch abholen wollten. Also war ich noch lange nicht die Letzte. Zum Glück hörte ich in der Kantine meines Arbeitsplatzes von dieser guten Idee. Alle anderen Kollegen hatten längst ihren Haustag genommen, und auch schon das Geld an Ort und Stelle ausgegeben. Bloß ich hatte nichts von dieser Aktion gehört, oder mitbekommen, der Hektik vor Weihnachten war es wohl geschuldet. Die Kaufhalle war total überfüllt, aber im Drängeln waren wir ja geübt. Zufällig führte es uns an der Abteilung Kunstgewerbe vorbei. Eine Ausstellung von weihnachtlicher Schnitzkunst aus unserem Erzgebirge zog meine Blicke auf sich. Ich war total begeistert, für meinen Mann war es eher weniger interessant. Diese kunstvoll geschnitzten kleinen Engel und kleinen Nettigkeiten, die ich noch nie gesehen hatte, brachten mich ins Schwärmen. Ich zeigte auf die Weihnachtsmänner und all die schönen kleinen Schnitzkünste, während ich zu meinem Mann sagte: „Schau nur, was es da für schöne Dinge in unserem Land gibt, die wir bis jetzt noch nie zu sehen bekamen!" Plötzlich sprach mich eine junge Frau von hinten an. Ich war so hin und weg, daß ich alles um mich nicht beachtetet hatte. Die junge Frau hatte ein Baby in einem Tragetuch und sah mich ganz freundlich an. „Heute ist doch Nikolaustag, entschuldigen Sie bitte, aber ich hörte unbeabsichtigt Ihr Gespräch. Bitte suchen Sie sich irgendetwas aus, was Ihnen gefällt. Schauen Sie nicht nach dem Preis, ich würde Ihnen so gerne eine kleine Freude machen, bitte erfreuen Sie mich damit!" So sprach mich diese fremde, junge Frau am Nikolaustag an. Es ging alles so schnell, ich stand da wie erstarrt, antworten konnte ich absolut nicht. Blitzschnell schossen mir die Tränen in die Augen, ich konnte nicht mehr denken, bloß daß ich mir vorkam wie der ärmste, unbedingt hilfebedürftige Mensch. Meinen Mann und die liebe und freundliche Mutter ließ ich wortlos stehen und rannte, so schnell ich konnte, hinaus auf die Straße. Dort lehnte ich mich an eine Säule und alle Tränen, die in mir waren, drängten sich aus mir heraus. Weit weg konnte ich nicht gehen, sonst hätte mich mein Mann in dem Menschgewühle nicht wiedergefunden. Wie lange ich dort völlig aufgelöst hinter der Säule versuchte, meine Haltung wiederzuerlangen, wusste ich nicht, aber es verging wohl eine ganze Weile.

„Da möchte dir nun einmal jemand etwas schenken und dir eine Freude machen, und du rennst davon und läßt die gute Frau einfach stehen!" So versuchte mein Mann, mich wieder auf die Füße zu stellen. Er verstand es nicht, daß es mit dieser Frau gar nichts zu tun hatte, ich kam mir einfach

nur so armselig und erbarmungswürdig vor. Mich hat das alles überfordert, es war zu viel auf mich eingeströmt. Waren wir zu einer Art Mensch geworden, der wegen allen Verzichtes auf schöne Dinge wie ein unmündiges Kind beschenkt und umsorgt werden muß. Ich kam mir schon ziemlich naiv vor, so etwas weltfremd, ahnungslos und bedauerungswüdig. Dabei hatten wir doch immer fest im Leben gestanden, ich hatte viele Krankheiten zu verkraften und dennoch zu arbeiten, wenn es wieder möglich war.
Auf dem Rückweg kamen wir an mehreren Buchläden vorbei. Überall ging ich hinein und fragte nach den Büchern mit – Hanni, Fritz und Putzi und der Rabe Kolk. Man hatte überall nie von solchem Titel gehört, man schaute im Computer nach, auch diese Möglichkeit war mir Landpomeranze ganz neu.
Ich hatte als Kind die Bücher verschlungen bei einer Schulkameradin von mir. Es waren Kindergeschichten, aber so lange ich denken konnte, wünschte ich mir eines dieser Bücher, die scheinbar ich allein nur kannte. Ich verstand die Welt nicht mehr, weil ich immer die Vorstellung hatte, daß man im Westen einen jeden Wunsch erfüllen konnte. Da war ich wohl einem Trugschluß aufgesessen. Nun war ich Oma geworden und immer noch sehnte ich mich nach einem einzigen, eigenen Kinderbuch.
Nach vielen Jahren erzählte ich meinem Buchmanager aus dem Verlag von meiner Enttäuschung. Er zeigte ganz erstaunt auf ein Bücherregal, in welchem alle einzelnen Erscheinungen aufgereiht standen. Diese Bücher waren nach einer Überarbeitung, nach der Wende, neu aufgelegt worden. Ich war so froh, daß ich mir endlich, nach fast sechzig Jahren, meine Kinderbücher kaufen konnte. Sehr vernachlässigt, was die schönen Dinge des Lebens betraf, kam ich mir schon vor.
Wie ich schon vorausschickte, hatte unsere Familie keinerlei westliche Beziehungen, was selbstverständlich auch manchen Verzicht erklärlich macht.
Durch einen Zufall traf es sich, daß eine alte Bekannte aus den Kriegsjahren noch eine kleine Schuld an meinen Schwiegervater abzutragen hatte. Ich stellte mich als die Schwiegertochter vor und bat sie, uns doch ab und zu etwas Penatencreme, oder Apfelsinen zu schicken. Als Gegenleistung wollte ich ihr schicken, was sie sich wünschte, und was vor allem bei uns erlaubt war. So gingen gegen Südfrüchte und gelegentlich einer Silastikstrumpfhose für die Kinder, Bettwäsche oder Kunstgewerbliches im Paket hin und her.
Ich hatte seit Jahren die Tbc-Erkrankung wieder am Hals, da waren Südfrüchte, neben unserem einheimischen Obst, eine gute Sache.

Die westliche Dame wünschte sich eines Tages erzgebirgische Engel, die mit einem Instrument zu einer großen Kapelle gesammelt werden konnten. Jeder einzelne Engel war aus einem Stück geschnitzt, mit einem langen Gewand. Mit der Zeit kam eine stattliche Kapelle zusammen, ich hätte sie auch gerne gehabt, aber pro Stück 8,– Mark, das war für mich zuviel.
Eines Tages wollte die Hamburgerin wissen, welche Kaffeesorte wir bevorzugten, weil sie uns die gewünschte Marke gerne schicken wollte. Als ich ihr antwortete, daß wir sowieso nur sonntags Bohnenkaffee trinken würden, ansonsten gäbe es bei uns Malzkaffee, wie für die Kinder auch. Das konnte sie ganz und gar nicht verstehen. Für diesen einen Tag gab es in unserer DDR die Sorte Mona, er kostete 10,– Mark, und bis das Päckchen mit 125 Gramm alle war, wurde es von der Zeit her auch schon die höchste Eisenbahn. Wir wollten uns diese Art und Weise des Genusses bewahren. Meine Meinung war stets, wenn erst etwas alltäglich, also zur Normalität wird, dann ist es nichts Besonderes mehr, und es ist zur Banalität verkommen. Unser Ritual am Sonntag mit einem feierlich gedeckten Tisch im Wohnzimmer, und natürlich mit selbstgebackenem Kuchen, das war etwas ganz Besonderes. Irgendwie hat diese Hamburger Dame meine Meinung akzeptiert und wir tranken, noch über eine lange Zeit hinweg, bloß am Sonntag Bohnenkaffee. Und es kam genauso, wie ich es immer befürchtete, irgendwann gab es täglich Bohnenkaffee aus dem Kaffeeautomaten und es dauerte gar nicht lange, bis wir den Unterschied zwischen Arbeitstag und Sonntag gar nicht mehr bewusst erlebten.
Genauso kam es, als wir 1980 in unserem neuen Haus einzogen und uns ab dieser Zeit öfter im Wohnzimmer aufgehalten haben. Es ist kein großer Unterschied mehr zwischen der Küche und der sogenannten Stube, wie es früher hieß. Früher war die Stube etwas Besonderes, nur ein besonderer Anlaß ließ uns in die Stube gehen. Außerdem sind wir älter geworden, auch tagsüber schauen wir öfter mal Fernsehen, da kommt auch eine gut eingerichtete Wohnküche nicht dagegen an. Und dieses Beispiel läßt sich auf alle Lebensbereiche anwenden. Wird kein Unterschied mehr zwischen Wochentags- und Sonntagskleidung gemacht, dann ist auch dies zur Banalität verkommen. Wir sollten uns doch eigentlich unsere besonders schönen Dinge bewahren, damit etwas bleibt, was uns Freude macht und aussagt, daß nicht alle Tage Sonntag sein kann, wie es schon in einem alten Lied heißt.

## Die unvergessene Heimat

Da gibt es Landschaften des Herzens,
die man erlebt, wie einen Traum.
Da gibt es Felder, Wiesen, Bäche,
auch manchen alten Lindenbaum.
Dort gab es Nachbarn, gute Freunde,
ganz lieb bewahrt ich sie im Herzen,
dort lebt meine Erinnerung,
auch Bilder, die noch immer schmerzen.
Dort war die Kindheit und die Jugend;
die Kindheit prägte stark mein Leben.
Die Jugend fand die große Liebe,
blieb ihr bis heute treu ergeben!
Die Heimat, sie blieb unvergessen
und unersetzbar obendrein;
konnt' wieder ein Zuhause finden,
doch nie wieder so glücklich sein!

## Tauwetter

Ein dumpfes Dröhnen meldet sich,
so von der Ferne her;
der Tauwind bläst bestimmerisch,
tut sich noch etwas schwer.
Ein tiefes Grollen faucht heran
und rüttelt am Geäst;
wir fürchten fast einen Orkan,
der sich schwer bremsen lässt.
Verschnaufen einen Augenblick,
aufatmen von des Winters Last;
der Winter kehrt nochmals zurück –
Milde begehrt nach kurzer Rast!
Des Winters Strenge fließt dahin,
die gestern noch gequält.
So finden Qual und Leiden Sinn,
weil auch das Schöne zählt!

## Der Winter

Der Winter könnt' mit seinem Flair
nicht reizvoller und schöner sein,
macht er uns auch das Leben schwer,
lässt sich doch manch ein Graus verzeih'n!

Es liegt nun 'mal in seiner Art,
stets seine Macht zu demonstrieren.
Er hält viel Reizvolles parat,
kann Baum und Strauch mit Raureif zieren.

Wir fragen oft, wie arg kommts noch,
wenn er mit Sturm und Blitzeis droht.
Schneewehen, wie ein Haus so hoch;
es kommt das ganze Land in Not!

Der Winter ist nicht nur ein Graus,
er verschönert unsere Welt,
verzaubert alles rund ums Haus,
so pittoresk, das uns gefällt.

Solange diese Welt besteht,
so oft quält auch des Winters Schmerz,
so lange sich die Erde dreht,
solang' erfreut er unser Herz!

*Winter 1963 am Harthwald bei Tüngeda. Foto: Werner Rockstuhl*

*Karin und Harald Rockstuhl im Winter 1962 in Tüngeda.*
*Foto: Werner Rockstuhl*

## Natürliche Freuden

Die erste Blume, die es ganz trefflich versteht, während ihres relativ kurzen Lebens all' ihren Charme zu versprühen und einen ersten Glanz in unsere Augen zu zaubern, das ist der kleine Winterling. Aus anfänglich wenigen der dottergelben Blüten zaubert der Gärtner Natur in ein paar Jahren einen überdimensionalen Blütenteppich zu unserer Freude. Erste Knospen lenken schon die Aufmerksamkeit auf sich, wenn noch Schnee und Eis das Zepter schwingen. Aber sobald sich die Sonne auf ihre gewaltige Kraft besinnt, geben sich die kurzstieligen Schönlinge auch einen Ruck und stehen über Nacht in voller Blüte. Nun lockt der lieblich süße Blütenduft Wildbienen in den Garten. Der Teppich aus Winterlingen scheint jetzt förmlich zu leben. Die Insekten kriechen bei ihrer Bestäubungsarbeit in den Blütenmund hinein und bewegen dabei die Winzlinge, als würden sie von einem Frühlingshauch gestreift. Dieses berauschende Schauspiel, das mich immer wieder anzieht, währt leider nur einige kurze Tage. Währenddessen wuchsen die Stängel der Blätter über unseren Schönling hinaus und lassen ein völlig neues Bild entstehen. Nun leuchten die Blütenblätter nicht mehr so gelb wie die Sonne, es hat eben alles seine vorbestimmte Zeit, und das Grün belebt unsere Seele.

Ab jetzt nehmen uns die vielfarbigen Krokusse, Blausternchen, Leberblümchen, Schneeglöckchen, auch die Märzenbecher, und nicht zuletzt die violett und auch weißblühenden Seidelbaststräucher in Beschlag. Unsere Natur in ihrer Mannigfaltigkeit und bezaubernden Schönheit zieht uns doch immer wieder in ihren Bann. Sie versteht es meisterhaft, nicht bloß uns alten Menschen wieder neuen Lebensmut zu geben, sie belebt unsere Sinne, erfreut unsere Seele und macht uns zufrieden.

Ich danke der Natur für dieses Erleben!

*Mein Kindermädchen oder richtig gesagt meine Aufsichtsperson, damit meine Mutter arbeiten gehen konnte.*
*Inge Hoyer aus Molschleben als 12jähriges Schulkind und Hannalore Stecher als Einjährige.*

## Das Forellenquintett

Sehr viele typische Geschehnisse aus meiner Kinderzeit, und auch aus meiner Jugend, könnte ich aufzählen, die damals völlig anders abliefen, als heutigen Tages. Aber eben so viele Unarten, Gewohnheiten und Laster sind zu allen Zeiten gleich geblieben. So z.B. der unnatürlich starke Bierdurst einiger Typen Mann machen in allen Epochen von sich reden. Es war damals nicht üblich, dass besonders durstige Kehlen stets einen ausreichenden Vorrat des süffigen Bieres in der Speisekammer oder dem Keller griffbereit hatten. Ob nun das Flaschenbier teurer als der frisch gezapfte Gerstensaft war, erinnere ich mich nicht mehr. Aber ich weiß noch, dass ich als kleines Mädchen mit einem einfachen Porzellankrug in den Gasthof geschickt wurde, um dem Vater einen, oder auch einige Liter Bier nach Hause zu holen. Im Gasthof standen auf einem Bord hinter der Theke verschieden große Bierkrüge zum Ausleihen. Diese Henkelkrüge hatten einen verschließbaren Deckel und einen festen Griff, und sie waren aus dickem, grünem Glas gefertigt.

Auch ob es am kaum überstandenen Krieg lag, dass der Bierschaum, oder die so genannte Bierblume, nur von kurzer Haltbarkeit war, das weiß ich ebenfalls nicht. Ich hatte mich also auf dem Nachhauseweg unbedingt zu beeilen, denn unser Vater hatte Appetit auf ein erfrischendes und kein abgestandenes, fades Getränk.

Sicher klappte es im Allgemeinen mit dem zügigen Nachhausekommen, aber einmal ist es immer das erste Mal. Und so geschah es eines Abends, das ich auf dem Heimweg abgelenkt wurde, und das auch gleich in einem ziemlichen Ausmaße. Ich hörte Musik, die mir besonders gut gefiel, und diese drang aus dem Wohnzimmer eines größeren Bauernhauses.

Ich war ein kleiner Dreikäsehoch, aber doch konnte ich durch die luftigen Gardinen eine Holzlamperie, sowie herrliche Bilder und einigen außergewöhnlichen Zierrat erkennen. Die Fenster waren hell erleuchtet, ich erkannte die Stimme des Familienvaters, welcher auf einem Klavier spielte. Seine Mädchen sangen Volkslieder, die mir schon aus unserem Radio und dem Schulchor bekannt waren. Auf jeden Fall war ich vollauf begeistert, und sehr gerne wäre ich Gast in jenem gemütlich scheinenden Wohnzimmer gewesen.

Unser Vater hatte eine wohlklingende, kräftige Stimme im Kirchenchor, aber zu Hause kannte ich seine Stimmbänder am meisten beim Schimpfen und Herumnörgeln mit mir. Er mochte mich nicht, das war unschwer zu erkennen; ich spürte es von Anfang an. Ja, so einen Vater, der mit uns gesungen hätte, den hätte ich mir gewünscht, aber so etwas konnte man

sich nicht aussuchen, das hatte ich längst begriffen. Ich konnte es ihm einfach nie recht machen, aber vielleicht war ich auch ein besonders schwieriges Mädchen, das oft von „Schönerem“ träumte. Viel von dem „Schönen“ hatte ich noch nicht gesehen, aber dort hinter den Fensterscheiben war etwas, das mir gefallen konnte und sich von unserem Zuhause ganz besonders unterschied.
Wie lange ich dort hinter der Schenkspfütze bei den beiden Kastanien meinen Träumen nachhing und der herrlichen Hausmusik lauschte, weiß ich nicht mehr, aber plötzlich wurde mir der Bierkrug zu schwer, und ich kam wieder in der Wirklichkeit an. Ich war sehr erschrocken, als ich bemerkte, dass sich der Bierschaum völlig aufgelöst hatte. Da wurde es aber höchste Zeit, eigentlich war es schon viel zu spät, und ich konnte dem Ärger nur noch entgegeneilen. Wieder einmal hatte ich die Regeln übertreten, weil ich ganz einfach andere Dinge im Kopf hatte, als ich es haben sollte.
Unser Vater konnte sich gar nicht wieder beruhigen, ich unternahm erst gar nicht den Versuch des Herausredens. Nach einigen Ohrfeigen und den üblichen Beleidigungen und Demütigungen hatte ich sofort aus Vaters Augen zu verschwinden. Gern hätte ich von meiner grandiosen Entdeckung erzählt, aber das war völlig sinnlos, soviel begriff ich schon als kleines Mädchen.
Noch im Bett hörte ich den Vater schimpfen. Ich hatte ganz einfach die Zeit vergessen, absichtlich wollte ich ihn nicht enttäuschen. Ich dachte schnell wieder an die Idylle, die Harmonie und die herrliche Musik, obwohl ich noch gar nicht wusste, was Harmonie und Disharmonie, oder gar Idylle bedeuteten.
Wenn Vater wieder Bierdurst verspürte, holte unsere Mutter einige Male das Bier, aber bald war die Reihe wieder an mir. Immer kam ich nicht in den Genuss eines Klavierkonzertes oder des Gesanges der musikalischen Familie, aber einige Male hatte ich das Glück. Ich war ziemlich neidisch auf diese Mädchen und hätte sehr gerne mit ihnen getauscht. Obwohl schon der Gedanke verwerflich und sündhaft war, aber das überlegte ich nicht. Obwohl ich die Konsequenz meiner Verspätungen genauestens kannte, stand ich doch hin und wieder hinter den Kastanien. Irgendwie schämte ich mich für das Belauschen, es sollte auch mein Geheimnis bleiben. So sehr der Vater bei den Strafpredigten auch bohrte, ich sagte ihm nie meinen Grund der Verspätungen. Für dieses kleine Stück Glückseligkeit nahm ich schon ein paar Ohrfeigen in Kauf. Und dass man mich mit meinen eigenartigen Ideen verstehen könnte, das setzte ich gar nicht erst voraus. Ich war ein unzufriedenes, eigenartiges Mädchen, Vaters Wunschvorstellungen entsprach ich damals und auch später nicht.

*Manfred Ecarius ca. 1955 im Gehöft von Guido Topf. Sammlung Ewald Roth.*

Mit der Zeit stumpfte mich das laute Schimpfen und Strafen wegen jeder Kleinigkeit derart ab, dass ich mich zum Teil unbewusst immer weiter von einem Wunschbild des Vaters entfernte. Eines Tages fand ich mich endgültig damit ab, dass es unabwendbar für mich war, das „schwarze Schaf" unserer Familie zu sein. Das bin ich bis heute auch geblieben, unbewusst, vielleicht auch manchmal ein wenig bewusst.
Die Hausmusik der Bauersfamilie beeindruckte mich als kleines Mädchen ziemlich, aber nicht bloß die Musik, sondern auch das gesamte Miteinander hinterließ seine Spuren bei mir. Später, als ich den Kinderschuhen entwachsen war, hörte ich ein bestimmtes Musikstück aus jenem unverhofften Familienkonzert wieder. Es war das Forellenquintett von Schubert, welches der Familienvater sehr gut zu spielen verstand. Immer, wenn ich es wieder höre, erinnert es mich an meine Kindheit, die für keinen unserer Familie einfach war, wohl weil sich unsere Gedankenwelt, die Vorstellungen, die Wünsche und die Träume gar zu sehr voneinander unterschieden.

## Aufgeschreckt

Des Nacht's weckt mich ein grelles Schrei'n,
das mußten Nachbars Katzen sein!
Opa Hugo ist auch erwacht,
was hat er wohl bei sich gedacht?
„Um so ein bißchen Liebelei,
machen die Katzen solch Geschrei!"
Lang, lang ist's her, dacht' er sich wohl,
nur waren wir nicht halb so toll!
„Was man in Ruhe kann genießen,
muß doch nicht gleich ein jeder wissen!"
Am and'ren Morgen sah sich dann
der Opa seinen Garten an.
Das Thymianbeet total zerwühlt:
„Hier hat man sich recht wohlgefühlt!
Lilli ist ein gar schlimmes Weib,
die Liebe scheint ihr Zeitvertreib!"
Lilli umschwänzt den neuen Freier –
„Tschüß, Gute Nacht!" – mit neuer Leier!

## Vom Frühling gelockt

Auf lila Blüten vom Seidelbast
fliegen die ersten Schmetterlinge,
sie durchstöbern jeden kleinen Ast,
auf dass die Bestäubung gelinge!
Welch ein geheimnisvolles Summen,
die Bienen schwirren hin und her.
Und dieses wohltönende Brummen,
die dicken Hummeln tun sich schwer.
Die Bienen, Hummeln und Schmetterlinge,
sie waren heut' zu Gast im Garten,
schienen allesamt recht guter Dinge,
als wüssten sie vom Frühlingsstarten.
Nicht jeder Kelch ist wohlgeformt
für Übergröße – Hummelmaße.
Der Krokus passt, er ist genormt,
für Nektartrunk mit dick'rer Nase.
Als würd' man um die Wette fliegen,
selbst Hummeln zeigen leichte Eile,
um etwas Nektar abzukriegen,
es dauert 'ne geraume Weile.
Bald werden sie nach Hause ziehen,
um ihre schwere Tracht zu bringen,
noch ist es nicht so weit gediehen,
erst labt man sich an süßen Dingen!
Ich bin beseelt vom Augenblick –
es ist des Lebens höchstes Glück!

## Von der Natur getrieben

Die Ringeltaube baut ihr Nest,
im Baumwipfel, sehr hoch droben.
Ihrem Nestbau vertraut sie fest,
auch wenn wilde Stürme toben.
Ihr Gurren klingt uns so vertraut,
geht mit dem Frühling Hand in Hand,
geht manchen Tags unter die Haut,
ist für den Frühling ein Garant.
Es erinnert uns an Kindheitstage,
der Frühling hat stets froh gestimmt.
Lang, lang ist's her, ganz ohne Frage,
das Feuer wärmt, auch wenn's nur glimmt!

## Die Nachtigall

Am Morgen sang die Nachtigall
und leutet früh den Tag uns ein.
Was gab es für ein Widerhall,
von einem so kleinen Vögelein!
So anmutig, lieblich und zauberhaft,
so voller Liebreiz, warm und weich,
und doch sang sie auch voller Kraft,
mit Tönen zart und elfengleich.
Die Strophen neu und doch vertraut –
zu rasch beendet ist's im Nu!
Gern hätte ich nach ihr geschaut,
doch rasch flog sie dem Walde zu.
Lang zehr' ich noch von all den Tönen.
die für mich unvergessen bleiben,
sie können Gemüt und Herz verwöhnen
und mich fast in Ekstase treiben!
's ist so natürlich und vollkommen
und macht mich ganz und gar benommen!

## Die Liebe

Nichts ist edler als die Liebe,
und nichts kann reiner sein als sie.
Sie ist auf des Lebens Bühne
die allerschönste Symphonie.
Virtuos ist uns're Liebe,
so einzigartig und begehrt.
Die Hoffnung, dass sie ewig bliebe,
hat uns die Sehnsucht rasch gelehrt.
Nah bei der Liebe liegt das Leid.
Ihr Schmerz geht tief, es bleiben Narben.
Doch irgendwann kommt eine Zeit,
und ein End' hat all das Darben.
Die Liebe und Glückseligkeit,
kein Mensch möchte darauf verzichten.
Glücklich zu leben alle Zeit,
ein Wunschtraum ist es wohl mitnichten.
Die Liebe ist ein gülden Band,
das sanft sich um die Herzen windet.
Glück dem, der seine Liebe fand,
die sich mit Treue fest verbindet.
Schlägt das Schicksal tiefe Wunden,
und nimmt es gar ein Herz mit sich,
bleiben sehr schmerzende Schrunden,
ein trauernd' Herz weint ewiglich!
Meist ist man glücklich mit der Liebe,
so leicht lässt sie sich nicht vergessen.
Wir wünschen sehr, dass es so bliebe,
ein Herz voll Glück wär' angemessen!
Einen Menschen von Herzen lieben,
was kann es Schöneres geben?
Ihm bis zum Ende treu geblieben,
das nenne ich ein glücklich' Leben!

## Wer wohl am besten sänge …?

Die Singdrossel nahm just Quartier
in unserem großen Garten
und machte es sich zum Pläsier,
sogleich ein Sängerfest zu starten.
Die Meisen postierten sich zum Streit,
auch unser Buchfink flog hinzu,
die Kleiber traten auf zu zweit,
ein Sängerfest entstand im Nu.
Das Rotkehlchen ward plötzlich krank,
man tuschelt es auf allen Rängen.
Herr Zaunkönig sang Gott sei Dank,
er half gern aus bei den Gesängen.
Es zwitschert, trällert, zirpt und pfeift,
so traumhaft schön und wunderbar,
bis es ein jeglicher begreift,
daß dies Konzert sehr kostbar war.
Ein jeder Sänger gab sein Bestes,
es hat uns alle sehr gerührt.
Und just als Höhepunkt des Festes,
wurde ein „Bester" nie gekürt!

*Ostern in Tüngeda 1965. Foto: Werner Rockstuhl*

## Die ersten blauen Veilchen

Die ersten blauen Veilchen blüh'n,
versteckt im kurzen, grünen Grase.
Wie sich die Schmetterlinge müh'n,
bekunden Rüssel und die Nase.
Drunt' im Tal, beim kleinen Bache,
suchen Bienen nach den Weiden.
Droben unter'm Scheunendache,
Vögel um die Wohnung streiten.
Nur Hasen werden kaum gesehen,
zählen doch auch zum Frühlingsbild!
Egal, wie sich die Welt mag drehen,
die Sehnsucht wird wohl nie gestillt!
Ein Ostern ohne Osterhasen,
es ist zwar traurig, doch leider wahr!
Die Zeit, nicht, das wir sie vergaßen,
nein, dafür war sie zu wunderbar!

*Grossblüthiges Veilchen – frei nach einer altkolorierten Lithographie um 1840 – bearbeitet von Harald Rockstuhl*

## Ein Königreich für einen Kuli!

Ja, wenn ich etwas Wertvolles besessen hätte, dann würde ich es gegen so ein Wunderding wie einen Kugelschreiber getauscht haben. Aber leider besaß ich kein Tauschobjekt, und so war es für mich auch völlig aussichtslos, in absehbarer Zeit in den Besitz solch einer begehrten Schreibutensilie zu kommen. Ein solcher Kuli war scheinbar unverwüstlich, dass eine Mine der Grund dafür war, wusste ich gar nicht. Aber dann hätte mir der Kugelschreiber ja auch nur kurze Zeit genützt, dann wäre ja der ganze Jammer wieder von vorn losgegangen, denn wie sollte ich armes Würstchen an die Ersatzmine kommen? Für mich war der Kuli etwas, das man nicht mit Tinte füttern und bei dem auch eine Feder nicht kaputt gehen konnte.
Ich kannte ein Mädchen aus der Umsiedlerfamilie, das viele Kinderträume besaß, von denen ich, und die meisten anderen Kinder des Dorfes, im wahrsten Sinne bloß träumen konnten. Es war wohl auch als normal anzusehen, dass sich in jener Zeit die wenigsten Kinderträume erfüllen ließen. Wegen so genannter Westbeziehungen kam sie in den Besitz so wunderschöner Dinge wie Kaugummi, jede Menge Luftballons, tolle Bonbons, viele bunte Bildchen für ein Poesiealbum, die buntesten Ringelsöckchen, Petticoats (die mit Spitze und Rüschen besetzten Unterröcke) und natürlich Kulis. Für den Tausch Wurstbrot gegen Kaugummi reichte es schon 'mal, aber für einen Kuli hätte ich schon mehr bieten müssen als ein Wurstbrot.
So blieb mir nichts als die Bewunderung all der schönen Nebensächlichkeiten, an denen sich ein kleines Mädchen erfreuen, und von denen es träumen kann.
In unserer Nachbarschaft wohnte ein Umsiedler, welcher sich auf die Reparatur von Füllfederhaltern verstand.
Eigentlich hätte ich mich ja glücklich schätzen können, dass ich überhaupt mit einem Füller schreiben konnte. Er taugte aber leider nicht viel, denn er kleckste laufend, oder er gab ganz und gar den Geist auf. Ich erinnere mich, dass meine Finger ständig blau gefärbt waren. Sowieso musste ich meine Hände oft unter der Bank verstecken, weil ich den Dreck gar nicht mehr aus den Hautfalten heraus bekam. Das Ernten von Gurken, Kartoffeln, auch Rübenblättern oder gar der Umgang mit Tabak, das Schaben von Möhren, Sammeln von Gänseschwarten und allem Grünzeug wie Löwenzahn, und zu Tierfutter verarbeiten, all das hinterließ seine Spuren an meinen Händen. Nun kam auch noch die Tinte hinzu, was habe ich sie manchmal verflucht, aber darunter litten ja die meisten Schüler.

Wie viele Abende wartete ich auf den Bus, welcher die Arbeiter und Angestellten aus der Kreisstadt Gotha nach Hause brachte. Ich hatte meine Schulaufgaben noch nicht fertig, weil wieder einmal der Füller nicht schrieb.
Sah ich den gehbehinderten Nachbarn, nach seiner Arbeit in einem Schreibmaschinenbetrieb, aus dem Bus steigen, dauerte es nun nicht mehr lange, bis ich meinen schon oft reparierten Füller wieder zur Verfügung hatte. Es waren viele Füllhalter zu reparieren, eine große Nebeneinnahme konnte man diesen Einsatz jedoch nicht nennen, damals galt die gegenseitige Hilfe noch etwas mehr als heutzutage. Mutter gab mir manchmal etwas Wurst mit, darüber war der Kinderfreund ganz besonders glücklich.
Es gab immer noch Schüler, welche mit einem herkömmlichen Federhalter die Hausaufgaben zu schreiben hatten. Natürlich ging das auch, aber verwöhnt ist man schnell. Ich sah gerne zu bei den Reparaturarbeiten. Da ging schon einmal ein Stündchen drauf, manchmal auch mehr. Ob die geschickten Hände während der alltäglichen Beschäftigung auch Füller reparierten, einen neuen Tank einbauten, oder eine neue Feder einsetzten? Man konnte es fast meinen, wenn man ihm eine Weile zusah. Vielerlei Ersatzteile lagen in kleinen Pappschächtelchen, alles sah ziemlich fachmännisch aus. Leider dauerte es nicht lange, und ich saß wieder neben dem Meister des Füllfederhalters, es war eine stete Regelmäßigkeit daraus geworden. Aber der Traum von einem Pelikanfüller erfüllte sich für mich leider nie, da war ich nicht allein enttäuscht. Dieser Markenname geisterte zwar in unseren Köpfen herum, aber es blieb nun einmal ein Produkt, der hinter dem „Eisernen Vorhang“ als ganz normal galt, jedoch nicht für uns! Das hatten wir längst verstanden. Ich war schon froh, wenn die Tintenkleckse verschwanden, und die Feder einigermaßen schrieb.
Unserem Nachbarn bin ich heute noch dankbar für seine Freundlichkeit uns Kindern gegenüber und für seine Hilfe! Er war nie mürrisch, auch nicht, wenn drei Kinder gleichzeitig auf den Füllhalter warteten. Reich ist er mit uns nicht geworden, diesbezüglich war es wohl doch eine ganz andere Zeit, mit so viel Selbstlosigkeit und Hilfsbereitschaft.
So gab es in unserem Dorf mehrere Umsiedler, die es mit ihren flinken und geschickten Händen verstanden, den Dorfbewohnern zu helfen.
Ein anderer Umsiedler fällt mir ein, stellte z.B. mit wenig Material, eigentlich nur Abfall, ganz einfache Sandalen für uns Kinder her. Er reparierte sie so lange, bis wirklich nichts mehr festhielt, und es Zeit wurde für ein Paar neue Sandalen, oder Treter, wie wir sie nannten. Das alles kostete fast nichts, wohl deshalb konnte sich der Hersteller vor Aufträgen gar nicht retten. Wahrscheinlich hatten diese Menschen gerade für uns Kinder ein allzu großes Herz.

# Der Herbst im Wandel der Zeiten

Ungern erinnere ich mich an die sehr nassen und unfreundlich kalten Herbsttage auf den Kartoffel- und Rübenackern vor langer Zeit. Wir Kinder waren bei den Erntearbeiten dieser Feldfrüchte sehr gefragt, weil beim Kartoffellesen und Rübenziehen kein besonderes Talent vorausgesetzt wurde, wie es z.B. bei den Arbeiten mit der Sense oder der Sichel Bedingung gewesen wäre. Der Umgang mit einer Sense, beim Hauen des Getreides, setzte schon ein gewisses Können und auch ein Maß an Geschicklichkeit voraus. Auch das Abrappen mit der Sichel musste man genau im Griff haben. Ein Erntehelfer hatte zu wissen, oder im Gefühl zu haben, wie viel Getreidehalme zu einer ordnungsgemäßen Garbe gehörten. Ansonsten wäre das Erntegut nach dem Trocknungsprozess aus den Seilen oder Stricken herausgerutscht.

So viel Erfahrung und Können waren bei der Kartoffel- und Rübenernte nicht erforderlich. Dazu brauchte man nur ein einigermaßen intaktes Kreuz und genügend Durchhaltevermögen, sprich Kraft. Die mehr oder weniger dreckigen Kartoffeln in einen Korb sammeln und diesen dann in einen Sack schütten, ohne dass die Hälfte davon danebenfiel, das war schnell gelernt. Darin hatte ich schon einige Übung, und obwohl meine Hände klein und meine Arme schwach waren, konnte ich schon zeitig einen so genannten Purzelkorb gut allein ausschütten. Mit meinem Rücken stand es nicht gerade zum Besten, aber darauf wurde absolut keine Rücksicht genommen. Meine immer wieder auftretenden Kreuzschmerzen waren weit mehr als eine Bagatelle, wie sich später eindeutig bewies. Aber die eigenen Kinder schonen und an deren Stelle fremde Helfer für die Arbeit bezahlen, das wäre gegen die Bauernehre gegangen. War aber das Wetter gut, und waren einige Erntehelfer zu organisieren, konnten wir die Buckelei relativ schnell hinter uns bringen. Ja, wenn da nicht die sehr nassen und somit dreckigen Herbsttage dazwischen gekommen wären. Ich erinnere mich daran, dass die ausgeackerten Kartoffelreihen wie ein ausgeworfener Schlammhaufen vor uns lagen, und eine jede einzelne Kartoffel, auch eine kleine, musste regelrecht herausgewühlt und rundherum abgedreht werden. Dabei vergingen schnell die Wochen, und die Arbeit nahm kein Ende. Wie sehr unsere Hände unter derartigen Aktionen litten, daran kann sich noch ein jeder Helfer selbst gut erinnern. Oft war der Ackerboden derart durchnässt, dass auch die größeren Bauern die Kartoffelschleuder nicht zum Einsatz bringen konnten. Da war die gute, alte Mistgabel wieder zum Ausstechen gefragt. An solchen Tagen freuten sich alle Beteiligten ganz besonders auf die Kaffeepause mit frischem Zwetschen- oder Apfelkuchen und

Malzkaffee. Das hat wohl niemand vergessen, weil es alle gleichermaßen genossen haben.

Beim Rübenausziehen war oft der Morgendunst, oder die ausgedehnten Nebelnässen, unser Launenverderber. Eine primitive Schürze aus einem derben Jutesack und ein paar Stricken wurde schnell hergerichtet. Es war ein Vorbindeschutz, um nicht völlig durchnässt zu werden. Wenn es wenigstens Gummihandschuhe oder Gummistiefel gegeben hätte, die Arbeit allein war doch auch ohne diesen Mangel schon schwer genug.

Allabendlich kam ein älteres Blechtöpfchen zum Einsatz. In dem lauwarmen Kernseifenwasser badeten wir die oft ziemlich lädierten und auch entzündeten Fingerverletzungen und spülten den gröbsten Dreck aus den Wunden. Creme oder Salbe gab es nicht, Bock- oder Hasenfett musste genügen, trotz des penetranten Geruchs.

Nach dem Abendbrot wurde jemand dazu verdonnert, sämtliche Schuhe, Stiefel und Gamaschen vom Dreck zu befreien, zu trocknen und danach mit Schuhcreme, die nicht gut zu haben war, oder mit Schuhschmiere, wieder mit etwas Fett zu versorgen.

Ich war an diese Arbeit gewöhnt, verfluchte sie auch regelmäßig, weil meine kleinen Hände für Knobelbecher oder Gamaschen Größe 46, gar nicht stark genug waren. Eine warme Grude in der Futterküche war beim Trocknen von Kuh- oder Pferdedecken, Schuhen, Jacken und Ulstern durchaus sehr hilfreich.

Besonders in den nassen Jahren waren die Herbstarbeiten allesamt sehr kräftezehrend. Aber es waren nun einmal nötige Arbeiten, ohne die ein Fortbestehen einer intakten Bauernwirtschaft, ob groß oder klein, nicht möglich gewesen wäre. Mensch und Vieh waren von einem guten Ernteergebnis abhängig.

Es gab sogar Herbste, in denen noch im Dezember nicht alle Kartoffeln, Futter- und Zuckerrüben unter Dach und Fach lagen. Der Staat versuchte, bestimmte Betriebe zu unterstützen, indem er Schüler, Studenten, auch Armeeangehörige zur Mithilfe verpflichtete. Es war schon äußerst gute Überzeugungsarbeit nötig, um die Erntehelfer unter solchen extremen Umständen zum Durchhalten zu überreden und die dringende Notwendigkeit einzusehen.

Aber irgendwann gingen auch solche Extremjahre vorüber, wie nervenaufreibend und anstrengend sie auch immer waren.

All' das lässt sich mit der heutigen Zeit nicht mehr vergleichen. Ich sah während meiner Kindheit und Jugendzeit keinen älteren Menschen wochentags spazieren gehen. Man empfand den Umstand, aus Alters- und

Gesundheitsgründen kaum noch, oder gar nicht mehr mithelfen zu können, bei den täglich anfallenden, schweren Alltagsarbeiten, eher beschämend. Man zog sich zurück, wenn es gar nicht mehr ging und ward irgendwann nicht mehr gesehen.
So unterscheidet sich das Leben der heute älteren Dorfbewohner wesentlich von dem der früheren Zeit.
Für uns alle hat der Spätherbst mit seinen nasskalten, stürmischen Tagen, seinen Nebelnässen am Morgen, den unsanierten Straßenverhältnissen, den rückenunfreundlichen Erntemethoden, und nicht zuletzt auch mit seinen häufig auftretenden Erkältungskrankheiten, heute seinen Schrecken verloren.
Erfreuen wir uns an den herrlichen Naturbildern, welche der Herbst für uns bereithält, die unübertroffene Farbenpracht, und auch die überaus große Sortenvielfalt des heimischen Obstes.

*Frank und Werner Rockstuhl im Herbst 1978 beim Wandern im Schlamm.*
*Foto: Harald Rockstuhl*

*Stecklinge – Mieten abdecken um 1965 bei Tüngeda.*
*Foto: Werner Rockstuhl*

Die am Himmel zu bestaunenden Panoramabilder der vorüberziehenden Kraniche und die Formationen der vielen Wildvögel, das ist uns in jedem Fall in seiner faszinierenden Vielfalt und Schönheit geblieben. Wenn auch die selbst konstruierten Drachengebilde heute völlig fehlen, wie auch das herbstliche Stelzenlaufen, so ist der Herbst doch für uns alle reicher, leichter und schöner geworden. Auch nicht zu vergessen sind die unendlich vielen Hobbys, denen vor allem die älteren Menschen frönen, sie haben unser Leben wesentlich verschönert und bereichert.
Nicht zu unterschlagen sind auch die heutigen Möglichkeiten eines aufwärmenden, wohltuenden Bades nach einem ekelhaft nasskalten Tag. Auch unsere warmen, klimatisierten Wohnungen, in denen es nicht mehr durch undichte Fenster zieht, und wir uns nach getaner Haus- und Gartenarbeit wohlfühlen dürfen, all' das zählt zu den schönen Seiten des heutigen Herbstes!

## Die Gänseschwarten

Lange Zeit konnte ich nicht ergründen, welche lateinische oder biologische Bezeichnung sich hinter dem bäuerlichen Begriff „Gänseschwarte“ verbirgt? Ich kannte das breitblättrige, stachelige Gewächs, das auf feuchtem, schattigem Grund gut gedieh, lediglich als Gänseschwarte. Sicher wurde diese Futterpflanze unter einer anderen Bezeichnung geführt. Hier in Kleinfahner können sich erfahrene Bäuerinnen nichts unter der Futterpflanze vorstellen. Aber ich erfuhr nun, dass dieses Blattwerk zu den Ampfergewächsen zählt.

Größere Gänse oder Schweine mögen dieses Grünfutter gern. Die grässlich piksenden Blätter dieser Grünpflanze vergaß ich wohl deshalb nicht, weil ich mich schon als relativ kleines Kind mit diesem Blattwerk herumärgern musste.

Einige Male wöchentlich hatte ich ab dem späten Frühjahr an den Attichbach zu laufen, um einen Tragkorb mit Futter nach Hause zu holen. Mutters Zeit reichte für diese Arbeit nicht aus, also fragte wie gewöhnlich niemand nach meinem strengen ärztlich verordneten Sonnenverbot. Auch mein schon damals schmerzender kleiner Rücken stand nicht zur Frage, ich hatte zu parieren und basta! Wie viel Quälerei es auch immer für mich bedeutete, war uninteressant. Die Sommertage waren ziemlich heiß, wenn

*Der Gänsehirt Fritz Frey beim Austrieb in Oberdorla.*
*Sammlung Walter Kramrodt*

ich so gegen 13:00 Uhr aus der Schule kam. Ich schnitt mir ein Stück Käse ab, oder aß Kuchen, denn zum Brotschneiden fehlte mir Kraft und Geschick, mit dem riesigen Brotmesser umzugehen. Mittagessen gab es nicht, die Eltern kamen erst am Abend vom Feld, und dann machte sich alles Viehzeug laut bemerkbar und verlangte nach Futter. Scheinbar stand mir dieses natürliche Recht nicht im gleichen Maße zu.
Die Wegstrecke zu dem bewussten Bachgrund, in welchem das Grünfutter wuchs, maß schon so fast einen Kilometer vom Dorfrand gemessen. Also hieß es den großen Tragkorb aufhocken und mich auf die Socken machen. Mir graute immer schon im Voraus vor dieser Tortour, die alle paar Tage zu durchstehen war. Schon der riesige Weidenkorb passte überhaupt nicht zu einem solchen Zwerg, wie ich einer war. Bei jedem Schritt schlug mir der Korb in steter Regelmäßigkeit in die Kniekehlen. Die Tragebänder waren für einen Erwachsenen zugeschnitten und nicht für ein so kleines Mädchen, aber wen interessierte das schon?
Hatte ich den kleinen Feldbach erreicht, der einer Quelle aus dem entfernten Wald entsprang, setzte ich mich erst einmal unter die schattenspendenden Eschen. Das feuchte Gras tat mir gut. Die staubigen Füße tauchte ich ins kalte Wasser. Aber bloß einen Augenblick lang, das Wasser war so kalt, dass es schmerzte. Mein total erhitzter kleiner Körper reagierte sich doch ein wenig ab, und der Puls, welcher bis in den Kopf hinein hämmerte, beruhigte sich langsam. Die Blätter waren rasch gepflückt, denn sie hatten eine ziemliche Größe. Ein uralter geflickt und gelappter Stoffhandschuh ließ mich nicht allzu nah an das stachlige Blattwerk kommen. Ich konnte den Korb nicht bis obenhin füllen, weil ich diese Last nicht ganzbeinig überstanden hätte (ein landläufiger Ausdruck für Zusammenbrechen). War der Korb dreiviertel voll, musste es genügen, denn der Weg war weit, die Sonne nicht weniger grausam mit mir, und vor allem hatte ich ja den schweren Korb noch gar nicht auf meinem Rücken. Ich hievte ihn an eine günstige Stelle am Hang, um die Last überhaupt in die Höhe zu bringen. Danach hockte ich mich vor den riesigen Korb und streifte die viel zu langen Träger auf meine mageren Schultern. Manchmal hatte ich ziemlichen Ärger, bis ich endlich mit einem Hauruck auf den Beinen stand, ohne dass mich die ganze Last wieder nach hinten ins Gras warf. Ich spürte bei dieser Ravage mein kleines Herz im Kopf rebellieren. Beim Schreiben dieser Zeilen ist mir dieser Kraftakt immer noch so gegenwärtig und bringt mich in Rage.
Bis heute kann ich derartige Arbeitsaufträge nicht verstehen. Auf jeden Fall hätte ich derlei Dinge niemals von meinen Kindern verlangt.

*Gänsehüterin – Therese Buch 1914 in Oberdorla.*
*Sammlung Walter Kramrodt*

Wie lange es dauerte, und wie oft ich fluchte, bis ich den Tragkorb auf den Grudedeckel abstellen konnte, weiß ich nicht. Anders, als auf den Grudedeckel hätte ich die Last nicht herunterbekommen, ohne damit auf die Nase zu fallen. In welchem Zustand ich danach war, kann sich nur jemand vorstellen, der Ähnliches erlebt hat. Nach einigen Tagen, dann, wenn die Gänseschwarten aufgefressen waren, sah man noch die geröteten Striemen auf meinen kindlichen Schultern und die nie ganz abklingenden entzündeten Stellen in den Kniekehlen.
War ich von solcher Tortour zu erschöpft, und die übrigen Arbeiten, die ich zu erledigen hatte, kamen nur schleppend voran, schaffte ich mein Pensum nicht. Dann kam es auf Mutters Gemütsverfassung an, wie die Strafe ausfiel. Sie kannte für sich selbst keine Schonung, genauso hatte ich zu funktionieren. Ob ich ihr je etwas bedeutete, fand ich nie heraus.
Glücklicherweise gab es schönere Tage, an denen ich überschwänglich fröhlich sein konnte und alles Unangenehme vergaß. Schon damals glaubte ich an einige Schutzengel, die es gut mit mir meinten. Ich verbuchte solche schlimmen Erlebnisse unter der Rubrik „Schwarzes Schaf", soviel zum Thema: „Du sollst Vater und Mutter ehren"!

## Der Schulunfall

Es läutete zur großen Pause, das bedeutete, eine ganze Weile in den großen Schulhof gehen und frische Luft schnappen. Unter anderem schauen nach dem neuesten Chic und Schnickschnack der Schülerinnen aus den anderen Klassen. Obwohl der Krieg noch nicht lange vorüber war, interessierte uns natürlich der neueste Kram der Schneiderinnen. Die hatten immer etwas Besonderes, manchmal ganz schön verrückt. Entweder war es lächerlich blöd, oder kitzelte den Neid ein wenig hervor bei uns Gören der Haushaltsklasse. Wo viele Mädchen sind, später dann viele Frauen, da gibt es immer kleine Sticheleien, Schubsereien, Gekichere und Albernheiten. Nicht, dass mir das missfallen hätte, im Gegenteil, für Blödeleien war ich stets zu haben, das war schon immer so und blieb es auch.
Auf jeden Fall nahm die Stänkerei einiger Klassenkameradinnen immer mehr zu, bis es eskalierte. Das musste so kommen, es war ja schon länger nichts passiert.
Irgendjemanden hatten zwei Streithähne auf den Strich, sie mochten sich gegenseitig nicht.
Weil sie absolut keine Ruhe gaben, nervte mich das Gezecke hin und her derart, dass ich böse wurde. Ehe ich mich versah, hatten mich vier Mädchen beim Wickel. An jedem Bein und an jedem Arm hatte man mich gepackt, und schon schwebte ich wie der fliegende Teppich in der Luft. Alles Bitten, danach alles Kreischen meinerseits brachte nichts, man schleuderte mich hin und her wie eine Schlenkerpuppe ohne jeglichen eigenen Halt und Energie.
Plötzlich sah ich, obwohl mein Kopf nach unten hing, die Pausenaufsicht durch die Tür kommen. Lehrer Hoppe war nicht zu übersehen in seiner Größe und Schlaksigkeit. Ich dachte, mein Gott, wenn er uns gewahr wird, dann …!!
War schon passiert, ich schrie laut: „Hoppe kommt!“ Und wie auf Geheiß, oder von der Tarantel gestochen, ließen mich die vier Vollidioten ganz einfach auf den Schotterboden fallen.
Die Perlonstrümpfe rissen, die Maschen sausten in alle Richtungen, als sei der Teufel hinter ihnen her, Dreck und Blut rann dem Schienbein runter. Man hatte mich wieder hoch gehievt, und ich stand auf einem Bein, während mir der Schmerz total die Sprache verschlagen hatte.
Lehrer Hoppe bekam es gar nicht so recht mit, weil er nicht so schnell durch die Schüleransammlung kam. Zwei meiner Peinigerinnen, die natürlich ein ziemliches Stück größer waren als ich, hakten mich irgendwie

unter und transportierten mich in den Chemieraum, dort hatten wir Chemieunterricht. Für mich war Chemie ein rotes Tuch, und nun noch ein vor Schmerzen hämmerndes Knie. Wie sollte ich das ohne Schmerzmittel durchstehen?
Lehrer Hoppe dachte wohl, es sei nur ein Gag gewesen, weil ich brav auf meiner Bank saß. Mir liefen die Tränen, wie mir schien literweise, übers Gesicht. Irgendwann während der Unterrichtsstunde rief mich Lehrer Hoppe zwecks der Beantwortung einer Frage auf. Ich war derart erschrocken, schraubte mich auf einem Bein in die Höhe und stand da, wie der Ochs vor'm Tor. Erstens hätte ich die Antwort sowieso nicht gewusst, und zweitens hatte ich ganz andere Gedanken, als die stinkenden Chemieversuche.
Endlich war der Unterricht zu Ende, mir wurde heiß und kalt, wenn ich an Zuhause dachte, auch wie ich nun um alles in der Welt, dorthin kommen sollte? Wie sollte ich meinen Eltern das Hinkebein erklären? Außerdem hatte ich ausnahmsweise diese prekäre Lage nicht zu verantworten.
Aber so weit kam es gar nicht erst. Ich wurde wieder untergehakt und vor uns lag der unendlich lange Weg zur Bushaltestelle. Ein jeder Meter Wegstrecke verlangte mir so viel an Kraft ab, dass am Ende gar nichts mehr von meiner Energie übrig blieb. Meine Begleiterinnen sahen ein, dass es so nicht gehen konnte. Sie bugsierten mich in einen Bus Richtung Krankenhaus, und mittlerweile waren sie ziemlich wortkarg geworden. Im Krankenhaus eingehumpelt, machten sich die beiden vor der Tür aus dem Staub. Eine Schwester nahm mich in Empfang, zog den Rest des Strumpfes vom Bein und rief den Diensthabenden. Der Arzt wollte als Erstes wissen, wie es zu diesem Unfall und dem zu einer Kugel angeschwollenem Knie kommen konnte? Lügen ging gar nicht, ob ich wollte, oder nicht, ich musste meine Kolleginnen irgendwie verpfeifen. Das ahnten die beiden Mädchen wohl schon, denn vom einfachen Hinfallen kam so ein Knie nicht zustande.
Prompt wurde die Oberin informiert, denn sie war die Leiterin unserer Ausbildung in Dingen, den Haushalt betreffend, als Vorstufe für die Schwesternfachschule sollte es dienlich sein. Die Oberin brauchte keine Information, wie der Unfall entstanden war. Für sie stand fest, dass ich die Hauptschuldige sein musste, denn nicht nur einmal erwischte sie mich bei irgendwelchen Tobereien und Leichtsinnigkeiten. Die Oberin setzte sich auf den Beifahrersitz, mich verfrachtete man auf die Trage, und ab ging es mit dem Sanitätsauto zu meinen Eltern. Ein Riesengipsbein hatte man mir verpasst, die Kniescheibe war angebrochen und der Meniskus beschädigt von dem Aufprall aus ca. einem Meter Höhe. Dummerweise waren meine

Eltern zu Hause, und so konnte die Frau Oberin einmal so richtig Luft ablassen von wegen meiner fehlenden Ernsthaftigkeit und den Teufeln, mit denen ich im Bunde war.
Die Retourkutsche seitens meiner Eltern war heftig, Mitleid brauchte ich absolut nicht zu erwarten. Mutter war ja eigentlich froh, dass sie nun wieder eine ganztägige Hilfe im Hause hatte, aber leider konnte ich nicht längere Zeit auf dem Bein stehen, es schwoll an, unter dem Gips, da war ich keine große Hilfe.
Die Elternversammlung wurde von der Mutter Oberin einberufen. Dort stellte sich dann heraus, wie es zu diesem Unfall kam, und sie musste einsehen, dass nicht ich die Verursacherin des Schulunfalls war. Die vier Schulkameradinnen hatten es ziemlich schwer bei ihrer Verteidigung. Um ein Haar hätten sie gehen müssen, dass wollte ich auch nicht. Sie wollten mir nicht schaden, hatten sich ihre Handlungsweise bloß nicht genügend überlegt.
Aber warum alle vier Mädchen meine Gelenke wie auf einen geheimen Befehl hin losließen, als ich Zappelbündel gerade hoch in der Luft schwebte, das klärte ich nie.
Wie ein nasser Plumpsack stürzte ich auf den harten Untergrund, aber mein defektes Knie heilte nach ein paar Monaten aus. Schnell war alles vergessen, bald waren wir wieder lustig und vergnügt wie immer. Mit der Mutter Oberin pflegte ich einige Jahre danach einen anregenden Briefwechsel, und wollte ich dem Inhalt ihrer Briefe Glauben schenken, so war sie mir stets wohlgesonnen.
So ändern sich oft die Zeiten.

## Ein Leben birgt die Summe der Jahre!

So geht das Jahr zu Ende nun;
es war nicht immer Freud' und Lust.
Die Zeit ist da, sich auszuruh'n,
sich rückbesinnen, ganz bewusst.
Selbstlos bereuen manche Tat,
verzeihen auch manch' böses Wort,
befolgen eines Freundes Rat,
nach Heh'rem streben fort und fort!
Auch gerne geben, gerne schenken,
helfen, wo es auch immer geht.
Nichts egoistisch tun und denken,
so kommt das Gute nie zu spät.
Du bleibst auf keiner Stufe steh'n,
das Leben treibt dich stetig weiter,
musst vorwärts und nie rückwärts seh'n –
so funktioniert die Lebensleiter!

## Die weiße Weste

Eine blütenweiße Weste
war immer schon erstrebenswert,
doch verschmutzt und kleine Reste,
haben sehr rasch den Traum zerstört.
Sie rein zu halten, das fällt schwer,
wie schnell geschieht ein Missgeschick?
Doch wer sie hat, gibt sie nicht her,
kommt es dabei auch knüppeldick.
Ständig wird die Weste wandern,
da wird gemogelt und gepfuscht.
Fehlerhaft sind nur die Ander'n,
die Wahrheit mit Geschick vertuscht.
Eine blütenreine Weste,
die ganz ohne jeden Makel,
wär' das nicht das Allerbeste –
du wärst rein, ganz ohne Tadel!

## Sie werden es auszubaden haben …!

Ging ich früher diese Wege,
erinn're ich ein and'res Bild.
Auf den Drähten saßen Schwalben;
so friedvoll schien es und doch wild.

Wo sind die Schwalben all' geblieben,
wo ich jetzt nichts als Leere seh'?
Wir Menschen haben sie vertrieben –
mein Gott, was tun die Bilder weh!

Wie werden uns're Enkel leben,
mit dem was wir einst übrig lassen?
Mehr als ein Chaos wird es geben –
ich denk', man wird uns dafür hassen!

## Zwangsläufigkeiten

Die herbstliche Löwenzahnblüte
sehe ich mit ganz anderen Augen.
Denn sonst im Jahr, du meine Güte
konnt' Löwenzahn bloß als Unkraut taugen.
Noch ein Tröpfchen Nektar findet die Biene,
sie labt sich noch einmal an letzter Pracht.
Wenn doch die Sonne nur länger noch schiene,
doch dafür ist viel zu kalt schon die Nacht!
Das Jahr geht nun schon bald zu Ende;
ich hoffe, der Winter wird nicht allzu streng!
Denn ruft das Jahr zur Zeitenwende,
gefriert Stein und Bein, wird's für Bienen oft eng.
Für alles, was lebt in der Natur,
geht der Winter nicht so gefahrlos vorbei.
Menschen und Tiere quält er nicht nur –
gerade dem Alter ist's nie Einerlei!

*Hedwig und Herta – schon Halbwaisen, ca. 1911 in Kleinfahner.*
*Foto: Familienalbum Gewalt*

*Altes Bauernhaus in Hausen (b. Gotha) – Ewald Schneegaß mit Mutter und Großmutter. Foto: Familienalbum Gewalt*

## Das Maßliebchen und die Rose

Etwas neidisch schaut die Rose
hin zu der nahen Blumenwiese.
Sie selbst steht in steifer Pose;
dort spielen froh Hans und Luise.
Die Rose wird verehrt, geachtet,
steht stolz, blasiert auf hohem Thron.
Viel lieber säh' sie sich entmachtet,
verspricht sich Lust und Glück davon.
Die Kinder pflückten die Maßliebchen
und flochten sie zu einem Kranz.
Gern wär' die Rose bei dem Bübchen
und mittenmang bei Lust und Tanz!
Im Salon steh'n edle Vasen
für all die Rosen, langgestielt.
Hans und Luise auf dem Rasen,
sie sind vor Glück ganz aufgewühlt.
Du bist Maßliebchen oder Rose,
so ist's bestimmt, das ist der Preis!
Blumenkranz oder Ehr' und Pose?
– Ich bin Maßliebchen, wie ich weiß! –

## Alle Wetter!

Es gibt wohl immerfort etwas
an uns'rem Wetter auszusetzen,
'mal viel zu trocken, 'mal zu nass,
der Sturm reißt die Natur in Fetzen!
So tun, als sei die Welt o.k.,
sich einfach nur so treiben lassen,
'mal springt das Wetter im Karree,
meist lässt es sich erst gar nicht fassen.
Einmal so recht zufrieden sein,
gar nichts auszusetzen haben.
– Ob Regen, oder Sonnenschein, –
man kann lernen, sich zu laben!

## Unsere Friedenslinde

Als ein Symbol des Friedens
wurde die Linde einst gepflanzt.
Das ganze Dorf hat sie verehrt,
die junge Linde froh umtanzt.
Die Menschen waren Kriege leid,
all das Elend und all das Sterben.
Es war eine sehr schwere Zeit,
das ganze Land lag schon in Scherben.
Man sehnte sich nach Ruh' und Frieden,
ein wenig Glück, Geborgenheit.
Den Menschen ward es bald beschieden,
doch wohl nicht für die Ewigkeit!
Über hundert Jahre steht sie schon,
hat ihre Schönheit nicht verloren.
Und kein Sturm gab ihr jemals Pardon;
wurde zur Kaiserlinde erkoren.
Viel ist auf dem Dorfplatz geschehen,
nicht bloß Freude, Tanz und Spiel.
Die Linde hat es stumm gesehen,
erinnert uns, so man es will.
Wieder folgten Kriege und Tod,
viele weinende Mütter am Grab.
Die Linde sah den Kampf um's Brot,
sie sah auch, was die Menschheit vermag.
Die Linde soll uns erinnern,
an den Frieden, der lange schon währt.
Von unserem Friedenswillen
wird dieser Gedanke genährt.
Die stattliche Winterlinde
mit ihrer imposanten Gestalt –
sie wiegt sich noch immer im Winde,
ich wünsche ihr, sie werde steinalt!

## Der Kälte entfliehen

Erstes Laub liegt auf dem Wege,
darunter schlafen gern Insekten.
Vögel scharren morgens rege
nach Käfern, die sich drunt' versteckten.
Ich hörte auch die Igel schmatzen,
wenn sie sich sehr genüsslich laben.
Und fehlen dürfen nicht die Spatzen,
die ständig viel zu schimpfen haben.

Kleine Fliegen, Spinnentiere
verkriechen sich im Fensterspalt,
sie woll'n ihr Leben nicht verlieren.
Sie spüren längst, es wird sehr kalt!

## Dank und Hilfe!

Die Erntekrone, ward gewunden,
nach alter Sitte, altem Brauch,
all uns'ren Dank hinein gebunden,
die Kornblume als Hoffnung auch.
Reiche Ernte, reicher Segen –
der Erde sei dafür gedankt!
Dank der Sonne, Dank dem Regen –
oft wurd' um's Erntegut gebangt.
Die Wintersaat liegt in der Erde,
für neues Korn, gesundes Brot,
dass es gedeihe, Nahrung werde –
es hilft uns Menschen aus der Not!

## Alleingelassen!

Im alten Stall verirrte sich
ein Schwälbchen, wohl versehentlich,
ganz ängstlich flattert's hin und her,
das Fliegen fiel ihm sichtbar schwer.
Leicht ließ sich's fangen, einfach so,
würd's nun noch fliegen, wär' ich froh!
Mein Gott, was war das Vöglein leicht,
sein Fluggewicht längst nicht erreicht,
es schien so schwach und ganz allein –
was muss das für ein Leben sein?
Es brauchte Hilfe, doch woher?
Ich sah, der Herbst macht es ihm schwer.
Die Hand hob ich zum Himmel hoch
und staunte, als das Schwälbchen flog.
Abends saß es im alten Nest,
es hielt sich wohl am Leben fest.
Sicher war's hungrig, halb erfroren,
hat seiner Eltern Schutz verloren.
Hart ist es in der Vogelwelt,
ein jeder ist auf sich gestellt.
Der Vogelzug braucht viel an Kraft –
hat es das Schwälbchen doch geschafft?
Ein Einzelschicksal, will ich hoffen,
und dennoch macht es mich betroffen.
All uns're Vögel brauchen wir,
biet' ihnen Schutz und stets Quartier!

*Blick auf Kleinfahner 2005 – Mühlengelände.*
*Foto: Harald Rockstuhl*

## Viel wird dem Leben abverlangt, hilft mitgehofft und mitgebangt?

Abends, schon zu spät’rer Stunde,
kreisen Schwalben hoch am Himmel,
zieh’n penibel Rund’ um Runde,
stählen sich im Fluggetümmel.
Alsfort fliegen, alsfort kreisen,
Kräfte speichern für den Spurt,
Jungvögel streng unterweisen,
instinktiv, frei ohne Gurt!
Ob Lust, ob Pflicht, sind nah beisammen –
sie fliegen um die halbe Welt.
Verwandte, Fremde, wie sie kamen,
ein jeder ist auf sich gestellt!
Und irgendwann kehren sie wieder,
begrüßen uns mit viel Gesang,
gern lauschen wir der Vogellieder,
wohl der Gefühle Überschwang!

## „Aus“ für den Holunder?

Wir nutzen sie seit alters her,
die Früchte vom Holunderstrauch.
Auf sie verzichten, fiele schwer,
und Tradition beflügelt auch.
Holunderbüsche allerorten
gediehen prächtig in der Flur;
was ist aus ihnen all geworden –
sterbende Sträucher find’ ich nur!
Der Busch trägt weder Frucht noch Blatt,
es scheint, als liege er im Sterben.
Sein grünes Kleid warf er längst ab –
wird es ein Ende im Verderben?
Auch war’s der Vögel köstlich’ Schmaus,
sich an Holunderbeeren laben.
Ist es vorbei, folgt nun das „Aus“?
Noch bleibt uns’re Natur erhaben!
Den Menschen nährte der Holunder,
zu Zeiten der Antike schon.
Blüten und Beeren wirkten Wunder –
was nun, wenn Umweltschäden droh’n?
Der Artenschutz bei Tier und Pflanzen –
oft ist es dafür schon zu spät!
Sich hinter Unschuld nicht verschanzen –
hilf mit, dass es doch gut ausgeht!

## Verlorene Kindheit?

Leer sind die Gassen, kalt ist der Wind,
Flockiger Schnee liegt auf den Wegen.
Ich frag’ mich, wo all die Kinder sind,
kein Rodelspaß jauchzt mir entgegen!
Fühl’ mich wie in Trance, doch weiß ganz sicher,
meine Zeit ist vorüber, so einfach ist das!
Kein Versteckspiel mehr mit Lust und Gekicher,
doch wo blieb unser Frohsinn, wo blieb all der Spaß?
Woran denken die Kinder später zurück?
Eine Zeit ohne Lachen, ohne uns’re Lieder!
Die Kindheit ist ein unersetzbares Glück,
man muß sie genießen, sie kehrt niemals wieder!

## Wenn Kinder krank werden – heute und vor etwa sechzig Jahren

Wieder einmal musste ich das Bett hüten, mit dem Unterschied, dass dieses Mal unser Dorfdoktor nicht wusste, wie er mir helfen sollte. Er empfahl unserer Mutter, mit mir zum Kinderarzt zu fahren, vielleicht bekäme er heraus, was mir fehlte.

Ich hatte hohes Fieber, vor allem in den Nächten, ich musste mich oft übergeben, aber das war ja keine Seltenheit bei mir. Allerdings waren die neuerlichen, unerklärlichen Beschwerden gepaart mit starken Schmerzen in Rücken und Bauch. Manchmal schrie ich sogar bei wiederkehrenden Attacken laut auf.

Es war Frühling, es gab viel Arbeit auf den Feldern, und wie schon so oft hatte Mutter absolut keine Zeit für mich. Ich sollte aus diesem Grund allein zum Arzt fahren, den Weg würde ich ja kennen. Sie könne nicht immer ihre Zeit mit mir vergeigeln, vielleicht würde ich mich ja auch nur hineinsteigern in das alles? So waren Mutters Worte, mit denen ich allein fertig zu werden hatte!

Ich war noch keine elf Jahre alt, der Gedanke, dass mir unsere Mutter diese unerklärlichen Schmerzen vielleicht gar nicht so recht glauben wollte, der ging mir im Kopf herum. Aber immer nur weinen, das hielt ich nicht mehr aus, der Kopfschmerz hämmerte so verdammt in Stirn und Schläfen, dass ich des Nachts auch keinen rechten Schlaf mehr fand. Von Alpträumen schreckte ich immer wieder schweißgebadet auf. Die vielen juckenden, geröteten, stechenden und brennenden kleinen Flecke in der Taillengegend nahmen zu. In der letzten Nacht hatte ich ins Bett gepinkelt, mein Gott, nicht auszudenken, wenn es Mutter herausbekommen würde. So etwas war mir noch nie passiert, und nun noch allein zum Kinderarzt laufen, ohne Medikamente und Hilfe. Bis das Fieber wieder einsetzte, musste ich wieder zu Hause sein, wie sollte ich das schaffen? Ich kann den Tag so genau beschreiben, wohl weil er nicht quälender sein konnte, als er war.

Etwas zu Essen brauchte ich nicht mitzunehmen. Seit Tagen hatte ich fast nichts mehr essen können. Mutter bestimmte, was ich anzuziehen hatte, und ich sollte nicht herumtrödeln und den Bus verpassen! Das klang ja alles ganz einfach, aber wohl nicht für ein elfjähriges, krankes Kind. Jedenfalls waren es Mutters letzte Worte, bevor sie mit Vater aufs Feld fuhr.

Mir fiel schon das Waschen und Anziehen unendlich schwer, wie sollte ich da den Tag bestehen?

Zum Glück fand ich einen Sitzplatz im Bus. Die Endhaltestelle befand sich in der Stadtmitte, gegenüber der Hauptpost. Mutter hatte mir kein Geld für die Straßenbahn mitgegeben, weil es sich nicht lohnen würde, war ihre Meinung.
Ich schlich mehr, als ich lief, durch die Haupteinkaufsstraße bis zum Hauptmarkt. Es war noch früh am Morgen, mir begegneten wenig Passanten, die mir mein Elend ansehen und unangenehme Fragen stellen könnten. Nun noch durch den Brühl hindurch, dann war ich schon an den Straßenbahngleisen. Hier hätte ich sowieso aussteigen müssen, und die nicht enden wollende Eisenacher Straße, bis bald zum Ende laufen. Dort hatte der Kinderarzt seine Praxis, aber trotz der Lage, so fast außerhalb einer Stadt, war das Wartezimmer stets brechend voll. Im Sommer saßen die Mütter und ihre kranken Kinder auch noch bis in den Vorgarten.
Meine Kräfte schienen zu schwinden, gegenüber einem Bäckerlädchen ließ ich mich auf die Eingangsstufen eines Hauses fallen. Ich musste mich übergeben, gottlob nur Schleim und Galle. Von weitem sah ich die große Schule, eingefasst von einer niedrigen Sandsteinmauer und einem Zaun darüber. Bis dahin wollte ich den nächsten Ruck schaffen, aber leider torkelte ich gegen eine Hauswand, rutschte auf ihr herab und saß unverhofft auf dem Bürgersteig. Ich schämte mich derart, aber es hatte mich niemand gesehen. Ich konnte wirklich nicht mehr, und wie lange ich überhaupt schon gebraucht hatte für den Weg, weiß ich nicht und wusste es auch damals nicht ohne Uhr. (damals, so nach dem Krieg, gehörte eine Armbanduhr zu Luxusgütern, und kein Kind von ähnlicher Herkunft trug sie am Arm.)
Irgendwie hatte ich es dann doch geschafft und stand vor der Eingangstür der Arztpraxis. Im Vorgarten sah ich schon die vielen Kinderwagen stehen. Es schien wie immer brechend voll zu sein. Hauptsache war für mich erst einmal eine Sitzgelegenheit, diese Erholung hatte ich mehr als nötig.
Hoffentlich würde ich auch wieder den Weg zurück einigermaßen überstehen können! An die Strapazen wollte ich im Moment noch nicht denken.
Plötzlich fühlte ich mich wie im Traum, meine Beine gehorchten mir nicht mehr. Eine Frau hatte mich wohl gerade noch aufgefangen und die Kinderschwester gerufen. Es zerrten alle an mir herum, ihre Stimmen liefen durcheinander, aber ich verstand gar nichts. Mir war so sehr heiß im Kopf, mir schien er fast zu platzen. Der Arzt war über mich gebeugt, ich hörte ihn meinen Namen rufen, immer und immer wieder, bloß antworten konnte ich nicht, warum auch immer. Bei meinem Kinderarzt fühlte ich mich geborgen, wir kannten uns schon ganz gut. Mit einem Male war mir alles so gleichgültig geworden, ich verspürte keinerlei Angst.

Was eigentlich mit mir geschehen sein mußte, wusste ich nicht. Als ich wieder einigermaßen bei mir war, flößte mir die Schwester irgendeine Tinktur ein, und mein Hintern zwiebelte, wie nach einer Spritze. Der Doktor drückte auf Bauch und Rücken herum, was ich als völlig unangenehm und vor allem schmerzhaft empfand. Er rief die Schwester heran und sagte ihr: „Schauen Sie, so eine ausgeprägte Gürtelrose sah ich bei einem elfjährigen Kind noch nie, so alt ich auch geworden bin". Warum ich gerade diesen Satz so genau merkte, als wäre er gerade gesprochen, weiß ich nicht. Vielleicht, weil der Kinderdoktor endlich die Ursache für das Leiden gefunden, oder weil ich die Krankheit noch nie gehört hatte, die mit der edelsten Blume und einem Gürtel verwandt sein mußte. Ich war wieder richtig da und wiederholte das wohlklingende Wort „Gürtelrose". Der Doktor reagierte darauf und erklärte mir, dass diese Erkrankung nicht zum Kindsein gehörte oder passte. Es sei relativ selten, so sagte er mit einem nachdenklichen Gesichtsausdruck. Er wollte von mir wissen, wie lange ich schon krank sei, was es für meine Mutter Wichtigeres geben würde, um mich allein auf den Weg zu schicken? Die Begründung, dass sie keine Zeit habe, wollte er nicht so hinnehmen, und es machte ihn ziemlich wütend. Das ziemlich ungehaltene Schimpfen auf das Verhalten meiner Mutter machte mir ein bisschen Angst. Hoffentlich war ich nicht wieder der Prellbock, wenn ich zu Hause ankomme und Mutter davon erfährt. Die Schwester hievte mich auf eine andere Liege, die an der Wand ihren Platz hatte. Die Sprechstunde musste weitergehen, draußen hörte man die vielen kranken Kinder schreien.
Vor Erschöpfung, oder von der Wirkung der Medikamente schlief ich ein.
Die Schwester weckte mich behutsam. Anfänglich wusste ich nicht recht, wo ich war, und es dauerte eine Weile, bis ich mich einigermaßen sortiert hatte. Die Schwester sagte mir, dass es langsam Zeit würde, sich wieder auf den Weg zu machen. Wenn sie geahnt hätte, welche unvorstellbare große Angst ich gerade vor eben diesem Moment verspürte. Draußen auf der Toilette bemerkte ich, dass meine Unterwäsche total durchgeschwitzt war. Die Schwester drückte mir ein belegtes Brot in die Hand. Ich sollte es ganz langsam essen und gut durchkauen. Es schmeckte mir so gut, wie schon lange nicht mehr.
Der Doktor beschwor mich förmlich, seinem Rat zu folgen und das Bett noch mindestens eine Woche zu hüten. Danach würde er mich zusammen mit der Mutter erwarten. Er habe der Mutter alles Notwendige aufgeschrieben und auch ein zu besorgendes Rezept in einen Umschlag gesteckt. Mehr konnten sie im Moment nicht für mich tun. Sie wünschten mir alles

Gute, auch dass wir uns bald in einem besseren Zustand wiedersehen würden. Die Schwester steckte mir noch ein Tütchen mit einigen Pillen ein, von ihnen sollte ich täglich eine nehmen. Alles andere müsse warten, bis er mit unserer Mutter gesprochen habe. Ich kleines Mädchen ahnte nichts Gutes, da würden wohl auch keine frischen Eier vom Lande helfen können, dem Doktor schien es sehr ernst zu sein, das roch nach einigem Ärger.
Den Rückweg konnte mir niemand abnehmen, ich musste so schnell wie möglich heim ins Bett kommen.
Damals gab es wohl noch keine Stelle, wo man sich um kranke und völlig hilfslose, alleingelassene Kinder kümmerte. Darüber denke ich nicht erst jetzt im Alter öfter nach. Es war wohl um einiges zuviel, was da alles von einem kleinen Mädchen verlangt wurde.
Als die Schwester mit mir durch das Wartezimmer ging, wurde es augenblicklich ganz still. Traurige Blicke verfolgten mich. Die Frauen steckten die Köpfe zusammen und tuschelten leise. Ich sehe die vielen erschrockenen Gesichter noch heute vor mir. Sie hatten wohl alle genug mit den eigenen Sorgen zu tun, durch die Türe zum Behandlungszimmer waren einige Dinge gedrungen, die keiner Mutter so ganz egal gewesen waren. Die Schwester strich mir übers Haar und riet mir noch einmal langsam zu gehen, die Zeit wäre ausreichend bis zur Abfahrt meines Busses.
Der Rückweg fiel mir etwas leichter, als es am Morgen der Fall war, aber einige kurze Sitzpausen auf Trittstufen musste ich dennoch einräumen. Mir ging so vieles im Kopf herum, und ich war froh, dass der Doktor wenigstens die hämmernden Kopfschmerzen ziemlich weggezaubert hatte. Wenn es mir auch besser ging, zerrte doch der endlos lange Weg ganz schön an meiner Ausdauer. Ich fragte einen älteren Herrn nach der Uhrzeit, ich hatte noch eine halbe Stunde zum Ausruhen. Bei der Haltestelle war eine große Rasenfläche mit ganz niedrigen Steinen eingegrenzt. Auf dieser Randbefestigung ließ es sich ganz gut sitzen, denn so seltsam hatte ich mich noch nie gefühlt, vor allem litt ich unter dem Alleinsein.
Zuhause fand ich alles wie immer vor. Es gab keinen warmen Tee, und Mutter hatte wieder kein Brot abgeschnitten, obwohl sie doch genau wusste, dass ich das nicht konnte mit dem großen und scharfen Brotmesser. Und etwas schräg durfte die Anschnittstelle auch nicht sein, da gab es wieder unnötigen Ärger. Bei meinen massiven Bauchschmerzen konnte ich schon gar kein Brot an mich drücken. Eigentlich wollte ich mir eine Büchse Kirschen aufmachen, so etwas bedurfte zwar einer außergewöhnlichen und ganz besonderen Genehmigung. Aber ich dachte, wann wäre es denn erlaubt gewesen, wenn nicht gerade nach so einem Tag? Der anfängliche starke

Appetit war eben so schnell wieder verschwunden, wie er gekommen war, vielleicht mein Glück, und ich ging Schlimmerem aus dem Wege. Ich holte mir ein frisches Betttuch und sah zu meiner Freude, dass am Unterbett kaum noch Spuren vom nächtlichen Bettnässen zu sehen waren. Ob es Mutter doch noch bemerken und mich beschimpfen würde, war mir im Augenblick auch ziemlich egal. Ich wollte nur noch schlafen, was ich mir nach allen Unannehmlichkeiten wohl auch verdient hatte.

Ich muss sehr fest geschlafen haben, denn Mutter rüttelte mich wach, als sie vom Feld nach Hause kam. Sie hatte das Rezept und den ganz sicher unangenehmen Brief des Doktors schon gelesen. Mutter konnte auf die Schnelle gar nicht genug Schimpfworte gegen den Kinderarzt finden. Von wegen schon wieder in seine Sprechstunde kommen, das könnte er ganz vergessen. Ganz sicher wusste er wenig von Mutters Aufgabengebiet, aber so undankbar musste sie auch nicht sein, schließlich hatte er mir geholfen, wo sie mir als Mutter die Hilfe völlig versagt hatte. Schon öfters hatte es bei Arztbesuchen Ärger zwischen den beiden gegeben. Mutter hatte ihre Pflichten mir gegenüber arg vernachlässigt, das machte ihr der Doktor ziemlich klar, als wir wieder bei ihm auftauchten. Sie tat es nicht aus Faulheit, die Arbeit übermannte sie, und sie verstand es nicht, die richtigen Prioritäten zu setzen, wie man so etwas heute auszudrücken pflegt. So etwas hatte sie nicht gelernt, sie wurde als Kind noch mehr vernachlässigt als wir, ihre eigenen Kinder. Und diese Lieblosigkeit in ihrer Kindheit hatte sie sehr geprägt, das hatten mein Bruder und ich zur Genüge „auszukosten“.

Mich traf bei diesem Drama keine Schuld, ich kleines Mädchen hatte mir die Gürtelrose und so viele andere Dinge nicht ausgesucht. Aber ich überlebte die Geschichte, weil ich trotz aller Armut immer genügend Schutzengel um mich hatte.

Heute weiß ich, dass auch die erwachsenen Patienten mit dieser schmerzhaften Erkrankung ziemlich viel auszuhalten haben. Bei der „Rose“ sind Nerven entzündet, und alles, was mit Nerven zusammenhängt, ist mit Wahnsinnsschmerzen verbunden. Ganz schuldlos war unsere Mutter auch nicht, dass meine kindlichen Nervenbahnen schon so gequält waren. Die meisten Arbeiten, die ich schon als kleines Kind zu erledigen hatte, waren viel zu schwer für mich, wenn man meine Körperkonstitution und Tuberkuloseerkrankung etwas berücksichtigt hätte. Ich erinnere mich, vor allen in der Kindheit, an eine chronische Müdigkeit und Ausdauerschwäche. Auch die Kraftlosigkeit kam nicht von ungefähr, es wurde vieles nicht beachtet, weil immer nur die Arbeit im Vordergrund stand, koste es, was es wolle! Die Eltern wollten aus dem Nichts etwas schaffen, das gelingt aber nur mit einem gesunden Körper und nicht mit so vielen angeborenen Schwächen, auf welche keine Rücksicht genommen wurde. Es musste schief gehen, weil nicht bloß die Gesundheit auf der Strecke blieb. Liebe, Verständnis, Rücksichtnahme, so vieles ließe sich aufzählen, von denen wir Kinder nichts, oder sehr wenig mitbekommen haben.

Von all' meinen vielen Erkrankungen, mit denen ich zum Teil ein Leben lang zu kämpfen hatte, behielt ich die Gürtelrose, an welcher ich mit 11 Jahren erkrankt war, in schlechtester Erinnerung.

Die Verhältnisse haben sich gottlob geändert, heutzutage wäre ein solches Erleben nicht mehr möglich.

Mit diesem wahrheitsgetreuen Aufsatz möchte ich an die traurigen Begebenheiten aus unserer Kindheit erinnern. Auch heute gibt es Dinge, welche nicht in den richtigen Bahnen laufen, aber es ist die Ausnahme, gottlob nicht die Regel. Die Kinderbetreuung ist ein gewaltiges Stück vorangekommen, das sollten wir nicht so leicht vergessen!

In wenigen Familien lief es so verkehrt, wie in der unsrigen. Vater bestimmte, was Mutter tat, und wir Kinder führten aus, was die Mutter befahl. Ein Aufbegehren, Widersprechen, Zuwiderhandeln oder ein Verweigern gab es nicht. Aus Angst vor Schlägen, Strafen oder sonstigen Erniedrigungen handelten wir, wie es verlangt wurde. Obwohl wir schon als Kinder wussten, dass es oft gegen unsere Gesundheit lief. Ein miteinander sprechen, diskutieren oder abwägen gab es von vornherein nicht. Es war so, wie es war und basta! Jemand sagte einmal zu mir, dass ich bei all' den Geschehnissen noch ein Mensch geworden wäre, käme einem Wunder gleich. Blinder Gehorsam, welcher uns anerzogen oder auch eingebläut wurde, ist nicht ratsam bei der Kindererziehung. Blinder Gehorsam bedeutet, alles kritiklos hinzunehmen, die eigene Meinung unterdrücken und jegliches klare Denken in den Wind zu schlagen. Blinder Gehorsam ist despotisch und unterstützt herrische Befehlsgeber, ist auch im privaten Bereich anwendbar.

Unter meinen Schulkameradinnen, die ich allesamt gut kannte, gab es kein einziges Mädchen, welches einen solchen qualvollen Tag, wie ich ihn beschrieb, auch nur ansatzweise durchleben mußte. Dort hätten es die Großeltern schon nicht zugelassen, Anteilnahme gab es aber bei uns nicht. So waren wir Kinder den seelischen Krankheitsschüben, auch Launen und anormalen Anwandlungen unserer Mutter völlig schutzlos ausgeliefert. Unser Vater interessierte sich eher selten für die Belange seiner Kinder, und für mich sowieso schon drei Mal nicht!

## Wie von einem anderen Stern

Hätte es damals schon den Ausdruck – Außerirdische – im täglichen Sprachgebrauch gegeben, dann wäre ich wohl ein Anschauungsobjekt gewesen.
Ich war dreizehn Jahre alt und lag, wie so oft während meiner Kindheit, krank im Bett. Es begann mit Übelsein, Erbrechen, Fieber und wahnsinnigen Kopfschmerzen. Des Nachts wachte ich auf, redete wirres Zeug und war zeitweise nicht ansprechbar, so erzählte es später meine Mutter. Der Arzt diagnostizierte eine ausgeprägte Gesichtsrose. Naja, wie das mit den Rosen so war, wusste ich ja bereits. Ich hatte elfjährig eine starke Gürtelrose, da konnte noch einiges an Schmerzen auf mich zukommen. Es gab wenig Mittelchen, die bewirkt hätten, diese Krankheit erträglicher zu machen. Außer einer Büchse mit Teersalbe, von deren Gestank ich schon erbrechen musste, hatte unser Landarzt nichts im Angebot. Weil ich mit dieser rabenschwarzen, zähen Wagenschmiere das gesamte Bett schwärzte, bastelte unsere Mutter aus alten Bettlaken eine Maske. Augen und Mund waren ausgeschnitten, zwei Stricke wurden an den Ohren angebunden. Ich sah aus wie ein geteerter Vollmond und stank wohl wie ein Teerfass. Aber ich roch davon nicht so viel, denn durch den Naseneingang ging nichts mehr hin und her. Der Hals, Ohren, der gesamte Kopf hämmerten, wie der Schmied auf seinen Amboss. Die Nase glich einer Riesentomate, obenauf hatten sich dicke Blasen gebildet, mit trüber Flüssigkeit gefüllt. Ich konnte kaum noch etwas sehen, weil alles zuzuschwellen und zu platzen drohte. Im Fensterflügel neben meinem Bett erkannte ich meinen Kopf, so dass ich vor Schreck in mein Bett zurückgeworfen wurde. Ich konnte dieses schreckliche Bild bis heute nicht vergessen. Warum gerade ich all diese Tortouren durchleben muss, die sich verteilt über mein ganzes Leben ziehen, das kann ich mir nicht erklären, denn so sündhaft kann kein Mensch sein, dass er so hart und so oft gestraft und zur Rechenschaft gezogen werden muss, wie es bei mir der Fall ist. Die Arbeit in unserer Landwirtschaft ging trotzdem weiter, ich war tagsüber allein. Essen brauchte ich nicht, aber das Erbrochene wegbringen, ging eben auch nicht.
Ich hatte mir gerade die völlig geschwärzte Maske abgenommen, weil es an den Ohren drückte. Plötzlich klopfte es an meiner Kammertür, und meine Schulkameradinnen zwängten sich alle auf einmal herein. Doch kaum standen sie für einen Augenblick still, und just im gleichen Moment stiebte die ganze Truppe wieder rückwärts hinaus. Aber nicht etwa still und leise, die Mädchen müssen derart erschrocken sein, dass sie einen gellenden Aufschrei nicht unterdrücken konnten. Ich glaube, dass sie den

Anblick heute noch nicht vergessen haben. Als letztes und beherztes Mädchen blieb die Tochter des Müllers im Türbogen stehen und stotterte so etwas wie, dass sie noch einmal wiederkommen würden. Zum Glück schloss sie alle Türen hinter sich, ansonsten wären sie geöffnet geblieben, bis unsere Mutter vom Feld zurückkam. Auf der Straße hörte ich noch Schreie und Kreischen.

Nicht gewusst habe ich oder Mutter, dass diese Krankheit ansteckend sein kann.

Ein Virus war dafür verantwortlich, dass die Nervenbahnen angegriffen und derart malträtiert wurden, bis den Patienten Hören und Sehen vergingen, war wohl schon bei meinem Anblick unschwer zu erahnen. Ich durfte dies zur Genüge auskosten, denn durch die Nase keine Luft bekommen, den Hals wie zugeschnürt fühlen und das bei sehr hohem Fieber, war für mich ein ganz hartes Stück. Die Nachwehen spürte ich noch sehr lange. Gottlob ist weder die Gürtel- noch die Gesichtsrose zurückgekehrt, wie sehr ich dies befürchtete, wird mir sicherlich jedermann glauben. Aber selbst der Herrgott hatte wohl ein Einsehen mit mir, genug ist auch irgendwann einmal genug. Das schien wohl sogar für mich zuzutreffen, als keinem einfach zu nehmenden Mädchen. Aber gefeit vor schrecklichen Krankheiten war ich deshalb nicht, ein jeder Esel braucht eben auch seine Last, so war es schon immer!

*Der Schäfer von Ufhoven um 1935.*
*Sammlung Harald Rockstuhl*

# Das fremde Mädchen

Allsonntäglich sah ich das fremde Mädchen auf dem Weg zur Kirche. Oft kniete ich auf einem Stuhl, den ich vor das Stubenfenster gerückt hatte. Sehr aufregend war es nicht draußen auf der winterlichen Dorfstraße, oder auf dem großen Lindenplatz, aber hin und wieder stapfte doch ein bis zur Unkenntlichkeit eingemummelter, mutiger Dorfbewohner gegen den frostigen Wintersturm an. Das fremde Mädchen war zusammen mit ihrer Mutter, manchmal auch der Großmutter, unterwegs. Schwerfällig schien der Gang dieser vermummten Gestalten, denn sie hatten gegen den eiskalten Ostwind anzukämpfen. Ich fröstelte schon, wenn ich die Kirchgänger sah. Sehr gläubige Menschen mussten es sein, wenn diese Temperaturen nicht von einem Kirchenbesuch abhalten konnten, und das in einer steten Regelmäßigkeit! Nicht dass die Kirchenbänke beheizt waren, oder Kissen die schlimmste Kälte abgefangen hätten, auch keinen gewärmten Gemeinderaum im Pfarrhaus hat es gegeben. Die Sonntagspredigt zelebrierte unser Dorfpfarrer von

*Kinderspiel in Ufhoven um 1935.*
*Sammlung Harald Rockstuhl*

der Kanzel herab, egal, wie menschenfeindlich tief das Thermometer auch sank. Die dagegen aus mehreren wärmenden Stofflagen übereinander liegenden Hüllen der Kirchenhockmäntel für die älteren Damen waren für einen solchen Kirchenbesuch bestens geeignet. Aber so einen, aus edlem Tuch gearbeiteten, Mantel besaßen nur die etwas reicheren Damen unseres Dorfes. Die treuen Kirchenbesucher, zu denen jenes fremde Mädchen zählte, waren erst in der letzten Zeit in unserem Dorf einquartiert worden. Zusammen mit vielen Vertriebenen aus den so genannten Ostgebieten. Wir nannten diese neuen Dorfbewohner Evakuierte, obwohl sie keine Umsiedler im eigentlichen Sinne waren, sondern völlig mittellose, arme Erdenbürger, in deren unvorstellbare große Not wir Einheimische uns absolut nicht hineinversetzen konnten, oder vielleicht auch nicht wollten.
Wie ein menschliches Bündel aus übereinander gezogenen Kleidungsstücken von schafwollenen Strümpfen in Holzpantoffeln und dicken verfilzten Joppen und großen Kopftüchern, anders hätten diese Menschen die vielen entbehrungsreichen Monate der Massenflucht gar nicht überstehen können. Die kleine Familie, zusammengesetzt aus Mutter, Tochter und Großmutter, war bei einem älteren Bauernpaar untergekommen. Gut getroffen hatten diese drei die Wahl der Unterbringung. Vom ersten Tag an saßen sie mit am Esstisch der wohlmeinenden Gastgeber. Die völlig Mittellosen besaßen buchstäblich nur die Kleidungsstücke, welche sie auf ihrem Leib trugen. Davon hörte ich am Abend unsere Mutter erzählen. Das Wenige, was ihnen erlaubt wurde, innerhalb von kürzester Zeit in einer Kiste zu verstauen, war ihnen auf der Flucht auch noch gestohlen worden. Das fremde Mädchen erzählte mir einmal, dass es nur einen großen Wunsch für sie gegeben habe, nämlich in einem sauberen und warmen Bett schlafen zu können. In jenem alten Bauernhaus waren schon eine Familie und ein Knecht untergebracht, viele Räumlichkeiten gab es also nicht mehr zu verteilen. So ergab es sich, dass Großmutter und Enkelin in einem Bett zusammenrücken mussten. Nachtwäsche legte die Bäuerin wie ganz selbstverständlich aus ihrem Schrank heraus. Nun hatte sich das fremde Mädchen in den zugigen Waggons, in welchen normalerweise Vieh transportiert wurde, die kleine Kinderblase, und sicher noch mehr, total erkältet. Es blieb also nicht aus, dass am Morgen darauf das viel zu lange Nachthemd der Großmutter, das Bett und auch das kleine Mädchen völlig durchnässt waren. Ganz sicher können wir uns diese Scham vor dem menschlichen Missgeschick absolut nicht vorstellen. Die Bäuerin machte kein Drama daraus, und von ihr erfuhr kein Nachbar, dass es eine lange Zeit dauerte, bevor auch dieses Dilemma beseitigt war.

Die beiden Frauen halfen in der Bauernwirtschaft wie selbstverständlich, auch der später nachfolgende Vater verdiente dort ein wenig Geld für die nötigsten Anschaffungen. Das Mädchen bekam von guten Nachbarn nach und nach einige Kleidungsstücke geschenkt. Diesbezüglich hat das Schicksal etwas wieder gutgemacht, was diesen Vertriebenen unverschuldet angetan wurde. Diese Herzlichkeit war nicht überall gegenwärtig, dafür gab es die verschiedensten Gründe, wobei nicht in jedem Fall guter Wille und Hilfsbereitschaft vorausgesetzt werden konnte.
Eine lange Hose zu besitzen, war auch für uns Einheimische keine Selbstverständlichkeit. Ich selbst besaß eine, aus einer derben, kratzenden Wolldecke zusammengeschneiderte. Die Oberschenkel scheuerte sie mir derart auf, so dass ich sie ungern anzog. Wollte aber das fremde Mädchen einmal auf die Schlittenbahn, borgte sie sich eine Hose von der gleichaltrigen Enkeltochter ihrer Wirtsfrau. Wo war schon so viel Herzlichkeit und Nächstenliebe in einer Zeit, in welcher nicht selten erst an sich selbst gedacht wurde? Von dem fremden Mädchen erfuhr ich später, dass die Schuhe, das Kleid und alles, was sie zu ihrer Konfirmation benötigte, allesamt Spenden von Nachbarinnen waren, die auch ich als gute Menschen kannte. Aber in jener Dorfgasse, in welcher sich ein Haus an das andere reihte, waren noch mehr Vertriebenenfamilien untergebracht, und überall wurde Leid und Elend gleichermaßen mit einquartiert. Vielen dieser neuen Familien half aber auch ihr fester Glaube, das leitete ich später nicht bloß von ihrem regelmäßigen Kirchenbesuch ab, sondern von den Ausstrahlungen, welche diesen Menschen eigen war.
Das fremde Mädchen war sehr bescheiden erzogen worden, und das gute Herz in ihr ist bis heute ihr größter Besitz geblieben. Sie engagierte sich stets für hilfebedürftige, alte und kranke Menschen und tut es noch heute im Alter. Aber sie erzählte mir auch, dass ihre Gutmütigkeit nicht bloß einmal ausgenutzt wurde. Beim Erzählen bemerkte ich, dass sie immer allen zu helfen versuchte, auch wenn es über ihre Kräfte hinaus ging. Sie wollte sich auf ihre Art für die viele Hilfe bedanken, die man ihr entgegenbrachte. Unsere Welt sähe anders aus, gäbe es mehr Menschen mit so einem großen Herzen!
Das fremde Mädchen fragte nie nach ihrem Lohn. Was sie mir zu diesem Thema erzählte, versprach ich ihr, für mich zu behalten. Wenn ich nun im Alter diese Situationen, mit denen vor allem die kinderreichen Vertriebenenfamilien täglich zurechtkommen mussten bedenke, weiß ich, dass wir kleinen Kinder nicht in der Lage waren, uns dieses Elend, auch nur im Entferntesten vorstellen zu können. Wir kannten den Hunger nicht, die vielen Bilder des Leides, auch die des Todes unterwegs auf der Flucht, das

waren so eindringliche Geschehnisse, welche das spätere Leben der Vertriebenen prägte. Wir fühlten uns höchstens gestört in unserer eigenen, kleinen Welt, in der nichts Außerordentliches passierte, außer, dass in einer uns bekannten Familie der Sohn, Vater oder Bruder gefallen war. Auch diese einschneidenden Schicksalsschläge ließen wir möglichst nicht nahe an uns heran. Durch die Kriegswirren traten Krankheiten wie die Krätze auf, Dinge, die mit dem Krieg in Verbindung gebracht wurden. Auf der Straße, im Backhaus und auch in den Familien wurde darüber gesprochen und heftig diskutiert, wer diese Krankheiten wohl eingeschleppt haben könnte? Genauso wie die damals auftretenden Kopfläuse, die wir Kinder bis dahin nicht kannten, das schob man alles auf die „Neuen" im Dorf. Bei ihnen ging es nicht so ganz ordentlich zu, wie überall erzählt wurde. Wie denn auch, bei der Enge, den unmöglichen hygienischen Umständen? Die Mütter hatten nicht genug Wechselwäsche, nicht genügend Feuerungsmaterial, um die Wohnung, oder besser gesagt, z.T. Kriechlöcher, ordnungsgemäß heizen und lüften zu können. Wir Kinder plapperten nach, was wir zu Hause hörten. Ich war da keine Ausnahme, und im Handumdrehen wurden Menschen für etwas beschuldigt, das nicht der Tatsache entsprach.
Nun, von heute auf morgen in solches Elend zu verfallen, alles hinzunehmen, sich vielleicht von den Einheimischen herumschubsen und erniedrigen zu lassen. Diese schlimmen Zustände wurden von den meisten Alteingesessenen nicht verstanden, von uns Kindern war das gar nicht zu erwarten.
Aber dennoch dauerte es nicht allzu lange, bis sich die Zugezogenen einigermaßen heimisch fühlten. Vergessen kann der Mensch diese gravierenden Lebenseinschnitte sicher nie, aber gottlob heilt die Zeit wirklich viele Wunden. Ich für mich allein würde heute gerne manches besser machen, als ich es damals als Kind nicht besser kannte, aus Unwissenheit oder Unverständnis. Vieles tut mir heute noch unendlich leid, weil so viele Menschen völlig ohne eigenes Verschulden sämtliches Hab und Gut, und auch einen großen Teil ihrer Lebensqualität einbüßten. Ich möchte gar nicht wissen, wie ich mich in der Lage der Vertriebenen verhalten hätte!

## Der eigene, sehr harte Weg

Ein Kind zu sein, ist eine Lust,
wollt' mir die Kindheit lang' bewahren.
Wie's Alter wird, hab's nicht gewußt,
mein Gott, wie glücklich wir einst waren!
Wir sind durch dicksten Schlamm gewatet,
noch selbstgebaut waren die Drachen.
Als hätten wir im Glück gebadet,
so herzlich war das Kinderlachen!
Konnt' manchen Traum nie mehr vergessen,
ich träumte mich in meine Welt,
war größtem Blödsinn aufgesessen,
fühlt mich vom Glück zurückgestellt.
Bin oft gegen den Strom geschwommen,
sehr unbequem, ja, das war ich,
ich hab's dem Leben krumm genommen,
es ließ mich viel zu oft im Stich!
Vor Wissen und Würde macht' ich mich klein,
es fiel mir so schwer, mich zu fügen.
Ich war so stolz, völlig anders zu sein,
das konnte dem Neid schon genügen!
Ich konnt' im Leben nicht vergessen,
verzeihen, das schon dreimal nicht,
wie ich leide, kann nur ermessen,
der, der auch meine Sprache spricht!
Es ist so, es fällt mir schon schwer,
denk' ich an unsere letzten Tage.
Alter, Krankheit, Abschied und mehr,
machen mich traurig, ganz ohne Frage!
Ich werde alt, nun schon seit Jahren,
viel schneller, als ich es mir gedacht,
wie es sein wird, hab's schon erfahren,
doch sprachlos hat es mich nicht gemacht!

## Es friert Stein und Bein

Sibirische Kälte, Eis und Frost,
Pflanzen erstarren tief unter dem Schnee,
Tiere, sie sterben ganz ohne Trost,
weshalb tut der Winter allen so weh?
Er kann bezaubern, auch beglücken,
Kinder erfreuen mit Pulverschnee,
Schadinsekten zum Teufel schicken,
kann auch ein Graus sein, wie ich es seh'!
Ich mag ihn, wenn er nicht übertreibt,
dann, wenn nicht alles zu Tode gefriert,
wenn der Frost in seinen Grenzen bleibt,
kein Mensch und kein Tier sein Leben verliert!
Die Natur muß ruhen, einmal im Jahr,
nur so kann neues Leben entsteh'n.
Der Frost kann der Tod sein, ganz offenbar,
viel lieber würd' ich ihn gnädiger seh'n!
Doch der Frost, er läßt sich nicht so leicht zwingen,
Klimaprobleme kommen auch noch hinzu!
Wird uns nicht bald eine Wende gelingen,
lassen Katastrophen uns nie mehr in Ruh'!

*Ewald Roth vor dem großelterlichen Grundstück, kleiner Lindenplatz in Molschleben ca. 1959. Sammlung Ewald Roth*

## Schmetterlinge im Bauch!

Man schwärmt so oft bei Liebesdingen
von den bewussten Schmetterlingen.
Falter hatt' ich noch nicht gespürt,
wurd' nicht von Amor delegiert,
hinauf, auf Liebeswolke sieben,
bin so den Faltern ferngeblieben.
Fast hatte ich schon aufgegeben
und glaubte nie mehr zu erleben,
wie einzigartig, wunderbar,
die echte, große Liebe war.
Doch unverhofft, just über Nacht,
hat es bei mir doch „Klick" gemacht!
Es gab da einen jungen Mann,
wie ein Magnet zog er mich an.
Es war das größte Glück im Leben,
nichts Schöneres hätt' es gegeben!
Es kam mir wie ein Märchen vor,
daß ich fast den Verstand verlor.
Wir standen bald vor'm Traualtar,
was mehr noch als berauschend war!
Bis heute ist sie nicht verflogen,
die Liebe, sie blieb, ungelogen!
Es gibt sie noch, die Schmetterlinge,
genauso, wie die schönen Dinge,
die mit der Liebe sind verbunden;
die Falter, ich hab' sie gefunden!
Die Schmetterlinge zu erleben,
ist wie im siebten Himmel schweben.
Nur, wer dies große Glück erfahren,
kann davon zehren, noch nach Jahren!

## Es riecht schon nach Herbst

Wieder riecht es in den Küchen und Waschküchen der Hausfrauen vom Lande appetitlich nach Gurken und Dill, nach Bohnen und Bohnenkraut, nach Tomaten, Brombeeren und dem ersten Schüsselchen der herbstlichen Himbeeren.

Eigentlich hoffe ich, dass es zukünftig eintreten wird, was eine ältere Frau neulich beschwor. Ihrer Meinung nach sind wir – Unentwegten – wohl die letzten Hausfrauen, die nichts verderben lassen können und noch mit Lust Gurken einlegen, Bohnen schnippeln, Himbeeren entsaften und Marmelade kochen. Wir sind nur noch ein paar wenige, die man an den Fingern abzählen könnte, leider. Aber die jüngere Generation von Hausfrauen weiß wohl mit ihrer Freizeit etwas Vernünftigeres anzufangen, nach ihrer Sichtweite.

Wir Alten sind so aufgewachsen, kennen es nicht anders, als das wir am Abend noch die Einkocherei zu bewältigen hatten. Oft sind die Augen fast zugefallen, denn das Pensum des harten Arbeitstages war in der Landwirtschaft sehr kräftezehrend. Ob man die Kinder ebenso erziehen sollte, ist ganz sicher nicht anzuraten, denn der Mensch arbeitet um zu leben, nicht umgekehrt! Wenn der Arbeitstag kein Ende nimmt und nur die Erledigung der Arbeit bestimmend ist, dann kann es leicht zur Plage ausarten. Das Alter mit den zunehmenden Erkrankungen schlägt an der Lebenswaage kräftig an, das ist keinesfalls zu unterschätzen. Oft ist es so, dass die einzelnen Hausfrauen schon den Drang verspüren, das eine oder andere noch in Angriff zu nehmen, allein die Kräfte schwinden mehr und mehr. Aber meist jammern diejenigen weit häufiger über Altersbeschwerden, die sich nie so recht ausgearbeitet oder abgerackert haben. Sie kennen gar keine wirklich starken Schmerzen, weil sie ein Leben lang von den diversen schwereren Krankheiten verschont wurden. Wohl dem, der ein solches Leben genießen durfte!

Nach der Wende hieß es oft: „Ach es gibt doch jetzt alles zu kaufen, was soll noch die Schufterei mit dem Selbstgemachten?“

Aber recht schnell bemerkten die Superschlauen, dass es mit den „zarten Bonduellerbsen“ nicht so weit her ist von wegen der Zärtlichkeit.

Und so ist es mit der Marmelade, den Säften und dem Selbstgebackenen. Alles macht Arbeit, denn von selbst macht sich nichts. Aber wer den Genuss liebt, und wem diese Arbeiten noch Freude bereiten, der hat ständig den Kopf voller Pläne, die er versuchen muss umzusetzen. Wir kennen es nicht anders, mir macht es Freude, wenn auch Kreuz und Hände schmerzen.

Ich möchte gar nicht anders leben! Langeweile ist etwas, das ich in meinem ganzen Leben nicht kannte. Eher würde ich mir mehr Gesundheit wünschen, um Arbeiten, die leider schon lange nicht mehr machbar sind, wieder in Angriff nehmen zu können.
Für mich ist es eine Freude, wenn ich den Enkelkindern von allem Selbstgemachten einpacken kann. Ihre strahlenden Augen und ihre Umarmung beim Abschied sind mir Dank genug.
Mein Mann und ich genießen es, wenn es allen gut mundet. Leider sind es nicht mehr viele ältere Frauen, die sich noch die Arbeit machen, etwas Besonderes herzustellen, so, wie es schon vor hundert Jahren war. Wie sehr hätte ich mir Großeltern gewünscht, die am Wochenende meinen Lieblingskuchen gebacken, zarte, junge Erbsen konserviert, Himbeersaft gekocht, und diverse Arten von Marmelade bereitet hätten. Wir genießen es mit, und gottlob gib es noch einige Unentwegte, die Freude empfinden können, wenn sie Freude schenken!
In unserem Ort gibt es einzelne Frauen und noch weniger Männer, die in der Gartenarbeit ganz und gar aufgehen. Es hat den Anschein, als müsse man nach einem Gräschen suchen, so sauber und akkurat ist der gesamte Garten geführt. Dabei sind diese vorbildlichen Frauen weit über siebzig Jahre, ja sogar schon über achtzig. In diesen vorbildlichen Gärten blüht es das ganze Jahr, und das Gemüse wächst, das es eine Pracht ist. Die Natur hat es in punkto Gesundheit recht gut mit ihnen gemeint, aber man kann auch ihre große Freude an der Gartenarbeit spüren. Ob es in einigen Jahren noch Hausfrauen und auch Männer geben wird, welche ihre Hausgärten so vorbildlich führen, das bezweifele ich. Diese Begeisterung, das Haus, die Küche, den Hof und den Garten vorbildlich und mit Freude zu führen, sie wird aussterben, ob wir es wollen oder nicht. Es naht die Zeit, dass zukünftig Obst, Gemüse und auch die Blumen in einem Einkaufcenter gekauft werden, schade um unsere dörfliche haus- und gartenwirtschaftliche Tradition. Die Gärten wird es in Bälde nicht mehr geben, dann wenn der Spaten und die Hacke in die Ecke gestellt, die Koch- und Backschürze an den Haken gehängt werden. Schade um diese schöne Zeit und um die köstlichen Genüsse, die durch Frauenhände entstanden. Es sei denn, die Jugend würde sich besinnen und mehr Freude am Selbstgemachten finden! Es würde ganz sicher nicht bloß mich selbst erfreuen, und ich würde gerne die Geschichte umschreiben. Solange wir Freude an der Arbeit spüren, so lange werden wir sie irgendwie fortsetzen, denn anders zu leben, das will ich mir gar nicht vorstellen, weil ich weiß, es wird mir ganz sicher nicht genügen oder gefallen!
Die Hoffnung liegt in der jungen Generation!

## Tee aus unserer Apotheke „Natur“

Einfach einmal dem Glück vertrauen, einfach darauf setzen, dass ich auch ein Teil unserer Natur bin und darauf hoffen, dass auch ich ein Recht auf das so hoch gelobte und ersehnte Glück haben dürfte.
So oft in meinem Leben fand ich mich auf der Seite des Glückes wieder, die sich der Mensch nicht freiwillig aussuchen würde. Ich werde täglich dran erinnert.
Beispielsweise war ich in punkto Sauberkeit und Hygiene von Kind an sehr penibel sauber, und doch wurde ich mit Allergien überhäuft bis ins Alter. Nie hätte ich in meiner Kindheit und Jugend unabgekochte Milch getrunken, wie meine Geschwister, oder andere Kinder. Aber ich war diejenige, welche an Tuberkulose über viele Jahre hinweg zu leiden hatte. Meine Eltern betrieben zu jeder Zeit einen tbc-freien Viehbestand. Glück hätte ich anders definiert!
Und so fordere ich das Glück ganz einfach einmal heraus!
Es handelt sich dabei um den so gefürchteten Fuchsbandwurm. Eigentlich sollten wir so vernünftig sein und Heilkräuter bloß ab einer für den Fuchs nicht erreichbaren Höhe sammeln. Aber ärger kann es mich nun im Alter nicht mehr treffen, als es mich bereits traf.
Über einige Jahrzehnte betrieb der in unserer Gegend ansässige Obstbaubetrieb „Fahner Obst“ eine Anlage mit Mirabellenbäumen. Diese Anlage befand sich unweit unseres Wohn- und Gartengrundstückes. So blieb es nicht aus, dass auch wir zu jenen Anrainern zählten, welche ab und zu Gartenabfälle außerhalb der Erntezeit und der Zeit des Baumschnittes zwischen den Mirabellenbäumen deponierten. Dieser Blumenschnitt oder ähnliches wurde untergemulcht und tat den Obstbäumen sicher ganz gut. Somit war auch unsere Familie daran beteiligt, wenn z.B. ausgereifter Blumensamen auf die Anlage und zwischen die Bäume gelangte. Nach der Rodung der Fläche wollte ich eigentlich, wie viele andere Frauen auch, Löwenzahnblätter für das Kleinvieh einsammeln. Und der Löwenzahn wucherte förmlich auf der gesamten Anbaufläche. Beim Futtersammeln bemerkte ich, dass eine regelrechte Fundgrube von wilden Teepflanzen geradezu darauf wartete, gepflückt zu werden.
So entstand die verrückte Idee bei mir, einen Wildkräutertee zu sammeln. Zusammen mit Kapuzinerkresse, den Ringelblumen und diversen Kräuterminzen, dem Thymian, dem Sauerampfer, Kornblumen und winzigen Hornveilchen, welche allesamt im eigenen Garten wachsen. Bedacht hatte ich nicht sofort, dass ich mich bei dieser Sammelaktion zumeist in gebückter Haltung befinden würde. Mittlerweile kenne ich die bittere Erfahrung, dass ich öfter danach für hauswirtschaftliche Arbeiten ausgeschaltet war.

*Wegweiser im Hainich um 1930.*
*Foto: Oskar Dorn*

Es war zwar ein unbeschreibliches Glücksgefühl, so früh am Morgen allein auf dem großen Areal zu sein. Die letzten Vogelstimmen genoss ich, obwohl sie eigentlich nicht für mich bestimmt waren.
Oft war ich in einem regelrechten Rausch der Sammelleidenschaft gefangen, und ich probierte alle möglichen Bückstellungen aus, die es überhaupt gibt. Taubnesselblüten erinnerten mich daran, dass sie bereits in meiner Kinderzeit dafür verantwortlich waren, wenn mir vor über sechzig Jahren der Rücken schmerzte.
Damals sammelte ich diese winzigen Blütchen für die Schule, der Heilkräutersammelaktion, um die Apotheken und Reformhäuser wieder mit Salben, Tee und Heiltinkturen zu bestücken. Auch das Gänsefingerkraut und die Gänseblümchen waren damals in meinem Sammelkörbchen wie jetzt. Die Gänseblumen in meiner Teemischung stammen übrigens von unserer kleinen Gartenwiese unter den Apfelbäumen, also bestand bei mir keine Fuchsbandwurm-Gefahr. So sind mit der Zeit 26 Sorten Heilkräuter und Blüten hinzugekommen. Diese Sammelleidenschaft ist mittlerweile zur Manie geworden, trotz heftiger Rückenschmerzen. Eigentlich könnte ich gut und gern bis 8:00 Uhr ausschlafen, aber mein eigener Spleen treibt mich meist schon kurz nach 5:00 Uhr hinaus, und es gefällt mir sogar, irgendwie eigenartig.
Nun ist da noch die große Frage, ob der mühsam gesammelte Tee überhaupt nach unserem Geschmack sein wird? Noch ist nicht restlos alles Sammelgut ausreichend getrocknet, aber ich werde schon einmal eine Kostprobe zusammen mischen. Jetzt im Alter beginne ich, noch mehr Heilkräuter zu sammeln, als wir sonst schon an Minzarten, Thymiantee, Pfefferminz- und Holunderblütentee in unserer Vorratskammer hatten. Gesünder werde ich ganz sicher nicht mehr, denn die einzelnen Erkrankungen sind schon weit fortgeschritten, aber die Freude an etwas Neuem treibt mich täglich in Herrgottsfrühe hinaus. Mir ist bewusst, dass mich die Heilkräuter nicht von den komplizierten Erkrankungen heilen können, aber unterstützen und helfen vital zu bleiben, das vermögen sie sicher.
Ich sammelte junge Brennnesselblätter, Taubnesselblüten, Wegwarte, Feldstiefmütterchen, Gänseblumen, Ringelblumen, Kapuziner Kresse, Klatschmohnblütenblätter, diverse Minzarten (Apfelminze, Ananasminze usw.), Glockenblumenblütenblätter, junge Sauerampferblätter, Königskerzenblüten, Schafgarbe, Boretschblüten, Rotklee, Hirtentäschel, Frauenmantel, Löwenzahnblüten und ganz junge Blätter, winzige Hornveilen, Süßstrauchblätter, junge Girschtriebe, Spitzwegerichblätter und frische Blüten, Breitwegerichblätter, Kornblumen, Gänsefingerkraut und Odermenning – Blätter und Blüten.
Viele der Kräuter sammelte ich auf der gerodeten Mirabellenanlage, dieselbe ist wieder bereit für eine Neuanpflanzung und eine Neuansiedlung von Heilkräutern für künftige Generationen.

*Arno Bernecker in Pferdingsleben ca. 1958. Sammlung Ewald Roth*

## Der frühe Vogel fängt den Wurm!

Ganz früh am Morgen, wenn das Dorf noch schläft, das Gras noch nass ist vom Tau, sich aber der Igel mit all' den Gesellen der nächtlichen Stunden bereits zurückgezogen hat, da bist du allein mit der Natur.
Selten, dass du einem Menschen begegnest, schon gar nicht am Sonntagmorgen. Die Jalousien sind noch heruntergelassen, und bevor sie ihr schepperndes Geräusch herausquetschen, und damit auch der Alltagslärm, der zu unserem Leben gehört, auf uns einwirkt, hast du den kühlen Morgen ganz für dich allein.
In früheren Jahren waren die Bauersleute um diese Zeit bereits im Stall, hatten das Vieh zu versorgen. Ich weiß nicht, ob ich diese Veränderung der dörflichen Lebensweise nun zu einer Verbesserung zählen soll, oder nicht? Heute dürfen die Männer und Frauen, die damals in den Höfen schafften, ausschlafen. Und ich denke, sie hätten es mehr als verdient.
Weil ich sowieso nicht mehr schlafen konnte, erledigte ich meine Besorgung schon vor dem Aufstehen, wie man früher sagte.
Heimwärts schaute ich an der verwilderten, ehemaligen Viehkoppel vorbei, stapfte durch kniehohes Unkraut zu einem alten Birnbaum, mit den süßen Petersbirnen. Schon von weitem stieg mir ein süßlich faulender und gärender Geruch in die Nase. Niemand hörte wohl die unscheinbar kleinen Birnen rufen: „Pflücke mich, pflücke mich, ich bin schon so lange reif!“
Es ist wahrlich nicht alles besser gewesen vor etwa sechzig, oder auch siebzig Jahren. Aber wir lasen noch auf, was reif, oder wegen eines Wurmstiches, von Büschen und Bäumen gefallen war. Heute sollten wir es wegen der Gefahr, die in der freien Natur vom Fuchsbandwurm ausgeht, lieber sein lassen! In diesem Zusammenhang denke ich auch an die unübertroffen aromatischen Walderdbeeren, die wir als Kinder gerne pflückten und so sehr genossen. Auch die nachfolgenden Waldhimbeeren lieber hängen lassen! Ebenso die tief hängenden Brombeeren, zumindest nicht im rohen Zustand verzehren!
So pflückte ich mir ein kleines Körbchen voll Petersbirnen, eine einheimische Obstart, die bei dem Überangebot an Obst aus aller Welt, schon ziemlich in Vergessenheit geriet.
Beim Pflücken bemerkte ich, dass ich kaum noch die niederen Äste erreichen konnte. Naja, so sechs oder sieben Zentimeter werde ich schon geschrumpft sein, auch ein Umstand, der nun einmal zum Alter gehört.
„Verflucht aber auch, diese Biester von Mücken ließen mich sogar so früh am Tag nicht einmal in Ruhe!“ Ja, diese Quälgeister umschwirrten meine nackten Beine und piesackten mich mit einer anscheinenden Wollust. Die

*Heinz Fischer, genannt „Der kleine Hulla", auf seinem Pferd in Oberdorla. Schon das Füttern war für ihn ein Problem, an der Krippe stand eine Leiter. Das An- und Abschirren des Pferdes war für ihn nicht möglich, Nachbarn halfen da aus. Sammlung Walter Karmrodt*

Wespen und Bienen waren gottlob noch nicht zu sehen, denn dieses Angebot an Fallobst wäre doch ein wahres Schlaraffenleben für sie. Dabei heißt es für viele Menschen wieder Obacht geben wegen der immer öfter auftretenden Wespen- und Bienenallergie! Auch von solcherlei Vorfällen hörte ich in früherer Zeit nichts, allerdings war oft von Sterbefällen zu hören, bei denen der wirkliche Grund nicht immer diagnostiziert werden konnte. Obwohl ich ca. zwei Jahre im Forst arbeitete, kannte ich keinen Holzbock, oder eine Zecke, heute zählte ich schon 29 Zecken, welche sich nach einem kurzen Waldspaziergang bei mir eingenistet hatten.
Aber irgendwie arrangieren sich die Menschen erstaunlicherweise immer wieder mit fortwährend neu aufkommenden Situationen.
Wieder zurück auf dem Fußweg musste ich höllisch aufpassen, dass ich auf den massenhaft herumkriechenden, eklig glitschigen Nacktschnecken nicht ausrutschte und stürzte. (Noch ist der letzte Bruch nicht ausgeheilt!) An Nacktschnecken erinnerte ich mich gar nicht, und vor allem nicht in dieser Kalamität.
Fast wäre ich in einen der vielen Hundehaufen getreten, auch etwas, das vermeidbar wäre, bei etwas mehr gutem Willen! Es ist wahrlich unschön, wenn man an Wegrändern und Grünflächen mehr auf den Weg schauen muss, anstatt der Natur unser ganzes Augenmerk widmen zu können. Aber weil unser Leben nie nur negative Seiten hat, überwiegen doch immer wieder die schönen Dinge des Alltags.
Schon wird meine Aufmerksamkeit gefordert:
Ein ziemlich großer Schwarm Schwalben tummelte sich am Himmel. Eine Augenweide so früh am Morgen! Ob diese ausgezeichneten Flugkünste mehr der Lust, oder der Futterbeschaffung dienlich war, vermochte ich nicht auszumachen. Diese grazilen Bewegungen der Vögel faszinierten mich. Im Mai glaubte ich noch, die Schwalben hätten unseren Landstrich total gemieden, denn es waren auffallend wenige Schwalben zu sehen. Auch in unserem alten Pferdestall nisteten schon länger keine Rauchschwalben mehr. Früher waren ihre Schalennester in allen Stallungen und an vielen Häuserwänden zu bestaunen. Unter einem jeden Nest gab es natürlich auch Dreck, das störte eigentlich niemanden, es wurde einfach entsorgt, wie man heute sagt. In unserem Pferdestall warteten drei Nester von Vorbrütern auf neue Belegung. Auch das weit geöffnete Schiebetor lud die Schwalben zu einer gründlicheren Besichtigung und sicher auch zu einem Probesitzen ein. Des Nachts sorgte ein ausgehängter Fensterflügel für den ungehinderten Ein- und Ausflug der Schwalben. In den Nachbarhöfen war die erste Brut schon flügge, und eines Tages saßen doch noch zwei Rauschwalben auf einem alten Draht, welcher über unseren Hof

gespannt ist. Als es dann bald feststand, dass sich das Schwalbenpärchen zur Brut besonnen hatte, freute ich mich, wie ein kleines Kind. Mein Daumendrücken hatte vielleicht doch geholfen. Wie genügsam doch das Alter ist, wenn man sich über so einen kleinen Vogel von Herzen freuen kann.
Damit unser Pärchen in Ruhe brüten konnte, quartierten wir unsere Enkelkinder aus, die es sich während der Ferienzeit für Freizeitbeschäftigungen im alten Pferdestall häuslich eingerichtet hatten. Etwas murrend gehorchten sie schließlich, damit konnten sie ihre Naturverbundenheit auch beweisen.
Von meiner morgendlichen Tour zurückgekommen, rückte ich mir einen alten Schemel an die Kuhstallwand, gegenüber dem Pferdestall. So konnte ich das Einflugfenster gut beobachten. Ich sah zu meiner Freude ein ständiges Ein und Aus der Schwalbeneltern. Obwohl es, außer in unserem Hühnerstall, wenig Fliegen auf dem Hof gab, sind die Schwalben doch heimisch geworden und haben für Nachwuchs gesorgt.
Nun trieb mich wieder die Sorge um, ob es die Schwalbeneltern noch schaffen könnten mit der Aufzucht? Bis zum großen Abflug war es nicht mehr lange hin, aber eine Nachhut werden sie schon noch erwischen!
Ob die kleine Familie im nächsten Mai wiederkommen wird? Ich wollte es ganz fest hoffen! Nun musste ich den Nachwuchs bei meinem Mann ankündigen, auch die Enkelkinder sollte ich anrufen, dass sich ihr Daumendrücken gelohnt hat.
Wenn sich auch unser Leben ständig verändert, leider nicht immer zu unserem Vorteil, so ist das Leben doch stets lebenswert geblieben. Wir, die „vom Gehöft", wie uns die Städter einst spöttisch nannten, hatten doch zu jeder Zeit den großen Vorteil, täglich eins zu sein mit der Natur. Viel mehr Möglichkeiten des kindlichen Spiels gab es auf dem Lande. Wir konnten in der Flur herumstromern, wenn es die Zeit hergab. Ja, mit der Zeit, das war oft ein Problem, denn die meisten von uns Kindern waren schon früh eingebunden bei der Haus-, Hof- und Feldarbeit. Die vielen schönen Erinnerungsbilder hätte ich nicht gehabt, wenn ich nicht so ein Landei gewesen wäre, wie ich doch eines bin.
„Der frühe Vogel fängt den Wurm", es ist ein altes Sprichwort, ich weiß nicht, wer es einst prägte. Aber dass es stimmt, das weiß ich genau, denn nur ganz früh verfügen wir über eine große Schaffenskraft, die wir nutzen sollten! Welche Freude ist großartiger und ehrlicher, als das Erleben in der Natur? Ich für meinen Teil bin zufrieden mit dem Sonntagmorgen, vor allem habe ich das unbezahlbare Glück, nun mit meinem Mann am Frühstückstisch sitzen zu können und kann ihm von meinem Erleben erzählen. So findet ein jeder seinen Weg in der eigenen Glückseligkeit, ein jeder auf seine Weise. Die vielen Urlaubseindrücke aus aller Welt werden es schwer haben, wenn sie mithalten wollen mit den Erlebnisbildern aus unserer Natur.

## Die verlorene Stimme

Es war in den fünfziger Jahren, ich hatte ein berufsbedingtes Abitur abgelegt und versuchte im wahrsten Sinne des Wortes, auch das mehrjährige Direktstudium zu überstehen. Irgendetwas in mir wehrte sich dagegen, denn in steter Regelmäßigkeit fiel ich wegen einer erneuten Operation an Lymphdrüsen, welche von Tuberkelbakterien zerfressen und teilweise zersetzt waren, vom Unterricht aus.

Anfänglich ließ sich das Versäumte einigermaßen nachholen, und ich gab die Hoffnung, irgendwann doch noch Mittelstufenlehrerin zu werden, nicht so leicht auf. Weil mir zuvor schon einmal eine schwere Erkrankung in die Quere kam, musste ich es ganz einfach schaffen: Aber eine Operation löste die nächste ab, und bevor ich zu einer Zwischenprüfung zugelassen wurde, prüfte man mich, ob ich wegen enorm großer Ausfälle überhaupt zur Prüfung zugelassen werden konnte. Was macht das für einen Sinn?

*Alma und Arno Bernecker in Pferdingsleben, beim Heuwenden um ca. 1950. Sammlung Ewald Roth*

Die Musik hatte dabei einen ziemlichen Einfluss, nicht aufzugeben. Ich sang im Chor des Pädagogischen Institutes, es war ein nicht zu unterschätzendes Moment durchzuhalten. Zwischen den Operationen richtete mich der Gesangsunterricht für Solisten in der Musikschule auf. Ich war so glücklich, wenn ich nur singen konnte, dabei vergaß ich alles. Schon in der Grundschule war ich mit Begeisterung im Schulchor. In meiner Kindheit sang oder pfiff ich die höchsten Töne, wann immer es sich ergab. Fast allabendlich sang ich als kleines Mädchen vor dem Einschlafen in meiner kleinen Kammer. Meistens war das Fenster geöffnet, und einige Nachbarsfrauen warteten, auf den Trittstufen ihres Hauseinganges, auf meine Volkslieder. Nicht immer konnte ich meinen interessierten Zuhörern den Gefallen tun, denn nicht selten war mir absolut nicht nach den alten Melodien. Anfänglich fragten sie nach, wenn ich ihnen die Zeitung brachte, warum das kleine Abendkonzert ausgefallen war? Ich konnte ihnen nicht antworten, und sie fragten mich nicht wieder.

Bis heute habe ich die vielen Texte und Melodien nicht vergessen. Meine damaligen Zuhörer sind leider schon lange nicht mehr am Leben.
Wieder einmal war ich in der Klinik, direkt an der Halsschlagader mussten die Ärzte operieren. Als ich die Nachwirkungen endlich einigermaßen überstanden hatte, bemerkte ich selbst, dass in meiner Stimme nicht mehr derselbe Klang war, weshalb ich zum Solounterricht ausgesucht wurde. Ich glaubte, man habe meine Stimmbänder vielleicht ein wenig verletzt, denn genau an der Stelle, wo die Stimmbänder liegen, mussten die Ärzte operieren. Meine Lehrerin war erschrocken, als ich mit aller Kraft versuchte, gut und richtig zu singen. Der Klang des Tones, die Schwingungen, der Hall, er war nicht mehr da. Ich wollte einfach nicht glauben, was ich selbst hörte. Wenn ich wenigstens noch im Chor hätte singen können, aber auch das musste ich aufgeben. Ob es letztendlich wirklich die Stimmbänder waren, oder aber die Bronchien, oder die Lunge? Alles ist wichtig für die Stimme, am Anfang hoffte ich noch, aber mit der Zeit verschlechterte sich der Ton immer mehr. Ich bin der Sache nie wieder nachgegangen, ich wusste, dass es sinnlos war. Bronchien hatten diese verfluchten Bakterien während fast meiner ganzen Kindheit beim Wickel. Viel später, als unsere Kinder schon zur Schule gingen, hatten zigtausende von Tbc-Tabletten und Spritzen der Erkrankung endlich den Garaus gemacht. (Aber leider nicht bloß die Bakterien waren endlich hinüber, auch vieles andere blieb auf der Strecke.) Seit ungefähr 20 Jahren bringe ich keinen Gesangston mehr heraus, während ich früher das hohe C schaffte. So geht eines nach dem anderen dahin, wohl dem, der da nicht den Mut verliert!

Wenn es mir der Tag erlaubt, pfeife ich, am liebsten tue ich es im Freien. Ich bin trotz allem dankbar, dass ich wenigstens beim Schreiben noch Freude empfinde, auch wenn es nicht allen Menschen gefällt. Es käme einer Anmaßung gleich, wollte man diesen Anspruch für sich erheben.

Nicht einmal der liebe Gott zog alle Menschen an, oder überzeugt sie einhundertprozentig. Jeder sollte damit zufrieden sein, wenn er etwas findet, das ihm Freude macht, das ihn aufbaut, und vielleicht, den einen oder anderen Menschen gleichermaßen erfreut!

Es heißt nicht umsonst: „Wo man singt, dort lass' dich ruhig nieder!"

## Wie es singt und klingt

Die Meisen rufen in den Morgen,
ein uns sehr wohlbekannter Klang.
Dahin fliehen des Winters Sorgen,
just nach des Frühlings Hochgesang.

Hab' einen Frühlingsstrauß gewunden,
aus Schneeglöckchen und Winterling,
auch Christrosen hab' ich gefunden –
dort unter'm Schnee, zur Eibe hin.

Ich möchte springen wie die Kinder,
möcht' jauchzen, laut mit großer Lust,
möcht' rasch vergessen Frost und Winter;
verdrängen all' das Leid, den Frust!

Ob jung, ob alt, es lockt die Sonne,
der Lenz zieht nicht spurlos vorbei!
Der Tag pulst voller Lust und Wonne;
riech' schon den Flieder und den Mai!

Frühlingslieder, Tanz im Freien
der Frohsinn lebt, wohin man sieht;
bald umtanzen wir die Maien,
weil es uns hin zum Leben zieht!

## Klein Trinchens früher Flug

Die Sonne weckt ein kleines Bienchen,
es streckt die Flügel glatt und lang,
schon surrt es munter, wie klein Trinchen,
doch noch ist ihm ein wenig bang'.
Der Flug führt über Wald und Heide
und endet ungelenk am Bach.
Trinchen genießt die große Weite,
doch kaum ein Blütchen war schon wach.
Ein wenig Nektar hat's genossen,
klein Trinchen schleckt und labt sich d'ran.

Die Zeit ist allzu schnell verflossen –
schon kündet sich der Abend an.
Klein Trinchen flattert hoch zur Sonne,
wärmt sich kurz auf, tankt neue Kraft –
es ist nicht immer alles Wonne;
beinah' hätt's Trinchen nicht geschafft!
Es flog zurück zu seinen Lieben,
und es bedenkt des Tages Lauf;
wär's lieber doch beim Volk geblieben –
so nahm es schwere Zeit in Kauf.
Bald werden Weidenkätzchen blühen,
und es fließt Nektar überall.
Nur um Geduld soll' man sich mühen,
bis man gemeinsam fliegt in's Tal.
Klein Trinchen lernte aus der Schlappe
und drängte sich nie wieder vor,
es saß geduldig vor der Klappe,
flog, wenn es Zeit war, hoch empor!

*Bauernhof von Guido Gewalt, Kleinfahner – Sohn Eugen und Cousine Gisela Rang ca. 1928. Foto: Familienalbum Gewalt*

## Mit Anstand und Respekt

Respekt ist niemals selbstverständlich,
Respekt läßt sich auch nicht erzwingen,
man muß ihn sich redlich verdienen,
man kann ihn sich nicht ausbedingen!

„Ich zolle dir hohen Respekt!"
Wem könnte dies wohl nicht gefallen?
Mit rein erzwungenem Respekt,
schafft man sich lediglich Vasallen!

Vor dem Respekt rangiert der Anstand,
wer ihn besitzt, kommt leicht durch's Leben.
Anstand ist eine große Tugend,
anständig sein, dem Glück ergeben!

Mitgefühl solltest du in dir tragen,
man hat dies Gefühl, oder hat es nicht.
Dem Nächsten helfen, ohne viel zu fragen,
du hilfst auch dir, siehst du es an als Pflicht!

*Eugen Gewalt auf seinem Bauernhof in Gierstädt mit Pferden, ca. 1948.*
*Foto: Familienalbum Gewalt*

*Historischer, alter Lindenstein – ist heute unauffindbar (wurde z. Z. der Seebachschen Gerichtsbarkeit benutzt). Egon Sundhausen, Regina Hildebrandt und Freundinnen, ca. 1945 in Kleinfahner. Foto: Familienalbum Gewalt*

## Hinter den Kulissen

Vom Schnee verhüllt, so rein und schön,
ist oft viel Arges, das uns schreckt!
Von außen herrlich anzuseh'n,
doch wehe, wird es aufgedeckt!
Könnt' Schnee verdecken, was missfällt?
Es liegt die halbe Welt in Scherben!
Der Schnee reicht nicht für diese Welt,
auf ewig Schlimmes zu verbergen!
Die Sonne bringt es an den Tag,
entlarvt bald alle Missetaten.
Was unter'm Schnee verborgen lag,
wurd' von der Sonne stets verraten!

## Der Morgen

Möchte' morgens gern am Fenster steh'n
und all die Vogellieder hören,
zufrieden meines Weges geh'n,
laß' mich vom Zauber sanft betören.

Möchte' einmal noch das Glück erfahren,
ganz eins mit der Natur zu sein.
Erfuhr in all den vielen Jahren,
das Glück scheint spleenig, doch ist's mein!

## Goldener Herbst

Nun hat der Herbst sich doch besonnen,
ließ den Altweibersommer fliegen,
hat er auch mürrisch, kalt begonnen,
scheint er nun sanft, fast schon gediegen.
Der Herbst möcht' uns noch einmal Trost sein,
für das Verzichten, das Entbehren,
und werden nun auch die Freuden klein,
uns bleibt, von der Erinn'rung zehren.
Die warmen Farben, die Sonnenstrahlen,
die goldene Schönheit der Natur;
ich könnt' mit all' den Bildern prahlen,
verinnerlichen möchte' ich sie nur!

*Meine Nichte Gertraude Stecher, Molschleben ca. 1959.*
*Foto: Familienalbum Gewalt*

## Die verfluchte Fahrradpanne

Ein herrliches Frühlingswochenende schien sich anzukündigen, jedenfalls freuten wir uns auf die Stunden der Freizeit und das schon lange ersehnte schöne Wetter.
Wie schon so oft hatte ich wieder einmal eine grandiose Idee, die aber leider ganz anders ausging, als ich es mir ausgerechnet hatte.
Immer mehr Jungens brachten sich von zu Hause ihre Fahrräder mit, um hier vom Ausbildungsort schnell einmal nach Bad Berka zu kommen. Auch einige von ihnen fuhren bis nach Blankenhain, dem Ort unserer Berufsschule, die wir einmal wöchentlich besuchten. Meine Mitstreiterin und ich borgten uns die Drahtesel am besagten Samstagnachmittag für eine Spritztour aus.
Nach dem Mittagessen sollte sie losgehen, die Tour nach Buchfahrt, dort wollten wir unseren Ausbilder einmal besuchen. er hatte uns schon oft von der idyllischen und romantischen Lage des kleinen Dörfchens erzählt.
Um eine solche kleine Reise zu machen, wäre die Erlaubnis des Heimleiters erforderlich gewesen. Aus Angst davor, dieser könnte die Spritztour aus Gefahrengründen ablehnen, wollten wir die Genehmigung einfach umgehen. Die Landstraße bis zur Hauptstraße Weimar/Bad Berka, und danach die in einem grauenhaften Zustand befindliche Holperpiste zum Talgrund nach Hetschburg, waren ziemlich abschüssig und letztere obendrein sehr steinig und uneben. Außerdem waren wir beiden keine passionierten Fahrradfahrer, ein Unfall wäre also keinesfalls ganz auszuschließen gewesen! Auch die Verantwortung trug während unserer Abwesenheit die Heimleitung, sie musste also ständig informiert sein über unseren ungefähren Aufenthaltsort. So genau hatte ich das alles gar nicht überlegt, als wir uns nach dem Mittagessen, möglichst lautlos und unsichtbar davonmachten.
Monika hatte einige Anfangsschwierigkeiten, bevor sie mit ihren überflüssigen Pfunden über die Querstange des Herrenrades kam. Zugegeben, ein Damenrad wäre auch für mich, als ein total unsportlichem Mädchen, angemessener gewesen.
Ausgemacht war, dass wir zwei uns so quasi durch die Hintertüre davonschleichen wollten. Wir drückten also das Parktor etwas geräuschloser zu, als sonst üblich, und die Tour begann.
Das Geholpere auf dem Kopfsteinpflaster war natürlich alles andere als angenehm. Zugegeben haben wir die Frühlingsboten auf unserer Tour anfänglich eher nicht gesehen. Außerdem war die Natur in jenem Ilmtal,

an der Bahnstrecke Bad Berka, weitestgehend lädiert. Der ausgeschleuderte Staub, Ruß und Dreck eines Betonwerkes in besagtem Tal waren die Verursacher der Naturschädigungen. Büsche und Bäume trugen fast kein Laub, wohl weil der enorme Dreck eine Assimilation erschwerte.
Wir kannten den Weg ziemlich genau, denn aller sechs oder acht Wochen bekamen wir Lehrlinge einen Wäscheurlaub zugebilligt. Auf der Rückreise hievten wir unsere Koffer und Taschen mit sauberer Wäsche und vor allem Lebensmitteln den Berg hinauf. Die verdammte Holperpiste wurde schon regelmäßig von uns verflucht, aber sie änderte sich deshalb um keinen Deut extra für uns.
Aber nun fahren wir beiden Ausreißer über eine wohl mittelalterliche, überdachte Ilmbrücke, in eine paradiesisch, romantisch anmutende Landschaftsidylle, ein. Vor allem die buntblühenden, duftenden Wiesengrundstücke blieben mir in guter Erinnerung. Wir jauchzten auf unseren Drahteseln und freuten uns des Lebens.
Bald war das kleine, sehr anheimelnde Dörfchen Buchfahrt erreicht, und das Haus unseres Ausbilders ausgemacht. Dieser staunte nicht schlecht über den Überrumpelungsbesuch, jedoch ahnte er nichts von unserer Ausreisertour, die er vielleicht auch gar nicht vermutete in uns. Wir saßen mit dem alten Herrn auf einer Gartenbank und hörten wie immer gebannt den Geschichten einer Holzhauerlaufbahn zu. Bei Kaffee und Kuchen kam beinahe so etwas wie Vertrautheit auf, eine zusätzliche Mahlzeit, kam bei uns ständig hungrigen Jugendlichen, sowieso sehr gut an.
Die Zeit rann viel zu schnell dahin, wie immer, wenn der Aufenthalt genossen wird. Wir besannen uns auf den Rückweg, den wir ab Hetschburg gehend zurücklegen mussten, und so wurde es höchste Zeit, wenn wir nicht auch noch zum Abendbrot zu spät kommen wollten. Als ich mich auf das Fahrrad schwang, bemerkte ich einen Platten am Hinterrad, das ließ mich erst einmal furchtbar erschrecken. Nun war es dienlich, Farbe zu bekennen und unseren Fehler einzugestehen. Den Heimleiter mussten wir schleunigst in Kenntnis setzen von unserer heimlichen Spritztour.
Ein Telefon besaß der ortsansässige Revierförster, von dort sprach ich ziemlich verstört mit dem Heimleiter. Ich bemerkte bereits am Tonfall, dass sich abrupt einige Gewitterwolken zusammenbrauten. Ich war mir gar nicht mehr so sicher, uns irgendwie herausreden zu können, wegen unserer Regelübertretung, aber die Einsicht war nun eh zu spät!
Unser Ausbilder hatte in kurzer Zeit den Schaden behoben, wohl weil sein Beförderungsmittel tagein und tagaus das Fahrrad war. Die Schwerstarbeit über ein ganzes Leben hinweg hatte bei dem Waldarbeiter

sichtbare Spuren hinterlassen, sein Rücken war ziemlich verkrümmt. Jetzt wusste ich auch noch besser, wie beschwerlich ihm der tägliche Auf- und Abstieg bis in unser Bergdörfchen und zurück, in das wunderschöne Tal, fallen musste. Hinzu kam auch noch der tägliche kilometerlange Fußmarsch mit uns Lehrlingen in die Waldreviere, gemeinsam bei jedem Wetter. Alles in allem musste sein Leben selten ein Zuckerschlecken gewesen sein, und dabei war er nicht etwa misslaunig, er war uns stets in jeder Hinsicht ein nachahmungswertes Vorbild. Es fällt mir schon nicht leicht, mich in ein solches Arbeitsleben hineinzuversetzen, ob dies einem Auszubildenden heutiger Zeit gelingen könnte, wage ich zu bezweifeln. Hut ab vor solch einem fleißigen und selbstlosen Menschen!
(Vor einigen Jahren nahm ich mir vor, sein Grab aufzusuchen, um mich in Ehrfurcht noch einmal vor ihm zu verneigen und ihm einen Blumengruß zu bringen. Mein Mann und ich waren sehr traurig, weil wir seine Grabstätte nicht mehr fanden. Es ist eben schon eine ziemlich lange Zeit her, als es noch solche Vorbilder gab!)
Damals ahnte er wohl von unseren aufkommenden Schwierigkeiten, denn er wünschte vor allem mir viel Glück, weil er schon wusste, dass ich der Rädelsführer war. Bedrückt war die Verabschiedung, und entsprechend kleinlaut verlief der beschwerliche Rückweg.
Schon von weitem sah ich die Eingangspforte geöffnet, wenn das ’mal kein schlechtes Omen war! Nach der Rückgabe der Fahrräder sprachen wir zwei Sünder beim Heimleiter vor. Mit heißem, hochrotem Kopf und einem ziemlich schlechten Gewissen. Ja, nun war ich einmal an der Reihe, ansonsten bedauerten wir Mädchen öfter die Jungens, wenn sie stotternd ihre Fehler wieder auszuwetzen versuchten.
Der Heimleiter war sichtlich schlecht gelaunt, er war beleidigt, weil ich kein Vertrauen zu ihm zu haben schien und mich lieber von vornherein über die Heimregeln hinwegsetzte. Nun war guter Rat teuer, anscheinend sollte ein Exempel statuiert werden, als Abschreckung weiterer Versuche. Nach der wiederholten Erläuterung der Heimregeln, die wir beiden Sünder schon längst begriffen hatten, änderte sich der Tonfall des Vorgesetzten. Uns müsse unbedingt klar werden, welche eventuellen Unfälle vielleicht hätten geschehen können, wenn … und so weiter und so fort! Es war einfach ein Verstoß, und wir hatten die Konsequenzen zu tragen. Meines Wissens war es das erste Mal, dass so hart durchgegriffen wurde, und ausgerechnet ich bekam zusammen mit meiner Kameradin die nötige Bürde aufgeladen, d.h. wir hatten es uns selbst aufgebürdet.
Es kam mir damals zwar etwas übertrieben vor, nun sofort die Eltern zu informieren und sie zu einer Aussprache einzubestellen. Wahrscheinlich

wollte man einer Übertretung der Regeln zuvorkommen, nämlich dass die anderen Lehrlinge sich auf und davon machten, ohne sich ordnungsgemäß die dazu nötige Genehmigung zuvor erteilen zu lassen.

Ich weiß nicht, ob dem Heimleiter überhaupt klar war, dass diese Art der Ahndung für mich sehr weit reichende Folgen nach sich ziehen würde. Diese Einbestellung der Eltern musste einschlagen wie eine Bombe. Nie hätte ich für möglich gehalten, dass bereits nach wenigen Tagen meine Eltern anreisten. Ich konnte mich nicht entsinnen, dass sie schon vorher einmal Zeit gefunden hätten, zwecks Erledigung meiner Angelegenheiten, wobei sie ihre so wichtigen Arbeiten eigens dafür unterbrachen. Sogar eine Übernachtung wurde organisiert.

Wie oft schon lag ich mit sehr hohem Fieber ohne jegliche Betreuung und Fürsorge im Bett, und keiner der Eltern fand auch nur einmal die nötige Zeit, sich um mich zu kümmern. Während eines vierwöchigen Klinikaufenthaltes besuchte mich niemand, brachte mir frische Wäsche oder kümmerte sich um meine Heimfahrt.

Bei meinem schweren Unfall bei der Holzfällung war ich monatelang krankgeschrieben. Ich hätte mein Leben dabei verlieren können, Vater kümmerte sich nicht um eine Aussprache mit dem verantwortlichen Ausbildungsleiter, welcher den Arbeitsunfall letztlich verursacht hatte. Auch Arztbesuche musste ich oft allein auf die Reihe bringen, es war ganz einfach nie Zeit für mich übrig.

Dieser unschöne Zwischenfall sollte urplötzlich alles auf den Kopf stellen. Wir kamen einfach miteinander nicht aus. Nun hatte ich einen Fehler gemacht, und mir schien es Wasser auf Vaters Mühlen zu sein. Ich hatte Strafe verdient, aber alles Drum und Dran kam mir doch ziemlich militärisch vor. Nie zuvor waren die Jungens bei ähnlichen Fehltritten auch nur ähnlich gestraft worden.

Der Heimleiter tat seine Pflicht, und nach der Abreise der Eltern lief alles wieder wie vorher.

Ich kannte vor allem vom Vater nur Desinteresse und Ablehnung, das war eben so von Anbeginn, anders kannte ich es nicht. Vaters gravitätisches Auftreten sollte den Abstand zu meinem verwerflichen Verhalten unterstreichen, so gut kannte ich ihn, meinen Vater. Die Schuld trug ich schon eine Weile mit mir herum, aber unsere Vater-Tochter-Beziehung beeinflusste jener Fehltritt sehr negativ. Ordnung muss sein, basta! Ansonsten wäre die Leitung und Führung von Jugendlichen gar nicht möglich. Ich habe auf jeden Fall sehr viel aus meinen Fehler gelernt.

## Unsere Kastanienbäume

Ich hoffe d'rauf, daß unsr're Bäume
nicht wirklich leiden, wenn sie sterben!
Sie kennen weder Schmerz noch Träume
und fügen sich in ihr Verderben?

Der stattliche Kastanienbaum,
er geht mir nicht mehr aus dem Sinn.
Er leidet still; bedacht wird kaum,
für Kinder war er ein Gewinn.

Wir bastelten mit seinen Früchten
und fütterten im Wald die Rehe.
Es wird mir einfach weh um's Herz,
wenn ich die kranken Bäume sehe!

Ich gäb was d'rum, säh' ich sie wieder
in ihrer wunderschönen Blüte!
Derweil fällt krankes Laub danieder –
man sieht es deutlich, sie sind müde!

Hilfe braucht unsere Natur,
nicht immer wird sie ihr gewährt.
Ich frage mich, wem nützt es nur,
wenn man hinauf zum Monde fährt?

Wo doch die Erde Hilfe braucht,
unsere Tierwelt ist bedroht,
und täglich sterben Pflanzen aus;
es stimmt, die Erde ist in Not!

Mit einem jeden Baum, der stirbt,
verlieren wir ein Stück des Lebens.
Die Artenvielfalt ist gefährdet,
und keine Hilfe ist vergebens!

## Das Leben eines Großvaters

Sehr viel weiß ich leider nicht von unserem Großvater, eigentlich ist das sehr traurig und beschämend. Es ist der Vater unseres Vaters, um den sich, nach meinen Erinnerungen, ganz sicher zu wenig, und zu selten gekümmert wurde.
Sein Zuhause war in der sogenannten „Vorstadt“, einem Ortsteil meines Heimatortes. Dieser Ortsteil war geprägt von ganz einfachen Behausungen. Nur wenige größere Häuser ragten aus den Straßenzeilen der katenähnlichen Häuschen. In jenen Katen gab es einen Wohnraum, eine winzige Kochstelle, die der Bezeichnung Küche nicht ganz gerecht wurde, und auch einen größeren Schlafraum. Eine enge Kammer, die sich noch neben den schlauchähnlichen Flur zwängte, nahm höchstens ein Bett, einen Schrank und ein Nachtkästchen samt einem Stuhl auf. Eine steile, schmale Stiege führte auf den Hausboden, wo es hinter einer klapprigen Türe und einem Vorhang noch einen Verschlag gab. Besser kann ich dieses Loch nicht beschreiben.
Unter der Dachschräge stand das Bett einer Tante von mir, vor dem Fensterchen hatten ein kleiner Tisch und zwei Stühle Platz. An der Dachschräge gegenüber des Bettes gab es einen winzigen Herd und daneben ein primitives Schränkchen für ein bisschen Geschirr und einen Kochtopf. Alles in allem machte es den Anschein, einer banalen, armseligen und billigen Bauweise, ohne Isolierung und ohne genügend Tageslicht. Auch ich verbrachte den größten Teil meiner Kindheit in einem katenähnlichen Häuschen. Dieses Haus hatte denselben Aufbau, bloß fielen die Räumlichkeiten etwas größer aus. Aber auch bei uns befanden sich Wohnraum und Viehstall unter einem Dach. Ich weiß also ziemlich genau, wie es sich in einer Kate leben ließ, die Bezeichnung „leben“ ist dabei vielleicht schon zu hoch gegriffen. Die Bewohner einer Kate kamen zur damaligen Zeit eben noch irgendwie zurecht. Wie sollte es auch anders gegangen sein?
Eine Alternative, wie wir heute sagen, gab es für diese Menschen leider nicht. Oft handelte es sich um kinderreiche Familien, in denen die Eltern meist keine Berufsausbildung besaßen. Sie verdienten das armselige, tägliche Brot mit Hilfsarbeiten, oder sie verdingten sich als Landarbeiter bei den größeren Bauern des Dorfes. Ein kleines Stück Land, auf dem soviel wuchs, dass es Kartoffeln und etwas Kraut für die elfköpfige Familie und auch noch Futter für ein Schwein, eine Ziege und ein paar Kaninchen abwarf, das war ihre kleine Sicherheit, die aber auch noch von der Witterung abhängig war.

Wie elf Personen auf einer so geringen Fläche, wie sie eine Kate hergab, überhaupt existieren konnten, ist mir vollkommen unerklärlich. Ja, es ist nicht mehr mit den Ansprüchen der heutigen Zeit vergleichbar. Aber wie konnte der Mensch so leben, so vollkommen anspruchslos, ohne alles Schöne? Keinerlei Gemütlichkeit, keinerlei Privatsphäre, nur Verzicht und Genügsamkeit? Hätte ich nur besser aufgepasst, als unser Vater, seine Geschwister und auch Vaters Freund, manchmal aus diesen Jahren erzählten! Ich erinnere, dass es mich schon damals, als kleines Mädchen immer wieder schockierte, wenn von der alles beherrschenden Armut die Rede war.

Aber mein Vater war bei derlei Gesprächen immer zugegen, und ein Hineinreden, oder gar Nachbohren, das wäre für mich unmöglich gewesen. Außerdem hatte ich, solange ich denken kann, stets mit mir selbst zu tun. Auch in unserem kärglichen Zuhause gab es täglich genug Anlass, unzufrieden mit dem Leben zu sein, wenn man so geartet war, wie ich.

Wie ich noch erinnere, schlachtete unser Großvater in jedem Jahr ein Schwein, aber was hieß das schon bei der Versorgung von elf Personen? Wie ich ebenfalls noch weiß, verstarben in Großvaters Familie auch noch zwei oder drei Kinder als Säuglinge. Scheinbar schienen die Familien damals sehr viel belastbarer in den alltäglichen Dingen, als heutzutage.

Wie erzählt wurde, freuten sich die Kinder ganz besonders auf das sonntägliche Abendbrot. Da stand eine große Schüssel Kartoffelsalat auf dem Tisch. Großvater verteilte für ein jedes Kind ein kleines Stückchen Wurst. Es waren wohl so drei bis vier Zentimeter große Knackwurststückchen. Nicht ein jeder aß die appetitlich riechende Wurst sofort auf. Die Größeren verstecken ihr kleines Stückchen Besitz, um es am anderen Tag als Knackwurstbrot mit in die Schule zu nehmen, um dort den Bauersjungen zu zeigen, dass sie auch Wurstbrote zu essen hatten. So war ein jeder Junge auf das Versteck des Bruders gespannt, und manches gut behütete Geheimnis verschwand über Nacht. Mit der Geschwisterliebe untereinander stand es also in jener Familie nicht so gut, das bemerkte ich schon als kleines Mädchen und fand Ähnlichkeiten bei unserer Familie. Das war es, das Nachdenken schon von klein auf, um die Familienverhältnisse, die mich immer schon interessierten und so zum Außenseiter werden ließ. Wenn ich bedenke, dass ein kleines Wurstbrot in den Schulpausen als Prestigeobjekt herhalten mußte, dann habe ich schon noch Mitleid mit meinem Vater, obwohl er mich als Querulantin ein Leben lang ignorierte und absolut

*Foto oben: Roland beim Pferd, Reiterin ist Schwester Regina.*
*Foto unten: Großvater Albin, die gute Seele des Hofes, die Enkel und seine Pferde hatte er ins Herz geschlossen, ca. 1938. Foto: Album Familie Gewalt*

nicht mochte. Aber Vater und seine Geschwister hatten es eigentlich nicht nötig, bei den besser gestellten Schulkameraden um Anerkennung zu buhlen. Es waren allesamt Musterschüler, ich erinnere mich dabei noch genau an Vaters Zeugnisnoten. Es waren alles Einser, acht Jahre lang, genauso, wie bei seinen Brüdern. Wie es um die Leistungen der vier Mädchen stand, weiß ich nicht. Trotz angeborener Intelligenz war es keinem der Jungen möglich, ein Studium aufzunehmen. Vier erlernten ein Handwerksberuf, außer unserem Vater. Er verdingte sich als Knecht bei einem großen Bauern. Das konnte ich nie verstehen, auch warum seine vier Geschwister ein Musikinstrument spielen lernten, er aber nicht. Unser Großvater hatte allen fünf Jungen viel Musikverständnis vererbt, er selbst organisierte mit seinen Kindern eine kleine Kapelle, mit welcher er damals durch die Dörfer zog und zu Volksfesten aufspielte. Aus seinem Munde hörte ich einmal, daß er zur Dorfkirmes in einen Nachbarort lief, dort den ganzen Tag bis in die Nacht seine Geige spielte, und er danach nachts wieder nach Hause lief. Ich schätze eine Wegstrecke von sechs bis sieben Kilometer, das hin und zurück, für einen Lohn von drei Mark. Wie sollte da ein Vermögen zusammen kommen?

Aus Erzählungen höre ich noch Vaters Freund davon berichten, wie qualvoll die strengen und langen Winter damals für die Kinder der kinderreichen Familien waren.
Zum Teil schliefen sie auf dem Hausboden auf Strohschütten, oder einfachen Brettergestellen, direkt unter den Dachziegeln. Abends fiel das Einschlafen schwer, denn die ausgemergelten Kinderkörper fanden keine Ruhe auf den harten, ungemütlichen und kalten Unterlagen. Zudecken waren nicht immer flauschige Federbetten, sondern alte Militärmäntel, einfach alte Lumpen mit denen ein Frieren vorprogrammiert war. Die Kleinsten bekamen die besten Plätze, was auch immer es damals bedeutete. Bei Stöberwetter jagte der Wind den Schnee auf die Kindergesichter. Morgens fand man sie z.T. eingeschneit. Nur notdürftig waren Lumpen in die größten Löcher der Dächer gestopft. Diese unmenschlichen Zustände konnte ich als Kind kaum glauben, aber dann dachte ich an jenen Dachverschlag, in welchem der Großvater mit einer etwas behinderten Tochter immer noch wohnte, oder wie man es nennen mochte. Die unteren „Räume“ bewohnte zu meiner Zeit eine weitere Tochter Großvaters mit ihrer Familie. Eigentlich hätte ich da absolut nichts zu bemängeln an unseren eigenen, zu kritisierenden Wohnverhältnissen. Aber ich hatte bereits Anderes, Besseres gesehen und wurde dadurch unzufrieden.

*Großmutter Olga auf dem Hof mit Enkelin Regina und Enkel Roland, ca. 1937 in Kleinfahner. Foto: Album Familie Gewalt*

Vaters jüngste Schwester erzählte, daß ihr die Mutter eine Mark in die Hand drückte und zum Krämer schickte, Käse zu holen. Aber unbedingt solle sie nicht locker lassen und noch um Käseabfall bitten, sie brauchten es nötig! Neben Großvaters Stückchen Land, das er bearbeitete, schusterte er in jener Bodenkammer, die ich als Kind noch kennen lernte. Großvater gab außerdem Geigenunterricht in unserem Dorf und in den angrenzenden Dörfern. Dennoch blieb er bettelarm, bis er verstarb. Er war sehr musikalisch, denn ich kenne ihn nur, ständig in allen Lebenslagen vor sich her summend und sinnierend. Er lebte wohl in seiner eigenen Welt, er war wortkarg und ganz sicher einsam. Mein Vater hatte eine gute Singstimme, die im Kirchenchor gefragt war. Auch viele meiner Cousinen und Cousins sangen gut, auch ich hatte das Glück nach einem Vorsingen in einem renommierten Chor eine Soloausbildung in der Musikschule Erfurt zu bekommen. Es machte mir so viel Freude, und ich dachte damals oft an unseren Großvater, denn nur von ihm war die Musikalität geerbt. Leider ging diese Ausbildung nicht lange. Nach mehreren Halsoperationen war eines Tages meine so geliebte Singstimme völlig verschwunden. Dabei sang ich so gerne, ich brauchte nicht unbedingt eine Soloausbildung, aber daß mir auch das Chorsingen nicht mehr möglich war, traf mich tief. Obwohl ich eigentlich durch die vielen Erkrankungen, die mich ein Leben lang peinigten, unempfindlich geworden sein mußte.

Heute bin ich mit dem Schicksal wieder ein wenig versöhnt, denn auch die kleine Gabe, am Schreiben Lust zu empfinden, ist ein musisches Geschenk. Und alles Musische kommt in unserer Familie von diesem, unserem Großvater! Wie gerne würde ich ihm heute manche meiner kleinen Gedichte vorlesen. Ich denke, es würde ihn erfreuen! Heute, nachdem ich alt geworden bin und ein wenig weise vielleicht auch, auf jeden Fall sehr viel nachdenklicher, als ich es früher war. Es gibt viele Dinge, die ich heute ganz anders machen würde. Mich reut sehr, mich so wenig um unseren Großvater gekümmert zu haben. Ganz sicher hätte auch ich ihn öfter einladen oder ihn besuchen sollen, aber die Einsicht kommt nun leider zu spät. Er hatte so viele Enkel und auch Urenkel, ich denke, es hat ihn überfordert, uns überhaupt auseinander zu halten. Er war so in sich gekehrt, und wenn er einmal bei uns zu Besuch war, sprach er kaum ein Wort. Ganz sicher ging ihm viel im Kopf herum, was er gerne anders gemacht hätte, aber wozu ihm die nötige Kraft und das nötige Geld fehlte. Daß ich nicht auf ihn zugegangen bin, das bereue ich wirklich, denn gerade ich habe ihm indirekt viel zu verdanken.

Die wenigen Lebensdaten aus dem Leben meines Großvaters zeichnen einen schweren Stand eines Familienvaters, in einer vergangenen, armen Zeit. Er selbst, und auch seine fünf Söhne, brachten es trotz ausgezeichneten Zeugnissen nicht über den Abschluss der Grundschule hinaus. Nach einer Lehrzeit erhielten vier Söhne den Abschluss eines Bauhandwerkers, der fünfte Sohn, mein Vater, verdingte sich, wie bereits schon erwähnt, als Knecht bei einem Bauern. Der Großvater riet keinem seiner Söhne trotz relativ hoher Begabung zur Absolvierung eines Hochschulstudiums. Die alles umfassende Armut zwang den Familienvater dazu. Ohne den Abschluss eines Studiums bekam leider keiner seiner Kinder die Möglichkeit geboten, an der Weiterentwicklung, oder der Forschung auf dem Gebiet der Architektur, ihre Gedanken und Pläne einzubringen. Die vier Handwerker wurden gute Fachkräfte.

Zwei der Brüder heirateten in eine kleine Landwirtschaft ein. Die andern zwei, nur auf ihren Lohn als Handwerker gestützt, hatten ihre Not, die eigene Familie zu ernähren. Auch unseres Vaters angeborene Intelligenz verkümmerte auf den Feldern eines großen Bauern. Auch er hatte das Zeug dazu, auf dem Gebiet Feldbau, Obstbau oder Viehwirtschaft schöpferisch tätig zu sein. Aber dazu wäre zu jener Zeit die Unterstützung seiner Eltern mehr als nötig gewesen, wie bei seinen vier Brüdern auch.

Die hohe Musikalität des Großvaters selbst blieb auf einem relativ einfachen Niveau stehen. Er selbst litt wohl ein Leben lang darunter. Genügsam bleiben und sich den Gegebenheiten fügen, das verstand er gut und vermittelte es auch seinen Kindern. Wenn der Mensch seine Gabe zu Außergewöhnlichem erhält, dann sollte er sie möglichst nicht einfach so verkümmern lassen. Bescheidenheit ist nicht immer eine ratsame Tugend. Aber diese Tugend war damals dem einfachen Volk angeraten von Staats wegen. Die Elite des Landes wollte unter sich bleiben, und das Volk hielt man wissentlich klein und ungebildet. Die Studienplätze waren den Söhnen der besseren Gesellschaft vorbehalten. Wenn es für ein einfaches Handwerk genügte, dann waren die Großen des Landes zufrieden, und Soldaten für diverse Kriegsspielchen benötigte das Land schließlich auch.

So sehe ich die Fortentwicklung unserer Familie leider in einer beklagenswerten Art und Weise. Ein Einzelfall war aber die berufliche Entwicklung meiner Familie keinesfalls. Das Dorf war leider voller Beispiele dieser Art. Da wurde man in die allgemeine Armut hineingeboren, und wer sich da herausarbeiten wollte, brauchte den Beistand der Eltern mehr denn je! Es ist nun Vergangenheit und nichts und niemand kann an der Tatsache, daß in früheren Zeiten ererbte kleine Gaben und Intelligenzen nicht genutzt und vom Rad der Weltgeschichte platt gewalzt wurden, etwas ändern. Ich möchte, daß die Kinder und Jugendlichen unseres Landes einmal darüber nachdenken, ob es auch in ihrer eigenen Familie Urgroßeltern oder Großeltern gab, denen es nicht vergönnt war, in einer Fachschule oder Universität als Student immatrikuliert zu werden.

Heutzutage wird wieder von einer gewissen Kinderarmut gesprochen, was heißt gesprochen, sie werden wahrscheinlich keinen rosigen Zeiten entgegen gehen. Wohl denen, die nicht durch das Raster eines normalen Wohlstandes fallen! Nicht für alle Kinder ist es auch heute selbstverständlich, daß sie bei relativ guten Schulnoten auch die Möglichkeit haben, einen Studienplatz zu ergattern. Es ist leider schon wieder so weit gekommen, aber Menschen, die arbeitslos, oder Hartz IV-Empfänger sind, leben gottlob noch sehr weit entfernt von der alles erdrückenden Armut und Hoffnungslosigkeit unserer Urgroßeltern oder Großeltern. Hoffentlich wird das Ruder wieder herum gerissen, daß keinen Großvater oder Vater mehr ein schlechtes Gewissen quält, weil sie ihren Kindern keine Ausbildung nach ihren Begabungen ermöglichen können. Es müsste doch machbar sein, in einem so reichen und hoch technisierten Land, wie es unser Vaterland ist!

Mir geht jedenfalls jetzt im Alter, wo sich für mich genügend Zeit findet, richtig nachzudenken, die verkorkste Familiengeschichte nicht mehr aus dem Kopf. Freilich machte ein jeder von Großvaters fünf Jungen das Beste aus seinen Möglichkeiten und seinem Leben. Das Beste ist aber nicht immer gut genug!

## Meine zweite Haut

Ich wurde ungewollt geboren
und hatte somit gleich verloren,
denn ungeliebt und ungewollt,
wurd' meist vom Leben überrollt.
Lehnt man dich ab und mag dich nicht,
ist's wie ein Schlag in dein Gesicht!
Die Rettung war, die zweite Haut,
sie wurd' mir mit der Zeit vertraut.
Wenn' s nötig war, stülpt' ich sie über,
kam damit ziemlich clever rüber.
Ich hatte nie ein warmes Nest,
in dem man sich's recht wohl sein läßt.
Kaum jemand ließ ich an mich ran,
so stand ich leichter meinen „Mann“,
spielte den Clown, ich konnte lachen,
mich auf Geheiß zum August machen.
Spaß, das war mein Element,
bestätigt jeder, der mich kennt!
Niemand sah unter meiner Haut,
die Tränen, die dort aufgestaut,
mir oftmals fast die Luft abdrückten,
mit Angstschweiß nahezu erstickten!
Ich war anders, von Anbeginn,
nicht unbedingt ein Hauptgewinn!
Man prügelte mir ständig ein,
ich könnte nicht wertloser sein,
hab' es am Ende selbst geglaubt,
kindliche Nerven hat's geraubt.
Für alles Schlimme, das geschah,
war meine zweite Haut doch da.
Sie hat nicht alles abgefangen,
wenn es mir übelst ist ergangen!
Niemand sollte es erfahren,
welche Zustände das waren.
Ich schämte mich für mein Zuhaus',
d'rum macht' ich ein Geheimnis d'raus.
Niemand sollte auch erfahren,
wie schmerzhaft all die Schläge waren.
Ein ständig Zittern hat's gegeben,

und dennoch wollt' ich weiterleben!
Ich hab' mich irgendwann besonnen,
mein Heft selbst in die Hand genommen,
Zog zeitig in die Welt hinaus,
es hielt mich nichts in dem Zuhaus'!
Leider kann ich nicht vergessen,
dafür ist es zu arg gewesen.
Die Liebe, sie hat mich befreit,
es war die allerschönste Zeit!
Im Alter nun hab' ich gedacht,
manches hab' ich auch falsch gemacht.
Mit wem ich damals auch gestritten,
möcht' ihn jetzt um Verzeihung bitten!

Das bin ich, das ist mein Gesicht,
man mag mich, oder mag mich nicht!!

*Im Krieg in der Molschleber Schule – in der Mittelstube. Sammlung Ewald Roth*

## Fastnachtsdienstag

Das Geld war damals kaum im Spiel,
aber gelacht wurde sehr viel.
Die Köpfe dicht zusammenstecken,
das braucht's um etwas auszuhecken.
Wir Kinder konnten es auch schon,
der Spaß dabei war schönster Lohn!
So war's auf Dörfern ringsherum,
heut' kümmert sich niemand mehr d'rum.
Ein Dorf lebt durch Zusammenhalt,
wenn's dabei auch 'mal tüchtig knallt,
beruhigen sich die Gemüter,
lassen sich alle friedlich nieder.
Der Zusammenhalt wurd' noch gepflegt,
heute wird kein Wert mehr d'rauf gelegt.
– Schneewittchen und die sieben Zwerge –
zogen noch über Fahner Berge,
war'n in den Dörfern sehr beliebt,
frag' mich, wo's heut' noch so was gibt?
Wir Kinder waren auch dabei,
bei einer Fastnachtsfeierei.
In jedem Jahr war's wieder schön,
die Welt 'mal anders anzuseh'n.
Von Tür zu Tür sind wir gezogen,
mit sehr viel Spaß, ganz ungelogen.
Wir sangen, sagten Sprüche auf,
Kälte und Schlamm nahm'n wir in Kauf.
Faschingsdienstag war einfach toll,
die Taschen waren übervoll,
voll mit Äpfeln, Keksen, Dankeschön,
die Pannen, sie wurden überseh'n.
Zur Fastnacht wurd' nichts krumm genommen,
wir waren überall willkommen.
Strohbären zogen durch die Gassen,
und wehe, wenn sie losgelassen!
Kam man an ihnen heil vorbei,
gab's einen lauten Freudenschrei.
Es waren sehr wilde Gesellen,
mit Ketten, Führer, Klingelschellen.
So zogen wir von Tür zu Tür,
nach dörflicher Fastnachtsmanier.
Kostüme war'n meist selbstgenäht,
denn mit dem Geld war's dünn gesät.

Die Masken, oft x-Mal geklebt,
hab'n wilde Touren überlebt.
Beim Gastwirt, das sei nicht vergessen,
gab es fünf Pfennig – angemessen!
Wie sehr uns Kinder das gefreut,
kann's nicht vergessen, nicht bis heut'!
Ob ein Kind von heut' das noch versteht?
Ich denk' 's ist eher obsolet!
Am Abend gab's auf jeden Fall,
auf allen Sälen Maskenball.
Alte und Junge waren gekommen,
haben an der Gaudi teilgenommen.
Die Säle hat es fast gesprengt,
's ist traurig, wenn man daran denkt!
Ich bin nun alt und muß euch sagen,
wie schön es war an solchen Tagen.
Vielleicht, weil's wenig Geld gegeben,
erfreute man sich, doch zu leben!
Heut' ist auf Dörfern – tote Hose, –
wie wäre eine neue Pose?

Das ganze Dorf hat es gefreut:

*Neujahrstanz, Maskenball, Kappenball, Weiberfastnacht, Kinderfaschingstanz, Osterball, Feuerwehrball, Maientanz, Kinderfest mit Kindertanz, Pfingstball, Sommernachtsball, Rosenfestball, Vorkirmes, Hauptkirmes – 2 Tage – Nachkirmes, Herbstball, Weihnachtsball – stets mit viel Spaß und viel Krawall – und heut?*

*Fastnacht in Tüngeda 1959. Foto Werner Rockstuhl*

## Die „Fixe Idee“ und die „Grundmühle“

Diese beiden Ausflugsorte liegen so etwa 10–12 km von meinem Heimatort Molschleben entfernt.
Wir Mädchen waren nun mit ca. 15 Jahren auch endlich keine Schulkinder mehr. Nach unserer Konfirmation wurden wir quasi mit 14 Jahren vom Kindesalter in die Jugendzeit, oder das Erwachsenenalter geschubst, wie wir es uns so vorstellten.
Der Tag Himmelfahrt, vor den Pfingsttagen gelegen, war ein Tag für Ausflüge, Wanderungen und kleine Reisen. Auf den Dörfern schmückten die jungen Burschen die Kutschen oder Schesen, wie wir sie nannten, mit Birken- oder Lärchengrün und spannten zwei Pferde vor. Diese Vierbeiner mussten an dem Himmelfahrtstag ganz besonders scheusicher sein, eventuell schnallte man Scheuklappen, seitlich der Augen an. Herausgeputzt wurden die Pferde ebenfalls mit grünen Zweigen. Einen Haferbeutel, oder eine Krippe mit etwas Futter hängte man in den Pausen unter die Schese. Und los ging es schon zeitig am Morgen, einem bekannten Ausflugsort und der Hoffnung, auf einen schönen Tag entgegen. Nicht alle jungen Männer hatten solch fahrbaren Untersatz zur Verfügung. Dann tat es der Gehstock, ein Rucksack mit Proviant und Getränken eben auch. Ein Hütchen mit einer Feder, oder einem blühenden Zweig, so sah man sie von dannen ziehen. Nach Hause kamen sie spät abends, oft ohne Gehstock, Hut und Rucksack. Aber daran dachten die Burschen am Morgen noch nicht.
Durch das Dorf zogen Fremde von Nachbardörfern, singend und musizierend, den ganzen Tag über. Am Abend waren die Insassen der Gefährte wesentlich stiller, das beobachtete ich erst in späteren Jahren.
Jetzt waren wir Mädchen gut gestimmt, auch etwas herausgeputzt und guter Dinge auf einen wunderschönen Tag. Ausgemacht war die Grundmühle, wobei der Weg aber durch 2 Ortschaften führte, und daß die Wegstrecke so weit von zu Hause entfernt lag, das wollte niemand von uns sehen. Ich weiß es noch genau, eine Bluse mit bunten Stiefmütterchen und einer feschen Brosche mit rot und schwarzen Herzkirschen aus Pappmaschee schloß die sommerliche Bluse auf dem noch nicht vorhandenen Busen. So rechte Hühner waren wir, junge Männer drehten sich nach uns Kücken wirklich nicht um. Aber wir wollten doch auch dazugehören, selbst wenn wir noch keinen Verehrer aufweisen konnten.
Der Weg zerrte sich unendlich in die Länge, die Sonne stach schon am Vormittag, und sie machte es uns nicht allzu leicht. Das Stückchen durch

den Wald war angenehmer, aber das war nur eine kurze Verschnaufpause, dann ging es wieder in die unbarmherzige Sonne!
Wir hatten knapp die Hälfte des Weges geschafft, und ich glaube, nicht nur mir allein brannten die Füße ziemlich. An den Nachhauseweg dachte wohl noch niemand, oder taten wir nur so? Ab und zu überholte uns eine Kutsche mit winkenden und singenden Burschen, aber angehalten hat leider niemand. Auch Radfahrer und Motorräder klingelten oder hupten uns zu. Also wahrgenommen wurden wir schon, wahrscheinlich sah man in dem Überholungsmoment nicht so genau, daß wir mit unseren 15 Jahren den Kinderschuhen erst gerade eben entwachsen waren.
Wir sangen Volkslieder, möglichst lustige, und so kamen wir am Ausflugsort doch irgendwann an. Einige Stunden waren vergangen, das letzte Stück führte uns der Weg durch den Wald, dort atmeten wir wieder ein wenig auf.
Das Ausflugslokal, welches übrigens heutzutage noch existiert, machte auf uns Mädchen einen total enttäuschenden Eindruck. Ein kleines Wohnhaus mit winzigem Hof samt Misthaufen und einiger scharrender Hühner, das war das Erste, was wir sahen. Aber da gab es noch einen größeren Raum, sehr einfach ausgestattet, wie es eben damals überall so war. Viele Jugendliche saßen fröhlich zusammen und prosteten sich zu. Nicht nur ich selbst war ziemlich enttäuscht. Aber was hatten wir eigentlich erwartet? Daß ein Prinz vorbeigeritten käme und uns auf sein Roß heben würde?
Uns brannten die Füße so sehr, daß uns regelrecht alles verging. Niemanden von der lustigen Truppe kannten wir, niemand begrüßte uns freundlich, aber hatten wir das denn wirklich erhofft? Wir kauften uns eine Brause, aßen etwas im Gras sitzend und waren allesamt ziemlich still geworden. Denn nun dachte wohl ein jedes Mädchen an die Rücktour. Oh weh, oh weh, ich sehnte mich so sehr nach meinem Bett, alle Euphorie war total dahin!
Lange blieben wir nicht, wortlos machten wir uns auf den Heimweg. Ich habe den ganzen Weg lang bloß gejammert und geweint, wegen meiner lädierten Füße und der totalen Müdigkeit.
Gewunken haben wir wohl nicht mehr, uns war es gründlich vergangen. Als die Sonne unterging, kamen wir tatsächlich wieder zu Hause an, total enttäuscht. Aber mit Alkohol wäre der ganze Tag nicht etwa besser gewesen, im Gegenteil!
Viel später ging ich mit meinem Mann und einigen Bekannten noch einmal zu dieser Grundmühle. Wir fuhren bis Elxleben, stellten das Auto ab und wanderten einem wunderschönen, grasbewachsenen, von Obstbäumen

bestandenen Bachgrund entlang. Viele Vögel beobachteten wir, die unzähligen Insekten in den blühenden Obstbäumen verkürzten uns den Weg von der anderen Seite her, es war für alle ein Naturerlebnis!
An der Grundmühle angekommen, bemerkte ich für mich, daß eigentlich an jenem Tag der Weg das Ziel war. Ihn hatten wir alle genossen, die Gaststube kündete von einer vergangenen Zeit, und wegen eines Trinkgelages waren wir sowieso nicht gekommen. So liefen wir wieder den Bachgrund zurück, und wir waren mit dem Nachmittag doch recht zufrieden!
Etwas älter war ich dann schon an einem Himmelfahrtstag, als ich mit einigen Bekannten aus dem Nachbarort zur „Fixen Idee“ gehen wollte. Die Wegstrecke dorthin ist nicht viel kürzer, aber die ersten 3 km bis zum Nachbarort bin ich schon einmal mit dem Fahrrad gefahren. Bis zum Wald war es nicht weit, und im Wald selbst wird man nicht so leicht müde, wie auf der staubigen, steinigen und sonnendurchfluteten Landstraße.
Aber enttäuscht war ich damals auch, vielleicht weil ich mir etwas ganz besonders Schönes vorstellte. Die Gaststätte, oder besser gesagt, der primitiv zusammengezimmerte Bau kam eher einem Unterstellplatz gleich. Aber man wollte hier nicht luxeriös gastieren, sondern einfach nur ein wenig Spaß haben. Eine Decke hatten wir dabei, und auf der relativ großen Wiese vor der Schenke, ließen wir uns nieder. Ein paar Kirschen, noch nicht ganz rotbackig und voll ausgereift, waren genau nach meinem Geschmack. Die jungen Männer, die sich an den Rand unserer Decke setzten, dann schon

*Fixe Idee 2004. Foto: Harald Rockstuhl*

eher nicht. Sie hatten ausnahmslos allesamt schon zu viel von diesem teuflischen Alkoholgenüssen gekostet, das macht vielleicht nur etwas Spaß, wenn man selbst nicht ganz nüchtern ist.
Amüsiert und viel gelacht haben wir auf jeden Fall, aber wiederholt hab' ich einen solchen Ausflug nicht.
Sehr viel später, als ich im Forst meine Lehrzeit absolvierte, war der Himmelfahrtstag eher ein sehr durchschnittlicher Feiertag. Geld besaßen wir Mädchen alle nicht. Wir suchten uns auf dem Berg einen Platz aus, von wo wir die Hauptstraße zwischen Weimar und Bad Berka vom Felsen aus gut einsehen konnten. Auf einer Decke liegend, winkten und grüßten wir alle lustigen Ausflügler per Rad, oder auch auf einer Kutsche. Wir ruhten uns aus, Alkohol oder sonstige Raritäten gab es für uns keine, wir hatten einfach nur unseren Spaß. Eine Thüringenrundfahrt führte an jenem Himmelfahrtstag auch auf jener Hauptstraße nach Bad Berka entlang. Ausgerechnet bei unserem Felsenplatz hatte ein Fahrer einen kleinen Unfall, er stürzte und verlor dabei seine Luftpumpe. Sie blieb im Straßengraben liegen. Ich holte sie mir, und diese Luftpumpe zog nicht bloß einwandfrei, sie erinnerte mich ebenfalls an einen schönen Himmelfahrtstag, der wie immer völlig alkoholfrei verlief. Auf der Alupumpe war in roter Schrift der Name HOPPE verewigt. Auf einer Broschur las ich später, daß der DDR-Fahrer HOPPE nur so groß war, wie ich, nämlich bloß 1,59 cm. An allen übrigen Himmelfahrtstagen blieb ich zu Hause, so ging ich vielen Unannehmlichkeiten aus dem Wege.
Ich wollte drei Mal an einer Himmelfahrtsfeier teilhaben, blieb aber bloß die ewige Randfigur!
Wenn ich zurück denke, bin ich doch im Nachhinein einigermaßen zufrieden damit, wie es in unserer früheren Jugend so lief.
Heute sehe ich oft, vor allem in der Stadt, Mädchen mit Schultasche und im Alter von 10–11 Jahren total geschminkt, mit aufgeklebten Fingernägeln, Strähnchen gefärbt usw. Da ist mir unsere Jugend sehr viel lieber gewesen. Gottlob sind es nicht generell alle Mädchen, aber doch wohl schon eine ziemliche Menge, die mit 14 oder 15 Jahren schon die sogenannte erste Liebe hinter sich haben. Sie haben bis zum eigentlichen Jugendbeginn schon mehr erlebt und erprobt, als wir früher nicht bis zum Beginn der Ehe. Leider erfahren sie somit die schönste Zeit des Lebens, nämlich die Jugend mit der „großen Liebe" auf eine unschöne, hässliche Art und Weise. Oft sind sie deshalb später gar nicht zu einer wahren Liebe bereit, und sie erleben einmal die Goldene Hochzeit selten, oder eher gar nicht, das ist sehr traurig! Aus unseren enttäuschten Himmelfahrtshoffnungen haben wir auf jeden Fall viel gelernt, wenn es uns damals auch nicht so recht in den Kram paßte.

*Himmelfahrt bei der Fixen Idee 2004. Foto: Harald Rockstuhl*

## Am Futterhäuschen

Liegen Feld und Wald verschneit,
ist es karge Winterszeit,
in der die Wildtiere arg leiden,
dennoch um jeden Krümel streiten.
Ihnen ein wenig Futter streuen,
das könnte Tier und Mensch erfreuen!
Aus Rindertalg, gehackten Nüssen,
Rosinen, die dabei sein müssen,
auch Haferflocken noch hinzu,
und fertig ist der Mix im Nu!
In Blumentöpfchen eingefüllt,
wird Vogelhunger rasch gestillt.
So laben sich täglich und gerne,
die Rotkehlchen am feinen Kerne.
Der Zaunkönig hat nie verpaßt,
sich einzustell'n als Futtergast.
Finken, Spatzen und die Meisen,
sich um jedes Körnchen reißen.
Sie mögen allesamt recht gerne
knackige Sonnenblumenkerne!

Der Mensch kann davon profitieren,
er wird den Dank im Herzen spüren!

## Rote Kirschen eß' ich gern, …

Es muß wohl mein achter Sommer gewesen sein, durch den ich mich zu quälen hatte. Auch diese Tage boten alles an Hitze auf, was der Sonne möglich war. Allerdings hatten die Sonnenstrahlen dafür gesorgt, dass die Kirschen unter dem Berg, dort wo die Kirschdörfer lagen, reif und zuckersüß wurden. Aber dennoch waren die Sonnenstrahlen Gift für mich, außerdem mochte ich sie ganz und gar nicht.

Eine unserer vielen Nachbarinnen schwärmte von weitläufigen Verwandten, welche sie mit den saftigen Süßkirschen in Verbindung brachte. Mit einigen ihrer vielen Kinder wollte sie zu ihnen gehen, um sich einmal so richtig an den süßen Früchtchen sattessen zu können. Weil ich wohl gar zu traurig schaute, wollte sie mich mitnehmen. Was für ein großes Glück, Kirschen! Mein Gott, das würde eine Riesenfreude werden.

Den ziemlich langen Fußmarsch bis in das Obstdorf Großfahner war ich zuvor noch nie gegangen, und die brütende Hitze hatte ich auch erst einmal gar nicht so genau bedacht. Den langen Fußmarsch zwei Mal hinter mich zu bringen, da hieß es wohl die Zähne ziemlich fest zusammenbeißen.

Ganz zeitig machten wir uns auf den Weg, meinen kleinen Kinderrucksack mit einem Frühstücksbrot hatte ich auf dem Rücken. Die Sonne war so früh am Morgen noch nicht zu ihrer Höchstform aufgelaufen, noch war sie gnädig mit uns kleinen Knirpsen.

Unsere kleinen Beinchen hielten ganz gut durch, wohl auch, weil die Vorfreude uns zügig anspornte. Es dauerte nicht lange, und wir kamen in den Genuß des wohltuenden Schattens der Waldbäume. Ach, wie aromatisch es hier roch, ich kann mich heute noch gut daran erinnern. Es ließ sich aushalten, vor allem durchhalten, an einigen Stellen der Füße bildeten sich kleine Reibflecken von den Schuhen, die damals sicher nicht die besten waren. Aber schnell hatte ich die kleinen Unannehmlichkeiten wieder vergessen, obwohl ich etwas langsamer wurde. Die Nachbarin ermahnte mich immer öfter.

Ich war noch nie so weit gelaufen. Aber doch schon einige Male mit den Eltern, dem Bruder, einem Onkel samt seiner Familie bis nach Gierstädt gekommen. Dort gab es eine Schwester meines Vaters und ein Kirschfeld. Aber damals liefen wir nicht auf der Asphaltstraße, sondern kürzere Feld- und Waldwege ließen die Beine nicht so schmerzen.

Schon konnten wir den Wald hinter uns lassen und sahen auch von weitem Großfahner in der Sonne glänzen.

*Thüringer Kirschen – Postkarte um 1910. Verlag Rosenblatt, Frankfurt/M. Sammlung Hald Rockstuhl*

Irgendwie kam es mir immer so vor, als lebten die Bewohner der Kirschdörfer wie in einem Paradies. Täglich Obst essen zu können, das mußte doch ganz außergewöhnlich sein. Es hing wohl damit zusammen, daß ich ein unstillbares Verlangen nach Obst spürte. Für Äpfel oder gar Kirschen hätte ich sonst etwas getan. Bei meinem Bruder war dieses unnatürliche Verlangen nicht so stark ausgeprägt wie bei mir. Womit das zusammenhing, konnte ich mir auch nicht erklären. Auf jeden Fall versuchte ich immer meinen unnormalen Obstappetit irgendwie zu stillen. Da schloß ich mich schon einmal den größeren Jungens an, wenn diese auf die Räubertour gingen und die Kirschbäume an der Gierstädter Landstraße plündern wollten. Schon öfters war ich bei solchen „Obstbeschaffungsmethoden" zusammen mit einer Schar Jungens erwischt und unsanft ermahnt worden. Aber meine Lust auf Süßes zügelte das auch nicht wesentlich. Die wundgescheuerten Stellen an den Füßen brannten immer mehr, manchmal humpelte ich schon leicht. So richtig dachte ich über dieses Warnzeichen noch gar nicht nach.

Die Verwandten unserer Nachbarin wohnten am Dorfanfang von Großfahner. Sehr einladend sah dieses kleine Häuschen nicht gerade aus. Auch in der Küche konnte man sich nicht sonderlich wohlfühlen, aber das wollten wir ja auch nicht. Ich hoffte nun ganz stark auf die Süßkirschen, dann wäre mir alles andere auch eher egal gewesen.

Die Obstbauern, oder Pächter hatten wir mit unserem plötzlichen Auftreten ziemlich überrumpelt, das bemerkte sogar ich kleiner Knirps. Soviel ich von dem Erwachsenengespräch mitbekam, waren zur Zeit überhaupt gar keine Kirschen reif, mir blieb vor Schreck beinahe mein kleines Herzchen steh'n. Ich war so erschrocken, daß ich am liebsten losgeweint hätte. Wie auf Geheiß hämmerten meine lädierten Füße immer heftiger. Ich zog meine Schuhe aus, was man auf einer Wandertour lieber sein lassen sollte, weil die angeschwollenen Füße danach schlecht wieder in die Schuhe passen. Aber erst einmal war es eine Erleichterung für mich.
Von der Hausfrau bekamen wir ein Glas Wasser, denn so trocken wäre die mitgebrachte Wegzehrung wohl schlecht hinuntergerutscht. Beim Öffnen meines Rucksackes war etwas herausgefallen. Was war denn das? Ach, ein Heftpflaster hatte Mutter wohl in weiter Voraussicht in den Rucksack gesteckt, wer hätte das gedacht? So kurz nach dem Krieg war auch Heftpflaster eines der vielen Dinge, welche nicht, oder nur sehr schlecht zu beschaffen waren.
Während des Krieges war in unserem Dorfgasthof ein großes Verbandslager von der Armee eingerichtet worden. Auf dem Tanzsaal stapelten sich die unzähligen Kisten, Kartons, und Säcke bis fast unter die Decke. Da gab es Verbandsbinden in allen Längen und Breiten, Watte, Mull, Pflaster und alles, was bei den häufigen Verletzungen nötig wurde.
Erst nach dem Schreiben dieses Aufsatzes erklärte mir mein z. Z. in Berlin lebender Schulkamerad, daß dieses Lager durch einen Onkel im späteren Westdeutschland beheimatet, entstanden war. Er besaß eine kleine Fabrik, und all das Verbandsmaterial sollte vor den Bombenangriffen geschützt werden. Nach dem Krieg verkaufte man die gesamte Charge an ein ostdeutsches Krankenhaus. Der kleine Betrieb des Onkels war tatsächlich ein Opfer des Krieges geworden und abgebrannt. So konnte wenigstens ein Krankenhaus nach dem Krieg weiter arbeiten, Dank des Auslagerns der Verbandsstoffe. Und ich glaubte immer, alles würde der Kriegsarmee gehört haben.
Rolf, der Sohn des Gastwirtes, war mein Schulkamerad. Ab und zu gab dieser gutmütige Junge allen Drängeleien von uns Mädchen nach, und er ließ uns zusammen mit seinem jüngeren Bruder in den Saal. Wir stöberten in den Kisten herum, bis Rolf vor Angst zu schwitzen begann. Wir könnten Spuren hinterlassen, es könnte etwas kaputt gehen, oder seine Eltern könnten uns erwischen.Das Betreten des Saales war selbstverständlich streng verboten, und für uns unberechenbare Kinder schon drei Mal!
Dennoch stopften wir Quälgeister unsere Taschen jedes Mal bis obenhin voll der verschiedensten Verbandsuntensilien. Auf diese Weise gab es

zumindest mit Heftpflaster bei uns keine Not. Man wusste ja nie, ob etwas davon gebraucht würde. Und nun war es schon so weit, sozusagen kam die Rettung in größter Not!
Aber das mit den Kirschen war plötzlich aussichtslos geworden, wir wurden von einem Moment auf den anderen total enttäuscht und nicht gerade wohlgelaunt.
Nun in der Mittagsglut wieder hinaus auf die Landstraße, und die cirka 10 km mussten erst einmal durchgestanden werden.
Ja, wenn es damals schon Telefone gegeben hätte, dann hätten wir uns den Gewaltmarsch und diese Riesenenttäuschung ersparen können. Alles bloß „hätte“ und „wäre“, denn auch ein Telefon wäre ein Wunschtraum gewesen. So weit gingen unsere Wünsche und Träume gar nicht, wir waren allesamt genügsam und äußerst zufrieden aufgewachsen.
Mit dem gefundenen Pflaster war der Heimweg ja nun auch nicht mehr allzu bedrohlich für mich.
Das Wort Kirschen erwähnte niemand von uns „Rittern der Landstraße“ auch nur mit einer Silbe, alle hatten sich mit der Enttäuschung abgefunden. Dieser bewusste Tag blieb ganz sicher auch allen Beteiligten, nicht bloß mir, in unvergesslicher, schmerzhafter Erinnerung.
Viel später heiratete ich einen Obstbauern und zog in eines der Kirschdörfer. Immer, wenn ich von meinem damaligen, unnormalen Appetit auf Obst erzählte, konnte ich es dem ungläubigen Gesichtsausdruck meines Mannes ansehen, dass er mir nicht so recht zu glauben schien. Dabei tat mir der Verzicht auf Obst fast weh, obwohl ich wirklich alles Unmögliche möglich machte. Auf die eine oder andere Weise versuchte ich immer wieder, meinen Appetit zu stillen. Was ich dabei aber auch alles riskiert habe, manchmal kam es schon in die Nähe von Kriminalität, aber das war mir meist egal damals.
So muß wohl hier in den Obstdörfern der Begriff „Garten Eden“ und „Schlaraffenland“ entstanden sein?
Als wir damals unseren Gewaltmarsch geschafft hatten und wir wieder zu Hause angekommen waren, gab es wohl den einen oder anderen erleichterden Seufzer bei uns Kindern, denen von jetzt auf gleich alle Hoffnungen genommen wurden.
Das Glück hatte uns an jenem Tag total verlassen, aber es dauerte wohl nicht lange, bis ich wieder einer „vielsagenden guten Idee“ hinterher jagte.
Heute muß wohl kaum noch ein Kind so total auf Obst verzichten, und nun ist mein so stark ausgeprägter Heißhunger auf Kirschen, Äpfel und all die saftigen, geschmackvollen Obstarten völlig befriedigt. Nun könnte ich mir sogar im Winter frische Kirschen besorgen, aber der Appetit ist ganz einfach verlorengegangen, irgendwie seltsam!

## Nicht der Krieg allein war verantwortlich!

Wenn ich heute so zurückdenke, wie leicht wir damals als Kinder zufrieden zu stellen waren, dann muß ich mich doch sehr wundern. Der Krieg hatte alles zerstört, nicht bloß die Schaufensterscheiben und die Ladeneinrichtungen waren den Fliegerangriffen zum Opfer gefallen, auch alle Lager und Warenbestände wurden ein Opfer der Kriegswirren.

Es ist wieder Palmsonntag, zu meiner Zeit rüstete man sich für die Konfirmation. Ein Kleid und ein Paar Schuhe zu beschaffen, brachte wohl so manche Mutter in arge Bedrängnis. Schwarzer Stoff für ein Konfirmantenkleid wurde irgendwie aufgetrieben, auch wenn die Qualität nicht gerade die erste Wahl gewesen ist. Ein Paar schwarze Schuhe mussten sein, das war für unsere Mutter ein Problem. Hohe Schuhe, sogenannte Langschäfter, die besaß ich zwar, aber da wäre ich lieber im Bett geblieben, denn ein wenig Stolz hatte ich auch in mir. Stoffschuhe aus Kunstsamt mit Keilabsatz, der mit einer Igelitmasse verkleidet war und eine Schleife aus demselben Kunststoffmaterial hergestellt, verschönerten den Festtagsschuh, was auch immer dies bedeuten sollte. Unnatürliches Schwitzen und Schweißfuß gab es gratis dazu, aber besser als meine abgetragenen Fußgerechten waren sie allemal! So war es eben zu seiner Zeit.

Da wurde auch noch ein Kleid nötig für die kirchliche Prüfung. Aber vorausschauend brachten die schon zeitig eingeladenen Verwandten und Bekannten das Konfirmationsgeschenk vor dem Feiertag. Komischerweise bestanden die verpackten Geschenke meistens aus einem Kleiderstoff, auch von meiner Patentante wurde ich mit einem solchen sehr praktischen Geschenk bedacht. Bei mir führte es damals zu einem Weinkrampf, obwohl man sich über Geschenke ja eigentlich freuen sollte und nichts zu bemängeln haben dürfte. Nicht nur das Geld war angeblich knapp bei uns, auch mit den passenden Beziehungen sah es bei unserer Familie schlecht aus. Der Markt war acht Jahre nach Kriegsende einfach noch nicht wieder gut sortiert, wie man heute sagt.

Aber für Vaters und meines Bruders häufige Kneipengänge war Geld vorhanden, so weit konnte ich mit vierzehn Jahren schon denken. Die Ausstaffierung für meine Konfirmation waren für meine Eltern einfach unnötige Ausgaben, und wie ich mich dabei fühlte, war ja von vornherein Nebensache. Der Krieg konnte nicht für alles vorgeschoben werden.

Vierzehnjährig hatte ich schon seit ein paar Jahren täglich eine Zeitung ausgetragen, den Zeitungsbeitrag kassiert und ebenfalls den Parteibeitrag von den liberalen Parteigenossen. Den kärglichen Lohn dafür bekam die Mutter, wieviel Tränen es auch darum gab, es änderte nichts an der Tatsa-

che. Oft genug rückte sie nicht einmal sonntags drei oder fünf Groschen für einen Kinobesuch heraus, so daß meine Schulkameradinnen manchmal für mich bezahlten. Mein Gott, was ich mich dafür geschämt habe! Nicht genug, daß ich Mutters „rechte Hand“ war, was Haus-, Hof- und Feldarbeit betraf, auch bei der Putzstelle an Vaters Arbeitsplatz war allermeist ich als kleines Mädchen anzutreffen, weil es unsere Mutter nicht schaffte.
Bei den Bauern auf dem Feld helfen, oder im Sommer Beeren pflücken, stets wanderte der Lohn in Mutters Geldbörse. Und für mich war nie Geld da, nicht einmal für die Ferienspiele, an denen alle anderen Schüler teilnehmen durften. Eine Mandoline, oder gar eine Gitarre, alles war für mich aussichtslos. Der Musikunterricht war sowieso gratis, aber dennoch ging da absolut kein Weg rein, auch wenn ich all meine Kraft und Gesundheit hergab, es war nie genug!
Ich hatte eine Schulkameradin, deren Vater verstarb, auch dort saßen drei Kinder am Tisch. Einer anderen Schulkameradin fehlte ebenfalls der Vater, er kam vom Krieg nicht zurück, aber nirgendwo gab es solches Theater wie es in unserer Familie gang und gäbe war.
Heute sehe ich es als ganz normal an, daß ich so schnell wie möglich von zu Hause weg wollte. Alle Schulkameradinnen sind nicht fortgegangen, bloß ich als Einzige. Ich wurde damals rasch selbständig, oder ich mußte es werden. Dabei hätte ich auch gern ein so warmes, umsorgtes Nest gehabt, aber das kann sich niemand aussuchen im Leben. Auch als Lehrling bekam ich nicht einmal zwanzig Mark ausgezahlt im Monat, wegen der abgezogenen Internatskosten. Wenn ich aller sechs, oder acht Wochen nach Hause kam, um frische Wäsche zu holen, gab es nicht einmal das Fahrgeld von den Eltern, obwohl ich für die gewaschene Wäsche geholfen hatte.
Für mich ist es kein Wunder, daß ich damals viele negative Gedankengänge entwickelte.
Wenn ich heute anläßich eines Arztbesuches, oder eines Einkaufes in der Stadt die Schulkinder beobachte, komme ich mit vielem nicht mehr klar. Sie leben viel sorgloser in den Tag hinein, wie ich es in Erinnerung habe. Ich glaube, heute ist es eher eine Seltenheit, daß die Kinder schon so vieles aufgebürdet bekommen, wie es bei uns oft üblich war.
Wir waren viel zu jung für so viel Arbeit und Verantwortung, denn ein Einzelfall war ich nicht, auch wenn meine Schulkameradinnen von einer wunderschönen Kindheit erzählten, so wie sie auch sein sollte, tägliche Pflichten gab es dennoch, wenn auch in Maßen.
Auf jeden Fall war nicht der Krieg allein der Hauptgrund dafür, daß bei unserer Familie vieles aus dem Ruder lief. Besser wäre es, alles zu vergessen, aber ich kann es nicht, vielleicht weil es zu schwer war, und den Auslöser für viele meiner Erkrankungen finde ich in meiner, Kindheit!

## Der Schmerz – Geißel der Menschheit!

Der Schmerz ist wie ein ungebet'ner Gast,
er schleicht sich ein und fühlt sich bald zu Haus'.
Oft ist er dir weit mehr, als eine Last,
beherrscht er dich, weißt du nicht ein noch aus.
Ein Stück Gesundheit nimmt sich jeder Schmerz,
er nimmt es einfach so, als wär' es sein.
Im schlimmsten Fall trifft er dich bis in's Herz,
du fühlst dich gegen ihn so hilflos klein.
Manchmal verläßt er dich und kehrt nie mehr zurück,
dann zählst du zu den Glücklichsten der Welt.
Nur wenige erleben dieses große Glück,
seltenst, daß er die Seele nicht gequält.
Doch nistet er sich richtig bei dir ein,
hast du zumeist von vornherein verloren.
Der Schmerz kann so erbärmlich teuflisch sein,
daß du dir wünschst, du wärest nie geboren.
Es gibt ein Mittel, das ihn in die Schranken weist,
glaub' mir, es lohnt sich nicht, danach zu streben!
Etwas, daß dir die Seele aus dem Herzen reißt,
ich weiß, so abgedreht willst du nicht leben!
Es bleibt ein Teufelskreis, willst du den Schmerz besiegen,
wirst ihm am Ende doch ganz einfach unterliegen!

## Du bist das, was dein Herz ist

Laß dich im Leben nie für dumm verkaufen,
halt' stets und ständig dein Gewissen rein,
sonst wird dir alles aus dem Ruder laufen,
du solltest selbst dein bester Anwalt sein!
Vertrete deinen Standpunkt ehrlich und direkt,
den Idealen bleibe treu für alle Zeit,
verliere niemals deinen eigenen Respekt,
stell' dich bewußt gegen Habgier und den Neid!
Scher dich nicht d'rum, was manche Leute sagen,
sie brauchen das, weil sie ja sonst nichts tun,
sagen viel Unnützes an langen Tagen,
um sich danach vom Nichtstun auszuruh'n!

## Lärm als Markenzeichen?

Wo man den Spatzen auch begegnet,
ununterbrochen tschilpen sie.
Ob's sonnig ist, oder es regnet,
sie lärmen ohne Melodie.
Die Spatzen machen viel Geschrei,
und damit sich oft unbeliebt.
Ihnen ist's einfach einerlei,
ob der Mensch was darauf gibt.
Beim Futter gar nicht wählerisch,
nicht bei der Wohnungssucherei,
der Spatz nimmt das, was er erwischt
und macht dabei ein Mordsgeschrei.
Dreck macht er, wo er geht und steht,
wüst sieht es um die Wohnung aus,
der Spatz, er lärmt von früh bis spät,
so geht es zu im Spatzenhaus!
Bei Menschen gibt es Ähnlichkeiten,
wer wollte dies jemals bestreiten?
Mancher ist die Ordnung in Person,
der andere ein Liederjan,
Predigten seit ewig Zeiten schon:
vertragt euch gut und paßt euch an!

*Markttag in Gotha 1932. Foto: Oskar Dorn*

## Gleicher Lohn für gleiche Arbeit!

Diese ganz normale Grundsatzforderung beschäftigte schon von jeher die Arbeiterschaft.
Auch ich habe oft mit einem fast schon fanatischen Gerechtigkeitssinn zu kämpfen, auch wenn es mich selbst gar nicht betraf.
Das war in der Grundschule schon so, ich glaube, daß ich es vom Vater erbte. (obwohl er, was mich als sein Kind betrifft, oft mehr als ungerecht war).

Als Dreizehn- oder Vierzehnjährige half ich in den Ferien, oder am Wochenende öfter bei einem größeren Bauern aus. Ich half beim Gurkenbrechen, Kartoffellesen, Garben aufstellen und in der Scheune beim Garbenabladen. Bei all diesen Arbeiten geht es gar nicht anders, als daß ein jeder Beteiligte das gleiche Pensum an Arbeit zu leisten hat, nach Adam Riese ergäbe sich auch daraus der gleiche Lohn für alle!
Ob beim Gurkenbrechen, oder beim Kartoffellesen wurde angetreten, und ein jeder Arbeiter hat seine Reihen zugewiesen bekommen. Niemand kann sich bei diesen Arbeiten durchmogeln oder drücken, das fiele auf, oder demjenigen müsste nachgeholfen werden.
Beim Abladen der Getreidefuhren stand immer eine männliche Person auf dem Wagen und gabelte jede einzelne Garbe an und warf sie dem nächsten Gehilfen zu. Gepanst hat immer dieselbe Person, sie war schon älter, und sie hatte bei der Arbeit eine gewisse Übung, es war meist die Bäuerin selbst. Außer der Person auf der Fuhre und der beim Pansen hatte ein jeder Gehilfe eine jede einzelne Garbe weiterzubefördern, da gab es absolut keinen Unterschied. Eine jede einzelne Garbe ging durch eine jede Hand.
Meine Cousine war im Sommer immer bei dem Bauern als Hilfe, wenn ich auch da war. Sie war zwei Jahre älter als ich, ansonsten gab es keinen Unterschied. Nein, sie war gesünder und stärker als ich. Aber bei den gleichen Tätigkeiten gab es absolut keinen Unterschied, höchstens, daß ich abends sehr viel erschöpfter nach Hause ging, als sie. Aber das fiel niemandem auf, und war auch meine Sache.
Außerdem blieb ich an einigen Abenden noch auf dem Bauernhof, um der Bäuerin noch etwas zu helfen, denn sie mußte sofort in den Kuhstall, um die Kühe zu melken, damals gab es noch keine Melkmaschine. Ob mir vor dem Nachhausegehen grauste, oder warum ich länger blieb, kann ich mir heute nicht mehr erklären.
Es machte mir Spaß, den Essenkorb auszuräumen, das Geschirr aufzuwaschen, und den Korb für den nächsten Tag wieder fertigzumachen.

Ich wusch das Geschirr ab und wischte die Hofküche, in der zwei Jagdhunde mit ihren Hundekuchen und Spielzeug ganz schöne Unordnung gemacht hatten. Als ich damit fertig war, ging ich heim, die Bäuerin sah ich nicht noch einmal, das Melken dauerte ziemlich lange.
Nach einigen Tagen wollte uns die Bäuerin unseren Lohn auszahlen, d.h. meiner Cousine und mir, alle anderen waren Familienangehörige und eine Magd. Es war ja kein Geheimnis, was wir verdient hatten, aber beim Vorzählen des Geldes fiel mir sofort auf, daß ich so etwa 15 Mark weniger ausgezahlt bekam, als meine Cousine.
Dabei wusste ich ganz genau, daß wir beide stets an den gleichen Tagen bei der Arbeit waren. Für meine gelegentliche Hilfe in der Küche rechnete ich absolut nicht mit einer höheren Bewertung, das tat ich freiwillig, und auch gerne.
Ich nahm das Geld, und mein Mund war mir wie zugeschnürt. Zu Hause zählte ich nochmals nach, aber ich hatte mich nicht geirrt, und gefehlt hatte ich schon gar nicht, das wusste ich hundertprozentig. Auch wäre eine Tagesleistung gar nicht mit den fehlenden fünfzehn Mark aufgegangen.
Ich hätte gleich etwas sagen sollen, aber ich war dazu viel zu wütend. Ob so etwas schon öfter passiert war, wusste ich nicht, weil wir sonst nie zusammen ausgezahlt wurden. Vor Wut kamen mir die Tränen geschossen, Mutter schimpfte, daß ich mich nicht sofort beschwerte, es war ganz einfach eine falsche Scham. Der Mutter sagte ich, daß es ab sofort keine Hilfe mehr gibt. Sie wusste nicht, daß ich der Bäuerin auch noch zusätzlich geholfen hatte. Na, da wäre erst noch etwas los gewesen, wenn ich nicht sofort heim kam, um ihr zu helfen, aber das blieb ebenfalls meine Sache.
Ich sollte mich entschuldigen, daß ich am anderen Tag und überhaupt nicht wiederkomme. Aber dazu war ich viel zu stolz, ich war verletzt genug. Je länger ich darüber nachdachte, umso mehr wurde mir bewusst, daß die Differenz absichtlich entstanden war. Meine Cousine und der jüngere Bauerssohn waren gleichaltrig, und öfter war mir schon ein Herumschwänzeln des Burschen aufgefallen. Auch der Bäuerin hätte das ganz gut gefallen, auch sie war auffallend freundlich zu meiner Cousine. Was wollte ich dumme Gans da, vielleicht noch gleichen Lohn? Das konnte ich vergessen, irgendwie hätten sich beide herausgewunden, das war mir zu blöd. Sollten sie doch sehen, wo sie eine neue Gehilfin herbekommen, ich war jedenfalls raus.
Nach einigen Tagen begegnete ich der Bäuerin. Sie grinste mich überfreundlich an, und fragte mich, ob ich wieder krank war, und auch, warum ich mich nicht entschuldigt hätte. Ich ließ sie einfach stehen und ging weiter. Kurz danach ist sie mit ihrem Mann nach dem Westen gegangen. Aber auch das war in unserem Dorf sehr typisch für sie, denn alle verkrachten

Existenzen gingen in den Westen, richtige gute Bauern, die blieben, das war beweisbar, jedenfalls in unserem Dorf.
Nach Jahrzehnten traf ich die Bäuerin bei ihrem Sohn wieder. Ihr Mann war verstorben, und sie kam aus dem Westen zurück, die Wende machte dies möglich. Allerdings wusste ich nichts davon, daß sie zurück war. Irgendwie brachte ich das Gespräch auf früher, denn das brannte mir immer noch auf der Seele und mußte unbedingt noch heraus.
Ich sprach zwar mit dem Sohn und dessen Ehefrau, aber auch die Mutter klinkte sich in das Gespräch ein. Allen meinen Mut nahm ich zusammen und fragte sie auf den Kopf zu, warum sie damals so ungerecht mir gegenüber war, ob meine Arbeit denn nicht zufriedenstellend gewesen wäre.
Alle taten ganz verdutzt, und die Bäuerin war sich keiner Schuld bewusst. Ich erklärte ihr, daß diese Ungerechtigkeit der Grund für mein Wegbleiben war. Augenblicklich änderte sich die freundliche Miene, und die Bäuerin sagte: „Du bist ja immer schon mit deiner Gusche voraus gewesen!“.
Für mich war ebenso augenblicklich der Kurzbesuch beendet, ich nahm meine Jacke und ging. Der Sohn wollte mich überreden, doch zu bleiben, aber ich mußte an die Luft, sonst hätte ich vielleicht noch geweint, und das mußte nun nicht unbedingt ein jeder sehen. Die Bäuerin sah ich nicht wieder, aber ich war im Inneren mit mir zufrieden!
Mit der großen Gusche hatte sie zwar nicht Unrecht, aber das war meine Sache, denn mein Mundwerk gehört zu mir, und das soll auch so bleiben! Aber Ungerechtigkeiten, die hasse ich heute noch, und auch das wird so bleiben, weil ich nun einmal anders bin, als man von mir erwartet. Aber was mich damals ganz besonders wunderte, war, daß Mutter nicht Theater machte und sie mich wieder zur Aushilfe beorderte. Scheinbar bemerkte sie, daß es mir damit sehr ernst war.

## Auf bald!

Für die gemütliche Zeit bei Kerzenschein,
der Vorfreude auf neues Leben, Wärme und Licht,
tauschen wir viel' Tränen und Traurigkeit ein,
und dafür spüren wir Kälte und Dunkelheit nicht!

Müd' fallen die letzten Blätter zur Erde herab,
kalter Herbststurm treibt welkes Laub durch die Gassen,
viel' Zweige und Blumen wärmen das traurige Grab;
so mußt' manch' Leben vom Liebgeword'nen lassen!

*Großvater Guido Topf in Molschleben mit Enkelsohn Ewald im großelterlichem Hof. Dorfpolizist ist Kurt Hildebrand, ca. 1956. Sammlung Ewald Roth*

## Der Urin stinkt

Auf Drähten sammeln sich die Schwalben,
tanken noch etwas Wärme auf,
Wehmut befällt mich allenthalben;
doch ist's und bleibt's der Zeitenlauf.
So zieh'n sie über Land und Meere,
die Routen sind längst eingeflogen,
scharenweise, auch ganze Heere,
kommen vom Norden her gezogen.
Der Flug verlangt alles an Kraft,
ein Urinstinkt lockt sie hinaus.
Doch viele haben es geschafft,
sie kamen über's Jahr nach Haus.
Den Morgen nie vor'm Abend loben!
Ich wünsch' den Reisenden viel Glück!
Hoff' sehr, ihr Mut hat nicht getrogen,
ruf' ihnen nach: „Kommt heil zurück!"

## Mein Rotkehlchen

Ein Rotkehlchen mit schmuckem Kleide
hat uns'ren Garten lang' bewohnt.
Ich hoff', man tat ihm nichts zuleide,
weil's nicht auf dem Geländer thront.

Dort saß es oft und sah mich an,
mit seinen dunk'len Kulleraugen.
Hat man ihm etwas angetan?
Die Katzen könnten dafür taugen!

Vielleicht ist auch gar nichts passiert,
mach' ich mir unnütz Sorgen?
Hat es gar eine Braut entführt;
ich wart' getrost bis morgen!

Zog's um in einen and'ren Garten?
Sogleich denkt es vielleicht an mich?
Wie gerne würd' ich das erwarten;
ein'n solchen Ausgang wünschte ich!

Am Morgen d'rauf' – der Garten leer,
gar arg tut es mir weh im Herzen!
Mein Rotkehlchen seh ich nicht mehr;
ich spüre den Verlust mich schmerzen!

## Ungleichgewicht!

Rotkehlchens schmuckes Federkleid
erfreut mich schon seit langer Zeit,
den Garten hat es uns geschmückt
uns gleichermaßen auch entzückt.
Die Katzen hab' ich in Verdacht,
stell'n allem nach, tags und bei Nacht.
Ihr Jagdtrieb und auch ihre Gier
schaden nützlichem Getier!
Die Katzen lieben Bodenbrut,
sind danach ständig auf der Hut.
So nehmen sie leicht überhand,
verwüsten gern des Gärtners Land.
Ich bange um die Vogelbrut,
die Katzen tun ihr gar nicht gut!
Einst war die Nachzucht limitiert,
was heute seltenst noch passiert.
Es interessiert fast niemand mehr,
deshalb das wüste Katzenheer!

„Singvögel nützen, auch die Katzen!" –
wenn sie nicht aus den Nähten platzen!

## Der Lindenbaum

Ein zuckersüßer Blütenduft
dringt aus großen, alten Linden,
durchtränkt die ’laue Sommerluft,
läßt mich Freude wiederfinden.

Millionen Bienen und Hummeln
versammeln sich am Lindenbaum.
Sie trinken Nektar und sie tummeln
sich wie in einem schönen Traum.

Ihr Summen klingt noch in den Ohren,
der Duft kitzelt mir in der Nase.
Die Bilder gingen nie verloren,
sie bring’n mich heut noch in Ekstase.

Die Knospen aßen wir als Kinder,
köstlicher Tee wurd’ aus den Blüten,
der Tee wärmte uns oft im Winter;
ich möchte’ die Erinn’rung hüten!

## Linden als Erinnerung

Eine stattliche, schon alte Linde
stand einst vor meinem Elternhaus.
Sie bewegte sich rhythmisch im Winde,
Singvögel flogen ein und aus.

Im Frühling bauten sie ein Nest
und zogen ihre Jungen groß.
Ich hielt all diese Bilder fest,
sie ließen mich nie wieder ’los.

Die Linden faszinierten mich
schon früh, seit meinen Kinderjahren.
Ich fürchtete den Bienenstich,
doch nie ist er mir widerfahren!

*Lindenblüten pflücken in Tüngeda 1974. Dafür wurden ganze Äste abgebrochen und in Ruhe gepflückt. Foto: Werner Rockstuhl*

## Die Nacht der Nächte

Es fiel ein großes, weißes Tuch,
völlig verwandelt scheint die Welt,
fürwahr ein Segen und kein Fluch,
wo alles auf den Kopf gestellt.

Die Kinderaugen voller Freude,
Glocken fangen an zu schwingen,
zu Herzen gehendes Geläute,
hör' die Kinder fröhlich singen.

Mich verzaubern sanfte Klänge,
gerad' wie aus einer fernen Welt,
sehne mich nach Glück und Wärme,
nach Geborgenheit, wie sie gefällt!

Kann so meine Sehnsucht stillen,
fühl' Dankbarkeit für kleine Gaben,
Harmonie und Liebe fühlen,
an der Nacht der Nächte laben!

## Aus dem Stegreif !

Klein Rudi saß auf der Empore,
auf einer alten Kirchenbank,
derweil sein Vater sang im Chore –
er sang den Baß oft viel zu lang!
Der Organist war schon in Rage,
er schlug den Taktstock auf die Brüstung.
Man registrierte die Blamage,
Herr Pfarrer schnaufte vor Entrüstung.
Der halbe Taktstock fiel herunter,
traf dabei des Pfarrers Brille,
davon wurde Rudi munter,
rief erschreckt: „Um Gottes Wille!"
Das Gestell der neuen Brille
war dahin, das Glas zerkratzt.
Es geschah' mit Gottes Wille,
die Sonntagspredigt schien verpatzt.
Ohne Brille völlig hilflos,
ist oft der Mensch im Augenblick,
doch bei unserem Herrn Pfarrer
war nicht so groß das Missgeschick.
Es folgte eine lange Predigt,
so voller Leben und Espri. (Esprit!)
Noch nie zuvor war eine Predigt
so lang und gut, wie eben „die"!

*Foto: Harald Rockstuhl*

## Groß, wie ein Gänseei!

Mit nicht einmal sieben Jahren hatte ich unter sehr heftigen Kopfschmerzen zu leiden. Von Tag zu Tag wurde es schlimmer, mehr, als eine angehende Grippe so vorausschicken kann. Teilweise glaubte ich, unter der Schädeldecke einen Amboß mit vielen Hämmern zu haben. Irgendwann bemerkte ich auf jener Stelle, wo bei Säuglingen die sogenannte Knochenlücke, als Fontanelle bekannt, ihren Platz hat, einen ziemlich großen, hämmernden und tobenden Pickel. Ich durfte nicht in die Nähe der schmerzenden, unerklärlichen Entzündung kommen. Man konnte fühlen, wie der sogenannte Pickel wuchs und wuchs. War er abends noch haselnußgroß, schätzte ich seine Größe anderen Tags bereits auf Pflaumengröße.
Mutter ging mit mir zum Doktor, er war mir bereits als ein herrischer, unfreundlicher Herr bekannt. Er nahm meinen schmerzenden Kopf in seine riesigen Hände, die mir wie Schraubzwingen in Erinnerung blieben. Vom Hals aufwärts, drückte dieser mürrisch dreinschauende Doktor an allen Ecken, oder Rundungen. Ich schrie, weil ich den Schmerz fast nicht aushielt. Das schien dem Herrn absolut nicht zu gefallen, denn sein vernarbtes Gesicht verzerrte sich wie zu einer Fratze. Auf jeden Fall behielt ich unseren Landdoktor als einen groben Klotz in Erinnerung, auf mich als kleines Mädchen wirkte er so. Täglich mußte ich in seine Praxis kommen, ob ich wollte, oder nicht. Daheim lag ich oft im Bett und warf mich von einer Seite zur anderen. Auf meinem Kopf war ein solches Ungetüm herangewachsen, daß es mittlerweile die Größe eines Gänseeies angenommen hatte. Die Schmerzen, die ich Tag und Nacht aushalten mußte, vergaß ich bis heute nicht. Augen, Ohren, Nase, Hals, Zähne, Schläfen, alles was mit dem Kopf in Verbindung stand, tobte ständig bis zum Wahnsinn. Außer „Grüne Tropfen“ hatte Mutter nichts für mich, aber ob ich die Stirne und die Schläfen damit einrieb oder nicht, es war einfach für die Katz.
Wie ich den täglichen Arztbesuch fürchtete und haßte, weiß ich noch genau. Der Doktor befühlte meinen Kopf, beschimpfte mich regelmäßig wegen meines lauten Schreiens, und ständig durfte ich wieder gehen, weil das Riesengeschwür noch nicht reif war. Damals wusste ich nicht, was da „reifen“ sollte. Aber eines Tages schwappte eine Flüssigkeit, beim Laufen, oder Bewegen des Kopfes, nach hinten und vorn. Es war ein ungutes Gefühl, und die Angst wurde immer größer, der Schmerz war mittlerweile unerträglich geworden.
Dann war es soweit und ich mußte in der Praxis bleiben, nun wusste ich auch, weshalb unsere Mutter mitkommen sollte. Die Haare wurden mir abgeschnitten, gewaschen waren sie schon länger nicht mehr, aber der

grobschlächtige Doktor war beim Scheren absolut nicht rücksichtsvoll. Auch die anschließende Rasur war kaum auszuhalten. Mit einer seltsam riechenden Flasche vereiste er die ziemlich große Stelle. Er hatte eine Gummischürze umgebunden, so sehe ich ihn noch wie einen Schlachter mit dem Skalpell vor mir stehen. Vor lauter Angst zitterte ich auf dem Stuhl herum, und als ich den brennenden und klopfenden Schnitt spürte, schrie ich ziemlich laut. Das konnte der Doktor wohl gar nicht verstehen, er packte mich an den Schultern, schüttelte mich und schrie mich an: „Halte deine Gusche, du dumme Gans, sei froh, daß das Ding nicht nach innen gewachsen ist, dann wärst du nämlich schon lange nicht mehr da!“. Wenn er glaubte, es wäre ein Trost für mich gewesen, noch zu leben, da irrte er sich ziemlich. Ich hatte in letzter Zeit soviel aushalten müssen, daß es mir oft egal gewesen wäre.

Eine Strickjacke aus grauer Wolle trug ich an jenem schlimmen Tag, sie behielt ich in besonderer Erinnerung. Warum der Herr Doktor keinen Mull, oder irgendetwas Ähnliches als Schutz um die bewusste Stelle legte, weiß ich nicht. Jedenfalls floß der Inhalt des großen Geschwürs, Blut, Eiter und eine übelriechende Flüssigkeit, über meine Augen, den Mund, in die Ohren und in den Kragen hinein. dann meinen Ärmeln entlang, der Knopfreihe mit den bunt bemalten Holzknöpfen, überall klebte die übelstinkende Brühe. Bis zu den Füßen tropfte es, es war für mich wahrlich die Hölle. Wütend wischte der Doktor mit einem Handtuch das gröbste Unheil breit. Die Gummischürze des Doktors war von meinem Blut rot gefärbt, es war ein unvergessliches Bild, vor dem sich ein jedes Kind gefürchtet hätte. Wenn wenigstens Mutter dagewesen wäre, aber sie mußte im Wartezimmer bleiben. Ein solch furchtbarer Tag, und dann so einem Grobian ausgesetzt zu sein, genauso empfand ich das Ganze damals.

Beruhigen konnte ich mich zwar nicht, denn die geöffnete Stelle brannte wie die Hölle, und das Klopfen war auch immer noch da. Man zerrte an mir herum, der Doktor hatte seine Frau herbeigerufen, wohl, weil er mich schreiendes Zappelbündel, daß von oben bis unten voller Blut und Eiter klebte, nicht allein bändigen konnte. Die Frau Doktor, wie sie angesprochen werden wollte, war zwar etwas freundlicher, aber durch den Schmerz registrierte ich gar nichts mehr. Ob die Geschwürstelle verklebt wurde, weiß ich nicht, auf jeden Fall wurde mein Kopf total verwickelt, auch das schmerzte, denn es mußte ja festgezogen werden, sonst hätte der Kopfverband nicht gehalten. Sogar die Ohren waren mit zugewickelt worden. Am anderen Morgen sollte ich wiederkommen, auch das noch!

Den restlichen Tag verbrachte ich schlafend im Bett, scheinbar war ich total erschöpft. Essen, Trinken, alles fiel aus, so kam der andere Morgen schneller, als es mir lieb war. Zitternd und bebend öffnete ich die Tür der Praxis. Der Arzt begrüßte mich als Schreihals, aber das war mir so egal. Sofort wickelte seine Frau eine Binde nach der anderen ab, bis die Schnittstelle freigelegt war. Ich spürte nur einen kurzen, sehr schmerzhaft brennenden Ratsch, ein Aufschrei war absolut nicht zu unterdrücken. Bis sich dieser Schmerz nur etwas beruhigt hatte, war ich schon wieder auf dem Weg zum Arzt. Nun hatte ich zwar diese Hauruckprozedur einige Tage zu ertragen, es half alles Schreien nichts. Übrigens kann ich mich besinnen, daß ich mit meinem total verwickelten Kopf in der Schulbank saß. Ab wann ich in die Schule zu gehen hatte, weiß ich nicht mehr, aber viel mitbekommen habe ich in meinem Zustand nicht, das hat aber sicher niemanden interessiert, mich übrigens auch nicht.

Doch wie es immer war, irgendwann war die Narbe des großen Geschwüres geheilt. Ich glaube, auch ein Erwachsener hätte damit seine Last gehabt. Später, als ich älter wurde, begriff ich erst einmal richtig, wieviele Schutzengel mich wohl behütet hatten, die das Gänseei nicht nach innen in mein kleines Gehirn wachsen ließen. Es war für mich eine sehr schmerzhafte Erfahrung, die ein kleines Mädchen nicht unbedingt gebraucht hätte.

Übrigens waren die Stellen auf der Strickjacke, welche vom Eiter- und Blutfluß betroffen waren, nach dem Waschen, total ausgeblichen. Sie war ganz einfach ruiniert, wenigstens das hätte der Doktor mit ein wenig Umsicht verhindern können. Daran konnte ich erkennen, wie aggressiv der Inhalt des Gänseeis doch war, mich ekelt es immer noch!

Öfter schmerzte die Narbe und schwoll auch leicht an. Bis ins Alter blieb es so, auch die Angst, so ein Gänseei könnte an anderer Stelle wieder wachsen, verließ mich nicht.

Die Zeit des Krieges, sowie auch die Zeit danach, waren geprägt von Entbehrungen, was die medizinischen Hilfsmittel, Verbandsuntensilien, sowie Heil- und Schmerzmittel betrafen. Die Erwachsenen, auch die Kinder, hatten oft mit ihren Erkrankungen zurecht zu kommen. Was das heißt, kann ich persönlich noch sehr gut nachempfinden, nicht selten hatte ich Schmerzen auszuhalten, wie ich sie mir auch heute nicht noch einmal wünschen würde. Obwohl der Staat bei schweren Erkrankungen, wie z.B. der Tuberkulose, alles an Hilfe aufbot und Medikamente gegen Devisen beschaffte. In den Tbc-Kliniken und auch in den Kliniken der Städte, konnte sich ein jeder Bürger, welcher an dieser Seuche erkrankt war, darauf verlassen, daß alles Menschenmögliche für ihn getan wurde. Auch das erlebte ich in den Nachkriegsjahren am eigenen Leibe.

Für kranke Menschen ist so ein Krieg, samt seinen Nachwirkungen, doppelt schwer.

## Wie Hund und Katz!

Die Katze auf dem Fensterbrett,
sie ist nicht immer lieb und nett.
Der Hund heult oft laut auf vor Schmerz,
empfand den Hieb nicht als ein'n Scherz.
Jeder hat sein'n Rang und Platz,
und beide sollten sie sich fügen,
doch uns'rem Hund und uns'rer Katz
will's absolut so nicht genügen.
Die Katze auf der Fensterbank
beleckt sich ihr lädiertes Bein,
ist nicht gesund und auch nicht krank,
sie möchte nur bedauert sein.
Der Hund bellt indes vor dem Fenster,
bringt damit uns're Katz in Rage,
beschwört herauf die Spuckgespenster,
dafür kriegt er was auf die Nase.
Manch'mal sind sie wie zwei Geschwister,
jeder für sich ein lieber Fratz.
Im Handumdrehen werden es Biester –
sie streiten sich wie Hund und Katz.
Täglicher Streit geht hin und her,
mit kleinsten Kratzern, mehr Theater.
Da zu vermitteln, das fällt schwer –
schon kuscheln wieder Hund und Kater.
Bei Kindern kann es ähnlich gehen,
heut' mögen sie sich, morgen nicht.
Meistens wird das nicht eng gesehen,
auch dort bemüht man kein Gericht.

## Wasser als Lebenselixier

Woher wussten die Flüsse wohl,
wohin ihr Wasser fließen soll?
Bis hin zur Mündung bis zum Meer,
den Weg zu finden, war nicht schwer.
Im Delta kann es sich ergießen,

*Harald Rockstuhl mit Katze – ganz unglücklich 1961. Foto: Werner Rockstuhl*

*Jutta Schönemann und Bruder Jochen im Hof von Guido Topf, ca. 1961.*
*Sammlung Ewald Roth*

doch nimmer mehr zur Quelle fließen.
Das Wasser plätschert, rauscht und rinnt,
auch sprudelt es und fließt geschwind,
dann reißt die Strömung alles mit,
Holz, Plaste und auch manchen Schiet.
Dann fließt's gemächlich so dahin,
als hätt' es Böses nie im Sinn.
Das Wasser hat geheime Kraft,
hat vieles schon dahin gerafft.
Ein Strudel wirbelt bis zum Grund,
so schleift er alle Steine rund.
Mach' um die Strudel einen Bogen,
sie sind geheimnisvoll umwoben!
Da gibt es noch den großen Sog,
der schon so manchen Schwimmer trog.
Manch Schwimmer ist in ihm verschwunden,
er wurde meist nie mehr gefunden.
Bekommt das Wasser eine Haut,
hat mancher ihr zu früh vertraut.
Brichst du dann ein, lernst du verstehen,
nie mehr auf dünnes Eis zu gehen!
Das Wasser hat viele Gesichter,
dazu braucht's keinen Versedichter.
Ein stiller See vom Wald umringt,
das ist's, was mich zum Reimen bringt.
Zu ruhigem Wasser zieht es gern,
die Wasservögel nah und fern.
Der Kranich, Storch und auch der Schwan,
sind Wasser herzlich zugetan.
Bevölkern Vögel das Gewässer,
gefällt mir Wasser immer besser.
Die Schnepfe, Blesshuhn und die Ralle
erfreuen mich in jedem Falle.
Entenmütter mit vielen Kücken,
tragen das Kleinste auf dem Rücken.
So viel Freuden gibt es hier,
reines Lebenselixier!
Ich hab'vor'm Wasser viel Respekt,
bei mir ist es ein Gendefekt,
'ne Portion Angst ist auch dabei;
„gebranntes Kind", sei es – wie's sei!

## „Nettigkeiten“

Hält man dich für dünkelhaft,
ist es meist Neid, mach’ dir nichts d’raus!
Ignorier’s und stehe d’rüber,
so rollt der Ball alsbald ins Aus!
Und mag dich jemand gar nicht leiden,
wünsch’ ihm stets einen „Guten Tag“!
Lang’ wird der „Gegner“ dich nicht meiden,
denkt nach, weshalb er dich nicht mag?
Schütt’ kein Wasser auf die Mühlen,
dann kommt am End’ auch nichts heraus,
man muss gar nicht im Schlamme wühlen,
am Ende geht’s meist friedlich aus!

## Das Neue

Hab’ einen neuen Freund gefunden,
er klopfte zaghaft an mein Tor.
Ich folg’ ihm gern, ganz unumwunden;
als „neues Jahr“ stellt er sich vor.
Unschuldig ist mein Freund, das Jahr,
so rein, wie neu gefall’ ner Schnee.
Von Anbeginn scheint es ihm klar,
dass ich auch eig’ne Wege geh’!
Viel Neues wird das Jahr uns bringen,
die Zukunft hat ein weites Ziel;
den Schweinehund gilt’s zu bezwingen,
es lässt sich schaffen, wenn man will!
Wir wollen die Natur beschützen,
mein Freund zieht mich in seinen Bann.
Viel Liebe zur Natur wird nützen;
will mithelfen, so gut ich kann!

## Engel in unseren Träumen

Zu lange liegt ein Engel schon,
völlig unnütz im Pappkarton.
Er ist gestürzt, war sehr defekt,
aus Scham hat er sich hier versteckt.
Sein linker Flügel – in zwei Teilen,
will einfach nicht zusammenheilen.
Ein wenig Kleister könnt' ich brauchen,
ihm neues Leben einzuhauchen!
Schon kann der Engel wieder fliegen,
anstatt unnütz herumzuliegen!
G'rad' jetzt braucht es doch jede Hand,
in jenem fernen Märchenland.
Wo Zwerge basteln, kleben, feilen
und Engel all das Glück verteilen.
Davon träumen doch alle Kinder,
und die Erwachsenen nicht minder.
Auch sie können es kaum erwarten,
bis dann die Weihnachtsengel starten,
der guten Herzen all gedenken,
sie mit viel Liebe reich beschenken.
Ein Küsschen und ein Dankeschön,
so friedvoll kann die Welt ausseh'n!
Die Engel könn'n wir nicht entbehren,
weil sie zu uns'rem Glück gehören.
Ein jeder Mensch, der nicht mehr träumt,
er hat ein Stückchen Glück versäumt!

*Weihnachtsengel 2004.*
*Foto: Harald Rockstuhl*

## Der Kirmeskuchen

Es war in den sechziger Jahren, und die Kirmes sollte am Wochenende gefeiert werden. Aus diesem Anlass war es Brauch, einige Festtagskuchen zu backen. Ich hatte mich für einen Quark- und einen Mohnkuchen entschieden. Zur damaligen Zeit war es noch nicht üblich, daß in einer jeden Küche ein Elektro- oder Gasherd mit einer Backröhre vorhanden war. Meine Schwiegermutter besaß eine Backröhre, denn in ihrer Küche stand ein sogenannter Kombiherd, d.h., neben einem schmalen Kohleherd war ein Elektroherd mit Backröhre und Kochplatten angebaut. Schon öfter hatte ich diese Backmöglichkeit genutzt, es war ziemlich bequem, mit einigen Schritten über den Flur, so konnte ich den Backvorgang gut kontrollieren.
Aber nun war die Kirmes geplant, und aus diesem Anlass wollte ich unsere Kuchen im großen holzbeheizten Ofen des Gemeindebackhauses backen. Die Kuchen sind dort nicht besser, aber ebenso auch nicht schlechter geraten. Weshalb ich das Backhaus wählte, wusste ich selbst nicht so genau, wahrscheinlich, weil ein mit Holz befeuerter Ofen ständig lobend erwähnt wurde.
Vor unserem Haus, in der großen Kurve der Hauptstraße und dem Lindenplatz, war schon reges Treiben. Zu dieser Zeit gab es wenig Verkehr, der sich durch unser kleines Dorf drängte, mit einem Auto war höchst selten zu rechnen. So hatten sich die Schausteller mit ihren Zirkuswagen auch direkt neben der Fahrbahn aufgebaut. Das Karussell stand schon, und auch eine Schießbude war zu sehen. Es hämmerte und klopfte in allen Ecken. Die älteren Leute hielten ihren ausgiebigen Morgenschwatz auf dem Lindenplatz, auch mein Schwiegervater war unter den Neugierigen.
Unsere ältere Tochter befand sich in der Schule, und unsere Jüngste musste ich erst in der Mittagszeit vom Kindergarten abholen. Mein Mann arbeitete auf der Obstplantage, auch er war erst zum Mittagessen wieder zu Hause zu erwarten. So hatte ich die Zeit und unsere Küche ganz für mich allein. Allerdings war auch einiges an Arbeit in Angriff zu nehmen, denn bis zu einer bestimmten Zeit hatten meine Kuchen im Backhaus zu sein, und das Mittagessen kochte sich auch nicht von selbst.
Die Kuchen sollten ganz besonders gut gelingen, dass ich sie mit Butter und nicht etwa mit Margarine bereiten würde, verstand sich von selbst. Hefeteig einmengen, Kuchenbleche einfetten, Kuchenränder aus stabiler Pappe schneiden, Quarkmasse zubereiten, den Mohnbrei kochen und ebenfalls für beide nasse Kuchen den sahnigen Guß, oder die Decke, wie wir sie nannten, das war ein ganz schön straffes Programm für mich. Aber ich war zeitig genug aufgestanden, da müsste es doch zu machen sein.

Beim Öffnen des Küchenfensters sah ich eine gute Bekannte am Haus vorüber gehen. Ich ließ sie die Quarkmasse, sowie den Mohnbrei kosten, und es schmeckte ihr vorzüglich, wie sie mir bestätigte. Mittlerweile wurde es auf dem Küchentisch und auf allen Stellflächen ziemlich eng, der Abwasch türmte sich langsam.

Teig ausrollen, dazu brauchte ich viel Platz, da schepperte es schon ab und zu. Immer öfter sah ich nach der Küchenuhr, aber ich lag gut in der Zeit. Die Kuchen waren fertig, die beiden rechteckigen Bleche konnte ich gar nicht zusammen völlig gefahrlos bis ins Backhaus bringen. Also zweimal den Weg hin und zurück, da könnte es mit dem Termin eng werden. Mir kam eine gute Idee, wie ich damals dachte. Auf ein großes, rundes Blech passten die beiden Kuchen gut nebeneinander. Einen Topflappen legte ich mir auf den Kopf, denn es ergab ein ziemliches Gewicht. Mit dem Anheben des runden Bleches hatte ich Schwierigkeiten, aber ich bekam es dann doch dorthin, wo es sein sollte. Nun durfte ich nicht mehr trödeln, die Bäckerin war bekannt für Genauigkeit und pünktlich sein. Alle Türen waren verschlossen, außerdem stand der Schwiegervater ja vor dem Hoftor, da war ein Abschließen eigentlich nicht nötig.

Die Hauptstraße hatte ich überquert, dabei musste ich gerade gehen, und vor allen Dingen auch die Kuchen gerade halten. Ich war überzeugt, dass ich mit dem Kuchentransport eine gute Idee hatte.

Irgendwie muss ich doch aus der Waagerechten gekommen sein, denn es gab ein schepperndes Geräusch, und gleichzeitig rutschten beide rechteckigen Bleche vom Unterblech und fielen platschend zu Boden. Oh mein Gott, was war das denn?

Wie angenagelt stand ich da, besah das Ende unserer Kirmeskuchen. Sicherlich gab es bei den Umstehenden manches Schmunzeln, aber das interessierte mich in dem Moment absolut gar nicht. Mein Schwiegervater brummelte irgendetwas Klugscheißerisches, das konnte ja nicht anders sein! Dass Blech auf Blech rutschen musste, das war mir in dem Moment schon selbst klar, aber hinterher ist man immer klüger. Dem Hund des Karusselfritzen schmeckte es jedenfalls bestens, man hörte es an seinem Schmatzen. Es war nun einmal passiert, in Sekundenschnelle war absolut nichts mehr zu retten.

Da konnte man sich einmal so richtig auslassen, von wegen der zugezogenen, besserwisserischen, neunmalklugen und absolut nicht zum Dorfleben passenden, eingebildeten Individualistin. Was sollte es, ich holte einen Futtereimer, Schaufel und Besen, denn auch die Schweine sollten zu den Lachenden zählen. Ich gönnte es ihnen!

Als ich in die Küche zurückkam, warf ich mich auf die Liege und ließ erst einmal meinen Tränen ihren Lauf. Woran das Unheil lag, hatte ich längst begriffen, und jene Kirmes habe ich bis heute noch nicht vergessen. Als ich

mich wieder beruhigt hatte, machte ich mich an den Heidenabwasch. Ich glaube, eine Stunde reichte dafür nicht aus.
Auf jeden Fall war wieder einmal etwas Leben in den Dorftratsch gekommen, das hat mich nicht sonderlich berührt. Viel verändert hatte der Vorfall sowieso nicht, ich war als Außenseiterin bekannt, gewöhnte mich nie so richtig ein, das beruhte auf Gegenseitigkeit! Es lebt sich eben nicht so gut, wenn man mit den Menschen nicht warm wird! Aber die Schuld des Unglücks lag ganz allein bei mir und meiner Schusseligkeit!
Für mich stand anfangs fest, dass es nun gar keinen Kuchen zur Kirmes geben würde. Aber dann kratzte ich doch alle Reste zusammen, und es ergab einen kleinen Mohnkuchen, den ich dann doch im Ofen der Schwiegermutter backte. Mittagessen fiel aus, dazu war ich viel zu aufgewühlt. Aber als mein Mann zum Mittagessen nach Hause kam, brach alle Enttäuschung über meine eigene Dummheit noch einmal so richtig aus mir heraus. Aber auch das ging vorüber, Mohn- oder Quarkkuchen gab es jedenfalls erst einmal eine ganze Weile nicht mehr!

*Gleich Kaffeezeit in Tüngeda 1988.*
*Foto: Harald Rockstuhl*

## Die Sonne und der Regen

Ein anhaltender Nieselregen,
brächt' der geschund'nen Erde Segen,
Gräser könnten aufersteh'n,
wir den Regenbogen sehen,
Für jene, die viel Sonne lieben,
war doch die Hitze übertrieben,
wir hatten wüstenhaftes Klima,
kaum jemand fand das noch so prima,
gut ist es, wenn die Sonne scheint,
doch hat sie es zu gut gemeint,
gefährlich wurden ihre Strahlen,
es war nicht recht, zu sehr zu prahlen,
mit seiner Schönheit, seinen Reizen,
damit sollt' man ein wenig geizen,
ob Sonnenhungrig, oder nicht,
der Regen sorgt für Gleichgewicht,
denn es wäre sehr vermessen,
Regenschauer zu vergessen,
die Sonne bringt uns Erntesegen,
nur im Zusammenspiel mit Regen,
wenn sie zusammen harmonieren,
wird die Natur nicht eskalieren,
denn ist der Sommer wundervoll,
dann fühl'n Natur und Mensch sich wohl!

## Des Sommers Vielfalt

Roter Mohn in voller Blüte,
bewegt von sanftem Sommerwind –
Bilder allererster Güte,
die schier einzigartig sind.
Wie viel Seelen wohl bewegte
samt – roter Mohn üppigste Pracht?
Wes liebend Herz sich just erregte,
in unvergess'ner, lauer Nacht?
Sommer fasziniert mit Düften,
unübertroff'nem Farbenspiel,
bunte Vögel in den Lüften,
lockt insgeheim ein fernes Ziel.
Des Sommers Vielfalt voll genießen,
mit großer Lust und allen Sinnen!
Kein Unwetter kann mich verdrießen,
ich möcht' vom Sommer nur gewinnen!

*Mohnfeld 2004 bei Burgtonna.*
*Foto: Harald Rockstuhl*

## Katzenplage!

Die vielen Katzen sind 'ne Plage,
sie machen Dreck bei Tag und Nacht.
Die Missstände steh'n außer Frage,
das ist nicht einfach so erdacht!
Sie rollen sich im Thymianbeet
und tollen gern im Kopfsalat,
sie scharren 'rum, bis nichts mehr steht –
wir haben es ganz gründlich satt!
Tee's und Kräuter voller Haare,
nur Katzendreck, wohin man tritt!
Von wegen saubre Gartenware –
es ist so ek'lig – was ein Schiet!
Verantwortung ist Fehlanzeige,

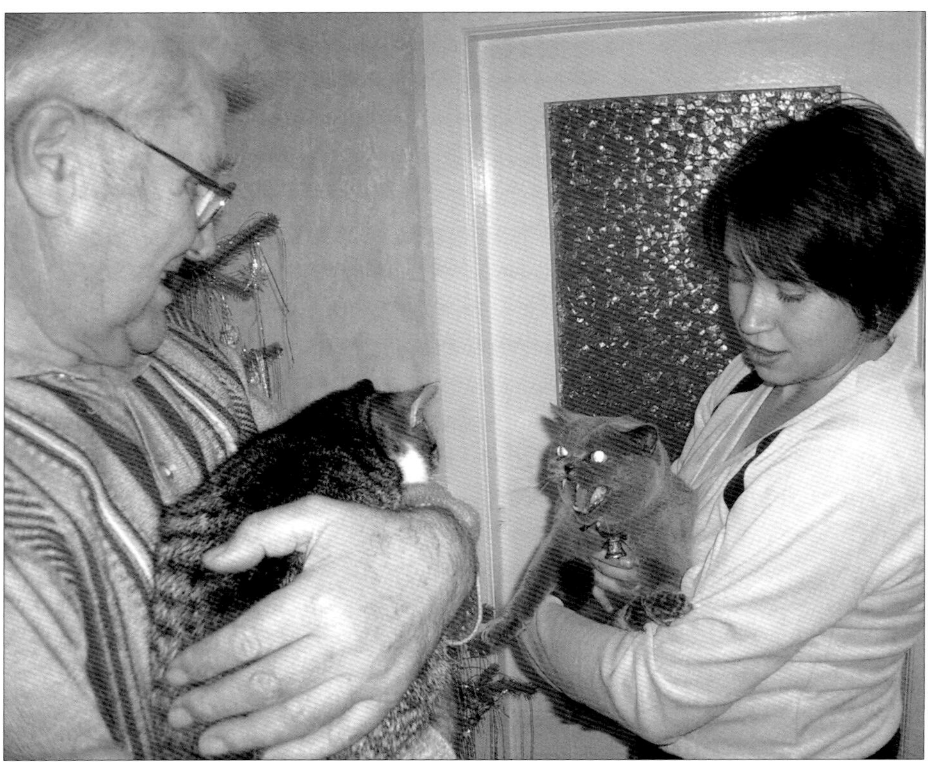

*Kampfkatze 2004.*
*Foto: Harald Rockstuhl*

wir wurden einfach so gelinkt,
alte Werte geh'n zur Neige,
und das ist es, was uns so stinkt!
Auch Katzen brauchen ein System;
man kann sie nicht an Ketten legen,
doch nichts geschieht von alledem,
man sollte den Verstand bewegen!
Die Menschen woll'n wie Menschen leben,
doch das schloss nie die Katzen aus,
denn sie hatt's immer schon gegeben –
ansonsten überwiegt die Maus!
Mit Appetit Erdbeeren essen,
kann es der Gärtner bald vergessen?

## Vögel unter'm Himmelszelt!

Mit jedem Tag wird es uns klar,
wir sind schon ziemlich weit im Jahr.
Der Hänfling tat so ungefähr,
als ob er gar zu früh d'ran wär',
um aus der Ferne heimzukehren,
sich rasch um's Brutgeschäft zu scheren!
Sein Frauchen führt er meist mit sich,
er liebt es treu und inniglich.
Sie zelebrieren Liebeslieder,
wecken Lebensgeister wieder.
Die Vögel sind ein Teil der Welt,
die ohne sie vielleicht zerfällt.
Was wären wir wohl ohne sie?
Die Welt wär' traurig, wie noch nie!
Insekten nähmen überhand,
aus allen Fugen bräch' das Land.
Kein Vogelsang, auch wenig Freude –
wir wären armselige Leute!

## Hygiene war für uns ein Fremdwort!

Die Begriffe Sauberkeit und Ordnung waren allen geläufig. Hygine war damals jedoch für uns Kinder ein Fremdwort. Es wurde auf jeden Fall während meiner Grundschulzeit nie in den Unterrichtsstunden gebraucht.
Was Sauberkeit war, wem war das nicht bewusst, aber fast eine jede Familie ging mit diesem Thema anders um. Das geschah nicht erst nach dem Kriege, auch während des Krieges und in der Zeit davor, gab es keine generellen Richtlinien, wie ein jeder mit der körperlichen Sauberkeit, der Reinlichkeit seiner Kleidung, der Sauberkeit der Wohnung und dem ganzen Drum und Dran umzugehen hätte. Ein jeder für sich war ein Reinlichkeitsphanatiker, oder aber eher ein kleines Ferkel in punkto Sauberkeit.
In vorangegangenen Aufsätzen beschrieb ich bereits das Thema „Große Wäsche". Im allgemeinen wurde relativ wenig Unterwäsche für ein jedes Familienmitglied angeschafft. Ja, wäre am Ende nach einer, oder auch zweier Wochen, ein Waschtag eingeschoben worden, dann wäre alles seinen geordneten Gang gegangen. Aber leider gab es in der Saisonzeit überhaupt keine Möglichkeit, einen vollen Tag für eine „Große Wäsche" einzuschieben. Auf dem Feld wurde jede Hand gebraucht, da war Wäsche waschen total nebensächlich. Somit hatte ein jedes Familienmitglied die Unterwäsche über einige Tage hinweg zu tragen. Das war ein unmöglicher Zustand, auf jeden Fall für mich. Obwohl ich mich nie getraute zu widersprechen, aber wenn es um das Thema Wäschewechsel ging, da gab es regelmäßig Streit zwischen Mutter und mir. Es hatte nichts mehr mit Sauberkeit, oder gar mit übertriebener Spleenigkeit zu tun, es war ganz einfach nur ekelhaft.
Gottlob ist es nicht in allen Familien um dieses banale Hin und Her gegangen, aber dieser Wahnsinn der Unsauberkeit war schon ziemlich stark verbreitet. Die Leibchen der Kinder, an denen die Gummibänder hingen, womit die langen Strümpfe angeknüpft und dauerhaft gehalten wurden, sollten möglicherweise den ganzen Winter über getragen werden. Als bekannte Querulantin für derlei Anordnungen schaffte ich mir mit meiner Sturheit keine Sympathien innerhalb unserer Familie. Ich war eben anders, keiner verstand mich, aber da ließ ich auch als kleines Mädchen schon nicht mit mir reden. Auch viel später galt ich allerorten als ausgemachte Spinnerin, weil ich von Anbeginn an in unserem Haus das Rauchen grundsätzlich verbot und von Besuchern erwartete, dass die Straßenschuhe nicht in der Wohnung getragen werden durften. Da war und bin ich gern eine Außenseiterin. Auch ich verhielt mich doch in fremden Wohnungen unaufgefordert, wie es sich gehörte.

Mit dem täglichen Waschen hat auch ein jeder seine Eigenheiten. Für mich selbst ist das normal, sich täglich zu waschen, seit ich denken kann. Kein Mensch kann jedoch dazu gezwungen werden, außer den Kindern, die es unbedingt lernen müssen. Krankheitsbedingt lag ich …zig Male in Kliniken, was ich dort alles sah und erlebte, würde Bände füllen. Seit ich die Grundschule beendet hatte, wohnte ich über Jahre in einem Wohnheim, oder Internat. Dort wäre gar nicht möglich gewesen, die Wäsche nicht zu wechseln, oder die Zahn- und Körperhygiene zu vernachlässigen. Damit möchte ich nun nicht behaupten, dass alle diejenigen, welche im Elternhaus blieben, oder dort weiterhin wohnten, hätten es mit dem Waschen schleifen lassen. Wir besaßen erst lange nach unserer Hochzeit ein eigenes Bad, aber Unsauberkeiten, die gab es bei uns dennoch nicht. Allerdings war die bäuerliche Arbeit mit sehr viel Schweiß und Schmutz verbunden. In einem kleinen Ort wusste man, in welchen Familien schon ein Bad eingebaut, und das Waschen etwas leichter zu handhaben war. Da hätte es nicht sein dürfen, dass bei einigen Frauen morgens sichtbar wurde, wer es im Bad nicht so genau nahm. Wenn es nicht so lief, waren in den Halsfalten Reste vom vortägigen Schmutz zu sehen. Also war auch ein vorhandenes Bad keine Garantie für ein täglich, zweimaliges Waschen. Oft war auch die totale Überforderung, oder Übermüdung ein Grund zur Nachlässigkeit, das aber nie ausgesprochen wurde.
Selbst erlebte ich als junge Frau, dass der Zahnarzt des Nachbarortes einen jungen Mann lauthals beschimpfte, weil dieser mit schlecht, oder ungeputzten Zähnen zur Behandlung gekommen war. Alle wartenden Patienten verfolgten das Streitgespräch im Wartezimmer, als der Patient hinausgeworfen wurde.
Tatsächlich kam der junge Mann wieder zurück zur Praxis, zwar mit hochrotem Kopf, aber immerhin.
Dazu ist anzumerken, dass in vielen Familien gar keine Zahnbürsten vorhanden waren, oder vielleicht eine für die gesamte Familie. Selbst ich erlebte das als Kind zu Hause. Wie die Eltern die Zähne einigermaßen sauber bekamen, wenn ein Zahnarzttermin anstand, das sah ich nie und weiß es bis heute nicht. Ich besaß als Einzige eine Bürste, die ich aber in einem geheimen Versteck aufbewahrte. Zu gerne hätte ich die Eltern einmal gefragt, weshalb sie keine Zahnutensilien besaßen. Das hätte solch ein Riesendonnerwetter gegeben, von wegen, dass es mich dumme Gans absolut nichts anginge, da ließ ich ein Nachbohren lieber sein. Ich galt sowieso als eingebildeter Pinsel, weil ich auch meine Füße und Beine wegen Hauttrockenheit eincremen musste. Also unbedingt herausfordern mußte man den 100%igen Ärger auch nicht. Ich war nun einmal das schwarze Schaf, oder das weiße, in diesem Fall?

Eigentlich ist es sehr genant, wenn man von den familiären Gepflogenheiten der eigenen Familie erzählt, wie es so war vor etwa sechzig Jahren, was die Sauberkeit betraf. Schlimme Dinge sah ich in manchen Familien, aber zu Hause war es nicht etwa besser. Wer das eigene Nest nicht beschmutzen mag, hält sich da lieber raus, aber ich sehe das ganz anders. Nicht bloß die positiven Dinge kann ich niederschreiben, auch sehr viele negative Eigenschaften kamen da so innerhalb einer Familie zusammen. Wenn unser Vater die Beine waschen wollte, hatte ich Hilfsdienste zu leisten, obwohl er mit mir kein Wort sprach. Genügend heißes Wasser hatte vorrätig zu sein, den Holzzuber vom Geräteschuppen hatte ich in die Küche zu holen. War dieser halb mit warmen Wasser gefüllt, begann Vater die seltsame, fast rituelle Waschung. Die Füße im Wasser, saß er auf dem alten Sitzsofa und laß die Zeitung ausgiebig. Ab und zu hatte ich Wasser nachzugießen. War dieses etwas zu heiß, brüllte mich Vater an, wie doof ich doch sei, dass ich es nie lernte. Natürlich sah ich den Zustand seiner Füße, aber heimlich! Die Feld- und Stallarbeit war selbstverständlich sehr dreckig, da kam dann auch noch der Körperschweiß hinzu. Aber hätte man da nicht besser täglich wasch …, ach was ging es mich überhaupt an, ich konnte mich nur immer wieder gehörig wundern, allerdings bloß in aller Stille, sonst ohweh …!
War dann endlich die Zeremonie beendet, trocknete Vater die Füße ab, und das scharfe Rasiermesser kam zum Einsatz. Ausputzen nannte er diesen Akt, mich erinnerte es an den Hufschmied im Kuhstall. Aber bloß die Klappe halten und bloß nicht etwa lachen, da wäre der Teufel los gewesen! Die Füße auf der lehnenfreien Bank stehend und mit dem Messer talergroße Fetzen, oh mein Gott, wohin das alles flog! Essbares stand nicht offen herum, aber irgendwie wie im Mittelalter kam es mir schon vor. Da wollte ich doch lieber total anders sein, und ich hörte mir auch die Kommentare dazu gerne an, Hauptsache anders sein, so dachte ich!
Vor einigen Jahren lag ich in einer Klinik, das Bett neben mir wurde neu belegt. Mein Gott, ich dachte sofort, dass ich glücklicherweise in zwei Tagen entlassen werden sollte. Nun sind die Menschen ja grundsätzlich unterschiedlich, aber ein solch großer Unterschied war beinahe nicht zu glauben.
Die Patientin hatte einen Fuß gebrochen, außerdem war sie so sehr dick, dass es dafür wohl keine Bezeichnung mehr gab. Aber ich ging bald nach Hause, und noch ein kleines Schwätzchen bis dahin, war wohl nicht mehr möglich, unter diesen Umständen.
Bei der Visite hob die Schwester die Decke ein wenig an, damit der Herr Professor sich den Fuß ansehen konnte. Derselbige wurde augenblicklich

blutrot im Gesicht, und es schien ihm wohl die Sprache etwas verschlagen zu haben. Was da zu sehen war, konnte ich zwar nicht sehen, wohl aber riechen. Der Chef konnte sich auch nicht mehr beherrschen und lehnte eine Untersuchung ab. Augenblicklich solle man sie ins Bad bringen und den Fuß wieder freilegen, was immer das auch bedeutete. Das hatten wir alle mitgehört, aber die Bedeutung war uns nicht klar. Außerdem hatten wir alle mit unseren Erkrankungen genügend zutun, was ginge uns da eine fremde, völlig in sich versunkene, eigenartige Nachbarin an.
Sofort nach dem Abtreten der „weißen Wolke" riß die Schwester mit ernstem Gesicht die Bettdecke herunter und ab ging es mit einem XXL-Rollstuhl ins Bad. Nach fast einer Stunde brachte man die Patientin zurück, von einer Spraywolke begleitet.
Als ich kurz darauf zur Toilette musste, kam ich am Bad vorbei. Dort stand die Türe offen und aufgeräumt war offensichtlich noch nicht. Im gesamten Badezimmer lagen talergroße Hornstücke verschiedener Stärke herum. Also zwei Kehrschaufeln hätten beim Zusammenfegen nicht ausgereicht. So etwas hatte ich noch nie gesehen, wo war eigentlich diese Masse an Horn her? Es erinnerte mich doch ziemlich an die Schmiede aus meinem Heimatort. Dort stand ich oft dabei, wenn Pferde, oder auch Kühe beschlagen wurden. Und das dort im Badezimmer gehörte zu einem Menschen, also alle Achtung vor den täglichen Leistungen der Krankenschwestern!
So geschehen vor einigen Jahren bei einer Stadtbewohnerin, nicht nach dem Krieg in einem Bauerndorf.
Nun habe ich einiges von der Körperpflege beschrieben, aber auch unsere Wäsche hat in gewisser Weise sauber, und in einem ordentlichen Zustand zu sein.
Ich erinnere mich noch genau an die Zeit kurz nach unserer Hochzeit. Mutter hatte in der dörflichen Waschanstalt weiße Wäsche eingeweicht, um sie am anderen Tag abbürsten und danach waschen zu lassen. Dafür gab es große Trommeln, die sich ähnlich unserer heutigen Waschmaschine, ständig vor- und rückwärts drehten.
Erstens hatte das Waschpulver keine so große Waschkraft wie das jetzige Persil z.B., und außerdem war die gesamte Wäsche wegen der Feld- und Stallarbeit ziemlich stark verschmutzt. Manschetten, Kragen und auch der Hosenschlitz der Unterhosen mussten schon ein wenig vorgewaschen, also abgebürstet werden, mit einer Würzelbürste und scharfer Seife. Nun ergab es sich, dass unsere Mutter stürzte und ihre rechte Hand verletzte. Ich sollte aushelfen und die Wäsche bürsten, alles andere veranlasste danach die Wäschereiangestellte.

Mit einer harten Bürste bewaffnet machte ich mich ans Werk. Neben meinem großen Bottich stand eine Bekannte aus dem Dorf, sie war in Mutters Alter. Aber sie hatten weder einen Viehstall, noch einen Acker Land. Also dachte ich mir, wäre da gar keine Bürsterei nötig gewesen.
Das Waschbrett lag schräg im Trog und wir mussten uns beeilen, denn die Wäsche hatte zu einer gewissen Zeit fertig zu sein, wegen der Waschtrommeln.
Ich wollte meine Arbeit gut machen und mir nichts Negatives nachsagen lassen. Anfangs schaute ich kaum einmal auf, weil ich fertig werden wollte. Es ging gut voran, aber ich bemerkte schon, dass die Wäsche meiner Eltern doch viel stärker verschmutzt war, als die meiner eigenen Familie.
Zufällig sah ich einmal auf das Waschbrett der Nachbarin, sie hatte ihre Not mit den Unterhosen ihres Mannes. Ich dachte, ich sehe nicht recht, wie konnte ein Mann, der in der Öffentlichkeit stand und täglich mit vielen Menschen zu tun hatte, eine solche Unterhose an seinem Körper tragen? Es war nicht zu beschreiben, so enttäuscht war ich, weil ich so etwas von jener Familie nie erwartet hätte. Aber die Nachbarin schien gar nicht zu bemerken, dass ich zwar mit ihr im Gespräch war, aber dennoch manch einen kurzen Blick riskierte. Eigentlich brauchte ich gar nicht mehr hinzuschauen, ich hatte genug gesehen. Eine Unterhose nach der anderen befand sich trotz scharfen Einweichwassers in einem saumäßigen Zustand.
Immer, wenn ich später einen dieser Familie in meinem Heimatort begegnete, waren diese verdreckten Unterhosen wieder da. So kann man sich täuschen, ich glaube die Frau wäre total beleidigt, wenn ich sie nicht zu den sauberen Menschen gezählt hätte, die es zweifelsohne auch stets gab.
Es war also immer schon die Angelegenheit eines jeden Einzelnen, wie er mit der Sauberkeit und Ordnung umging, und wie er es seinen Kindern weitergegeben hat.
Ordnung ist das halbe Leben, egal ob man es Sauberkeit, oder aber Hygiene nennt.
Egal, wer diesen Aufsatz auch lesen mag und durch ihn wieder an die Zeit der Schmierseife und kleinen Waschschüsseln erinnert wird, ich möchte niemandem einen Spiegel vorhalten. Ein jeder ist für sich selbst verantwortlich, nur übertreiben sollte man es nicht. Es kann zum Spleen werden, wenn man nur die Reinlichkeit im Kopf hat. Und es kann zur Schweinerei werden, wenn man gar keinen Wert auf ein wenig Hygiene legt. Man sollte sich nicht verrückt machen, aber auch nicht generell alles total vernachlässigen.
Es gab und gibt zu allen Zeiten solche und solche Menschen. Ich könnte eine Wette abschließen, wenn ich eine Befragung zu der Zeit vor etwa

sechzig Jahren starten würde. Ein jeder würde behaupten, immer schon eine Zahnbürste besessen, und sich schon immer täglich zweimal gründlich gewaschen zu haben.
Wer gibt schon gern zu, dass es eben damals ganz anders war mit der Sauberkeit, aber es war hundertprozentig so, nicht bloß bei uns zu Hause. Es war schon immer so, dass ich meine Augen ständig überall hatte und somit auch manches sah, was manch anderer nicht gesehen hätte.
Irgendwann in meinen jungen Jahren fiel mir auf, dass ich sehr oft, eigentlich auffällig oft, im Bett lag und einige Tage mit einem schmerzhaften Nesselfieber zu kämpfen hatte. Diese unangenehme, fieberhafte, juckende, brennende, hämmernde und sehr nervige Erkrankung, begleitet mit Erbrechen, Kopfschmerzen und Mattigkeit, befiel mich acht bis zehn Mal im Jahr. Meistens kam urplötzlich ein Zusammenbruch, wenn ich sehr aufgeregt war, und ich mich vor etwas ganz besonderst ekelte. Nach dem Erbrechen begann schon der Juckreiz am gesamten Körper. Auffällig war für mich ein vorausgegangenes Ekelerlebnis, oder ich wurde gezwungen, etwas zu essen, das ich absolut nicht wollte.
Die Probleme der Sauberkeit sind sehr mannigfaltig und beginnen oft mit kleinen Unauffälligkeiten, die sich rasch in einen wahren abscheulichen Zustand verwandeln können. Zum Beispiel sollte man einem Kind schon sehr zeitig beibringen, dass ein Taschentuch zum täglichen, ständigen Begleiter gehört. So lernt das Kind, Nase und Mund sauberzuhalten, und nicht, wie es früher sehr oft zu sehen war, das Nasensekret einfach in den Mund läuft, sich vorher vielleicht mit Staub, Sand oder Schmutz verbindet. Viele Jungen bekamen so ihren Spitznamen, manchmal verloren sie ihn nie wieder, obwohl das Problem Schmutznase längst erledigt war.
Also ohne Taschentuch sollte man nie aus dem Haus gehen, das muss schon ein Kind begreifen, wenn es ohne Schmutznase aufwachsen möchte.

Man führte mich vor vielen Jahren in einem neuen Haus herum, um es zu bewundern. Es war alles in Ordnung, und besonders das Badezimmer interessierte mich, weil wir selbst noch keines besaßen.
Auf der Konsole über dem Waschbecken lag ein größerer Kamm, scheinbar ein Familienkamm. Er war in einem derartig verdreckten Zustand, dass sich mir alle Haare aufgestellt hätten, sollte ich mich damit kämmen. Es erinnerte mich an meine Kinderzeit. Auch bei uns zu Hause lag ein solcher saumäßiger Kamm. Mit einem angespitzten Streichholz kratzte ich jedes Wochenende den groben Dreck heraus, bis ich eine Bürste einsetzte und den Kamm schließlich wieder sauber brachte. Ohne Waschbecken samt Wasserleitung, war es damals nicht so leicht, alles sauber zu halten. Aber

so etwas bei einer solchen feintuenden Familie, ich war total enttäuscht. Es passte überhaupt nicht zu jener Hausfrau, die sich gern hervortat, als sei sie etwas ganz Besonderes. So kann man sich täuschen!
Auch noch so viele Jahre nach dem Krieg.
Noch viel mehr hässliche Dinge könnte ich aufzählen, aber es ist genug. Vor allen bei Menschen, die sich für etwas ganz Besonderes halten, sah ich irgendwann zufällig besonders schlimme Dinge. Es hat mich dann derart enttäuscht, dass ich es nie mehr aus meinem Kopf bekam. Viele möchten den Anschein erwecken, als sei gerade bei ihnen in punkto Hygiene alles in Ordnung. Selten stimmt es wirklich, es gibt viele Gründe für Verfehlungen, nicht bloß in schlechten Zeiten!
Oft gab es in Küchen und Speisekammern Unmengen von Ameisen. In den alten Gebäuden, und in den Lehmwänden, hatten diese unangenehmen Tierchen es relativ leicht, an irgendetwas Essbares zu gelangen. Häuser, die nahe am Feld lagen, waren ausgesuchte Lieblingsorte für derlei Quälgeister wie Ameisen, Mäuse und manchmal sogar Ratten.
Ingesamt wohnte meine Familie in drei Häusern, immer wurden sie aus wirtschaftlichen Gründen gegen ein größeres Anwesen eingetauscht. Das größte, und für die Landwirtschaft am günstigsten angelegte Haus mitsamt den Nebengelassen, war neben einem großen Nachbargarten gelegen. Hauptsächlich eine Küchenwand und die Wand der Speisekammer steckten ziemlich tief in der angefüllten Gartenerde. Ich erinnere mich, dass wir uns vor Mäusen und Ameisen kaum retten konnten. Einige Löcher waren einfach nicht dicht zu bekommen, selbst kleine Glasscherben schreckten die Biester nicht ab. Kaum war die Falle gestellt, die Mutter stand noch in der Türe, und schon schnappte die Falle laut zu. Niemals hätte ich die Falle angefasst, so groß war mein Ekel davor. Unsere Mutter machte das Wechselgeschäft immer mit einer Kohlenschaufel und einem Feuerhaken. Nachts, wenn keiner die ganze Zeit vor dem Loch sitzen konnte und Mäuse auslösen, fanden wir frühs bloß noch das Gerippe, übersät von Ameisen vor. Mein Gott, war das eine Sauerei! Wurde das Loch mit Glasscherben oder Zement verschlossen, dauerte es bloß eine kurze Zeit, bis daneben ein neues Loch entstanden war.
Bei uns, und auch in vielen anderen Familien, wurde der Brattiegel, wir nannten diesen Gegenstand – Schaffen –, nach der Benutzung unter den Herd geschoben, ohne dass er abgewaschen worden wäre. Abwaschen war unmöglich, vor Gebrauch rieben die Köchinnen den Tiegel mit einer zusammengeknüllten Zeitung aus. Immer wieder brachte ich das Thema auf diese große Sauerei, die Folgen blieben immer gleich – Beschimpfungen, Geschrei und oft auch Strafen, weil solche Dinge mich ja gar nichts

angingen. Oftmals verzichtete ich dann auf das Essen, und wenn es noch so gut roch. Im Tiegel sah man die Mäusespuren und die Ameisen.
Die Ameisen versammelten sich zu gern in, oder auf dem Kuchen. In einen Rührasch hatten sie einmal richtige Löcher und Gänge gefressen. Tüchtiges Aufstauchen, Rütteln oder mit Hitze, so konnte man sie wieder verjagen. Nicht bloß verjagt wurden sie, wenn der gesamte Kuchen, oder auch der halbe Kuchen, ins Backhaus getragen und für einen Moment wieder in den heißen Ofen kam, da nahmen die Ameisen scharenweise Reißaus, allerdings überstanden die ahnungslosen Tierchen diese Prozedur nicht. Zu Hause ging das nur, wenn man den großen, runden Kuchen in Stücke schnitt und in die kleine Ofenröhre schob, ähnlich wie im Backhaus. Niemand nahm daran Anstoß, es war gang und gäbe, mir schmeckte der Kuchen schon wegen des Ekels nicht mehr, dafür war meine negative Vorstellungskraft, von wegen Mäusen und größeren Tieren, zu intensiv. War der Kuchen nach der Säuberungsaktion wieder erkaltet, roch er stark nach Spiritus, wahrscheinlich die bei Stress abgesonderte Ameisensäure.
Aber wie es immer so ist, gab es auf dem Lande selbstverständlich auch sehr ordentliche und saubere Menschen. Hier bestätigt die Ausnahme wieder die Regel, nämlich, dass es vor 50 oder 60 Jahren nicht so sehr um Reinlichkeit oder Hygiene ging. Je weiter wir da in der Zeit rückwärts schauen, umso auffälliger und gravierender waren die negativen Beispiele.
Mit neunzehn Jahren lag ich, wie leider so häufig, in der Erfurter Klinik wegen einer Lymphdrüsenoperation. Noch zwei Mitpatientinnen lagen mit der gleichen Diagnose im Achtzehn-Betten-Zimmer. Morgens und abends marschierten alle Patienten, die noch laufen konnten, in ein sogenanntes Bad mit einer Menge Waschbecken. Bevor wir in das Badezimmer gelangten, mussten wir den sogenannten Saal durchqueren, in ihm standen über dreißig Betten. Wie in einem Kuhstall aneinandergereiht, und die Betten mit einer Tafel versehen, auf welcher der Name und die persönlichen Daten zu lesen waren. Am liebsten hätte ich mir jedes Mal Mund und Nase zugehalten, denn es war Winter, und Lüften bedeutete, danach erneut die Luft zu erwärmen, also Geld! Allein was ich bei diesem Säuberungsakt alles sah und notgedrungener Weise auch roch, würde ins Uferlose führen.
Eines Vormittags wurden die beiden Mitpatientinnen ins Schwesternzimmer bestellt, ich selbst aber nicht. Sehr verwundert darüber, und vor allem auch vor Neugier, befragte ich eine sogenannte Hilfsschwester. Diese Schwestern waren oft gefälliger, bei Dingen, die ein wenig sensibel waren. Auf meine Frage, warum wohl die zwei jungen Damen noch einmal vorstellig werden mussten, wo wir doch am anderen Morgen zusammen, das heißt hintereinander, operiert werden sollten, bekam ich wie

selbstverständlich auch eine Antwort. „Die Sauberkeit einer Frau erkennt der Arzt unter anderem auch an der Sauberkeit ihres Nabels", damit ließ mich die kleine Schwester erst einmal stehen. Doch sie drehte sich noch einmal nach mir um und sagte, dass den beiden Frauen mit einem Wattebausch in Tinktur getaucht, der Nabel gründlich gesäubert werden musste. Mein Gott war das eine Blamage für solche jungen Frauen, die frisch verheiratet waren. Was für ein Glück, dass ich nicht ins Schwesternzimmer beordert wurde, die Sauberkeit zahlt sich eben doch immer wieder aus.

Noch weitaus grässlichere Dinge habe ich gesehen und zum Teil auch miterlebt. Aber davon zu schreiben, das wäre selbst mir zu ekelhaft, und ich werde es meinen Lesern lieber ersparen.

Heute, nachdem sich doch die Verhältnisse so einigermaßen zum Vorteil vieler Menschen geändert haben, werden es immer weniger Beispiele für die Nichtachtung der allgemeinen Hygienebestimmungen, die zu einem normalen Leben gehören. Aber man sieht es den bestimmten Typen meist schon an der Kleidung und ihrem Auftreten an, dass sie es sicherlich mit der Reinlichkeit nicht so genau nehmen. Bestenfalls kann man sich dann fernhalten, oder distanzieren, um einem größeren Übel aus dem Wege zu gehen.

Der Ausspruch: „Bei denen liegt der Kamm neben der Butter", sagt viel über die Unsauberkeit und Unordnung des Betreffenden aus. Wenn man Bohnen in den Ohren säen konnte, handelte es sich um einen sehr dreckigen Zustand der Körpervertiefungen. Noch eine Generation vor mir, war es üblich, dass es zu den Obliegenheiten des Dorflehrers gehörte, sich die Hände, Fingernägel, Ohren und das Taschentuch von den anvertrauten Schülern möglichst täglich vorzeigen zu lassen. Bei Beanstandungen gab es Hiebe mit dem Rohrstock. Obwohl es bei allem guten Willen zur Reinlichkeit oft nicht leicht war, ohne Bad, nur mittels einer winzigen Waschschüssel immer alles sauber zu halten. Gummihandschuhe gab es nicht. So blieb es nicht aus, nach der Feldarbeit, wie Kartoffel- und Rübenernte, oder dem Blatten der Tabakblätter für eine Beanstandung eine Strafe aufgebürdet zu bekommen.

Auch eine furchtbare Unsitte war es, sogar das Frühstücksbrot, und eine Scheibe Rotwurst, in einer Zeitung einzuwickeln, aber wer besaß damals schon Butterbrotpapier? Oder auch wegen fehlendem Toilettenpapiers geschnittenes Zeitungspapier benutzen zu müssen. Wobei es gar nicht fehlte, wir kannten es erst gar nicht.

Obwohl ich sehr oft wegen meines Reinlichkeitsspleens gestraft und geschimpft wurde, war ich dennoch diejenige, die immer und immer wie-

der wegen Kleinigkeiten sehr stark erkrankte. Ich war über viele Jahre Tbc-krank, aber ich trank nie unabgekochte Milch, die anderen nahmen es damit, und auch mit der Reinlichkeit nicht so genau, aber sie erkrankten nicht. Das ärgerte mich sehr, doch ich fand den Grund dafür nicht heraus. Manchmal hörte ich, dass es öfter ein seelisch bedingter Grund war, aber ob das der Wahrheit entsprach?
Als wir dann später in die Küche eine Wasserleitung gelegt bekamen, und das Becken so oft füllen konnten, bis auch wirklich alles sauber war, dann empfanden wir alles regelrecht befreiend. Nach zwanzigjähriger Ehe gab es dann auch ein neues Haus und ein Badezimmer. Heute ist dieser „Luxus“ zur Normalität geworden, und es fällt uns gar nicht mehr auf, dass es auch schlechtere Zeiten gab. Allerdings ist das Dilemma Hauttrockenheit, verbunden mit schmerzhaften Exemen bis zur Neurodermitis fortgeschritten, und das Wasser verschlimmert diese Erkrankung. Auch Gummihandschuhe sind mittlerweile tabu, es ist schon ein Fluch mit der Sauberkeit! Mir graut mittlerweile vor jedem Hautarztbesuch!

*1932 – Schlammbaden in der Nesse bei Friedrichswerth. Foto: Oskar Dorn*

## Die Schönheit fühlen

Im Buchenhain zur Morgenstund'
hört' ich Waldvöglein singen.
Mir ward' so warm rund um's Gemüt,
als hört' ich himmlisch Geigen klingen.
Ich ließ mich nieder, dort am Hain,
vergaß den Schmerz all' um mich her.
Die wundersame Melodei'n
verzauberten mich mehr und mehr.
Dankbar bin ich für das Fühlen,
das mir meine Muse schenkt,
dankbar bin ich meinem Herzen,
das mich stets gut führt und lenkt.
Für solch' glückliche Momente
gäb' ich alles Gut und Geld;
nur, wer so empfinden kann,
lebt vom Zauber dieser Welt!

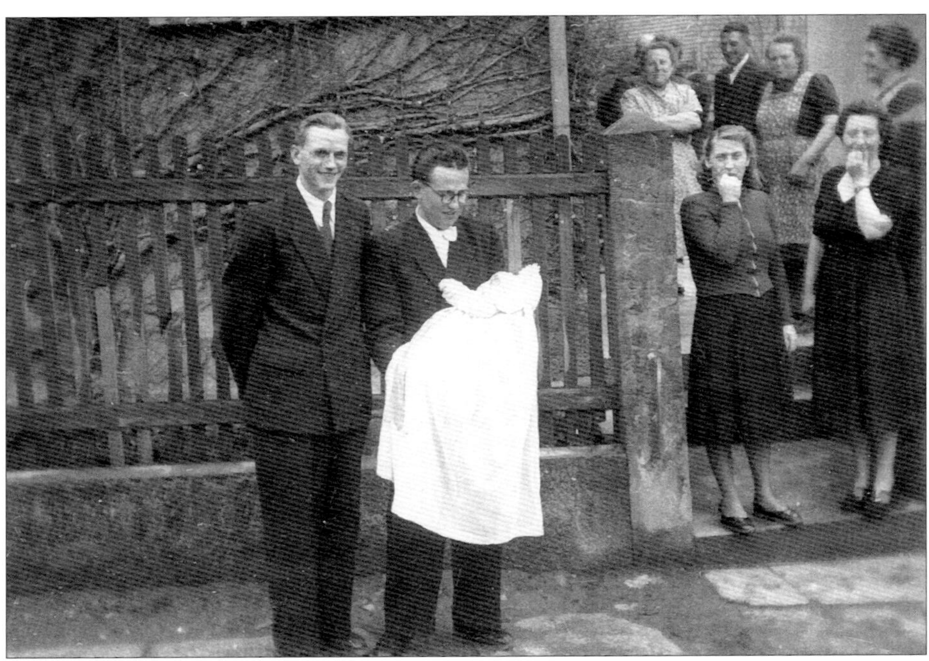

*Roland Gewalt als Pate bei seinem Neffen Fred Hildebrandt, am Haus des Großvaters väterlicherseits, Mutter, Schwester und Gäste, ca. 1955.*
*Foto: Familienalbum Gewalt*

## Vertraute Pfade!

Geh' gern auf ausgetret'nem Pfade,
dort kenn' ich schon manch einen Stein.
Ein Pfad ist selten schnurgerade
lädt mich oft zum Sinnieren ein.
Romantisch sind die alten Wege,
die Blumen dort am Wegesrand,
die kleinen Brückchen, schmalen Stege,
das ich stets sehr idyllisch fand.
Vertrauter Pfad – klingt schon verrückt,
doch ist auch viel auf ihm passiert,
bin oft tollpatschig umgeknickt,
wurd' dennoch gut nach Haus' – geführt!

*Schulklasse in Kammerforst Juli 1932. V. l. n. r. Hedwig Pfützenreuter (Zilling), Albert Wieditz, Hans Pickel, Erich Schreiber, Günter Werner, Kurt Jäger, Elli Sippel (Kley), Ernst E. ?, Elli Pfützenreuter (Kister), Herta Werner (Creuzburg), Elfriede Hasert, Gerhard Böhm, Hilda Kollascheck (Mey), Lina Schröter (Böhm), L. Mey (Stoph) und Lehrer Erich Köhler. Sammlung Walter Kley, Kammerfost*

## Du, meine große Liebe!

Jemanden von ganzem Herzen lieben,
es gibt nichts Schön'res auf der Welt!
Einem lieben Menschen treu geblieben,
wiegt mehr, als alles Gut und Geld!
Frühsommer war's, die Nächte lau,
mein Liebster bat um meine Hand.
Mir war, als träume ich bei Tag,
so, als verlör' ich den Verstand.
Beinah, als stünd' ich unter Strom,
verliebt, bis über beide Ohren!
Just, fünfzig Jahre währt es schon,
das Glück, nichts ging davon verloren.
Du bist mein Leben, mein Ein und Alles,
Du gabst mir ständig Halt und Kraft.
Auf deine Liebe war stets Verlass;
allein hätt' ich es nie geschafft!
Es gab zu viele schwere Stunden,
Du bist mir dennoch treu geblieben.
Bin glücklich, dass ich dich gefunden;
mein Leben lang werd' ich dich lieben!

## Gefundene Hilfe

Feuerrote Hagebutten
schmücken den blattlosen Strauch,
sind vom Raureif überzogen,
Winters Schmuck durch kalten Hauch.

Ein Rotkehlchen fand die Idylle,
es war hungrig schon seit Stunden.
Nun hatte es mit Gottes Wille
einen Prosamen gefunden.

Das Rotkehlchen wird überleben,
es fand den Hagebuttenstrauch,
mehr solche Sträucher sollt' es geben,
dann schaffen's and're Vöglein auch!

*Auf dem Schlitten der Fremdarbeiter und ehemaliger polnischer Goldschmied, Dateus Tiralla aus Posen, mit Roland und Schwester Regina, ca. 1939.*
*Foto: Familienalbum Gewalt*

## Höchste Vollkommenheit!

Die ersten Kraniche zogen vorüber,
weithin hörbar ihr Ruf, ihr Gesang,
sie trugen die Freude sehr weit hinüber,
weit über die Grenzen, am Himmel entlang.

Sie suchen ein Plätzchen zur Ruh', für die Nacht
und sollten vor'm Frost die Alpen noch queren.
Solange die Sonne so herzlich noch lacht,
kann sie uns sichere Tage bescheren!

Allzeit guten Flug und sonnige Tage,
eine glückliche Landung, ein sich'res Zurück!
Ich liebe die Vögel so, wie ich es sage,
sie gehören zur Heimat, ich wünsch' ihnen Glück!

## Abschied und Sehnsucht

Ein letztes Singen höre ich,
bald wird es still sein um uns her,
es ist gar nicht verwunderlich,
denn loslassen, das fällt uns schwer.
Werd' sie stets spüren, tief in mir,
die Sehnsucht nach den schönen Dingen,
dem Lenz mit all' der Blüten Zier,
den Vöglein, die mir Freude bringen.

## Gewappnet

Die Blätter färben sich und fallen,
das ist des Herbstes gold' ne Stunde.
Auch dicke Nebel wabernd wallen,
die Sonne dreht die letzte Runde.

Nüsse liegen, wie dick gesät,
und Kinder sammeln sie im Spiel.
Ein Treiben ist's von früh bis spät,
und keinem wird die Hatz zuviel.

Letztes Obst liegt dicht in Horden,
reift nach und ist des Winters Kost.
Zugvögel ziehen her vom Norden,
sie fliehen rasch vor Sturm und Frost.

Sturmgewappnet und winterfest,
wird gut verstaut, was frostgefährdet,
weil Frost nichts aus den Klauen lässt
und sich wie ein Despot gebärdet!

## Es drängt die Zeit!

Kühler gibt sich schon der Abend,
für Dachs und Igel drängt die Zeit,
Vögel sammeln sich am Himmel,
das Leben macht sie startbereit.
Über allem steht die Frage:
wer wird es schaffen, und wer nicht?
Schon denken wir an schwere Tage,
auch an die Sehnsucht nach dem Licht.
Sehnsucht nach den Sonnenstrahlen,
nach Glück und Freude, nach dem Leben;
die Zuversicht baut viele Brücken,
könnt' uns die Hoffnung Schön'res geben?

## Drei Schwälbchen

Drei Schwälbchen sind nun ausgeschlüpft,
noch etwas strubb'lig seh'n sie aus.
Tag's sitzen sie schon auf dem Drahte,
komm'n über Nacht ins sich're Haus.
Wie sich die Eltern rührig sorgen,
ob sie wohl unbekümmert sind?
Ein kleiner Piepser schon genügt,
die Hilfe kommt, schnell wie der Wind.
Gut, dass sie nicht die Route kennen,
die ihnen alles abverlangt.
Sie wirken rundherum zufrieden;
der Schöpfung sei dafür gedankt!
Und bin ich wieder einmal mutlos,
sollt' ich sie mir als Vorbild nehmen,
denn ein so zerbrechlich' kleines Ding,
könnte mich schon sehr beschämen.
Den alten Draht, auf dem die Drei
wie die Orgelpfeifen sitzen –
dies Bild hab' ich mir eingeprägt,
irgendwann wird es mir nützen.
Wie unschuldig ist die Natur
und noch so wunderschön dazu!
Wann ist die Menschheit wohl soweit
und lässt sie einfach nur in Ruh'?

## Weit über das normale Maß!

Unmerklich zog der Herbst ins Land,
der Sommer musst' die Segel streichen;
er gab sein Zepter aus der Hand –
hieß rasch vor dem Inferno weichen!
Der Herbst kam schneller, als gedacht,
zu retten, was ihm Fluten ließen.
Das Korn – dahin in einer Nacht,
wen würde das wohl nicht verdrießen?
Klimastürze ohnegleichen –
kaum einer noch versteht die Welt!
Dem Fiasko auszuweichen –
und tschüss, dem, der sich quergestellt!

## Der Holzkoffer

Unser Vater war während seines Einsatzes als Soldat in Norwegen stationiert. Wie es der Zufall so wollte, traf er an diesem entfernten Ort mit einem Soldaten zusammen, welcher ganz in der Nähe des Heimatortes unseres Vaters gemeinsam mit seiner Familie beheimatet war. So ergab es sich, dass die beiden sogenannten Kriegskameraden so oft es eben ging, zusammenhockten und von der Heimat sprachen.

Unser Vater bekam Heimaturlaub, sein neuer Kriegskamerad dagegen nicht. Nun bat der aus einem Kirschdorf stammende Bekannte unseren Vater, er solle doch bitte bei seiner Ehefrau vorsprechen und ihm etwas aus der heimatlichen Küche nach Norwegen mitbringen. In schweren Zeiten steht man zueinander, da ist einer für den anderen da, nur so wird das Durchhalten etwas leichter.

Unser Vater fuhr mit dem Fahrrad unter den Berg, denn unterhalb der Fahner Höhe, in einem kleinen Kirschdorf, wollte er die Ehefrau des Kriegskameraden um ein kleines Mitbringsel bitten.

Das Beförderungsbehältnis war ein aus Holz gearbeiteter, durchschnittlich großer Koffer. Ob es Vaters Eigentum war, oder aber dem Obstbauern gehörte, weiß ich leider nicht. Ich kann mich an dieses Monstrum von einem Koffer erinnern, er befand sich auf unserem Hausboden und wurde von unserer Familie nie benutzt.

Wie ich später erfuhr, packte man meinem Vater den besagten Koffer bis an den Rand voller Überraschungen. Bei der Übergabe des Expressgutes war unser Vater derart über das Gewicht erschrocken, dass es ihm buchstäblich total die Sprache verschlug. Er bugsierte den Holzkoffer auf sein Fahrrad und schob selbiges erst einmal keuchend den Berg hinauf. Oben angekommen, hätte das Fahrrad bergab gut rollen können, wenn sich da nicht die Größe des Koffers und das Balancehalten als ziemlich schwierig gestalteten. Bis zu Vaters Abreise nahm das Thema Holzkoffer wohl einen enorm großen Raum ein. Die Bahnfahrt von Molschleben bei Gotha bis zum Stützpunkt in Norwegen war auch keine Erholungsreise, wie ich den Reisebericht noch etwas in Erinnerung habe.

Auf jeden Fall kam das Mitbringsel, trotz des vielfachen beschwerlichen Umsteigens, doch irgendwie an. Vater konnte sich bei der Übergabe nicht zurückhalten, um seinem Herzen endlich Luft zu machen. Vor allem platzte er schier vor Neugier, was wohl ein so enormes Gewicht des Gepäckstückes unseren Vater über Tage in Schach hielt und unter Druck setzte.

Der Kriegskamerad und Obstbauer kramte den Kofferschlüssel hervor und öffnete gespannt den Deckel. Nicht bloß unserem Vater samt dem Birnbaumbesitzer verschlug es die Sprache, auch alle umstehenden, neugierigen Soldaten hielten sich den Bauch vor Lachen. Unserem stolzen Vater passte das gar nicht, weil er als Genasführter und Geblaumeierter ganz schön blöd dastand.

Im besagten Koffer befand sich ehemals weiße Unterwäsche, samt Unmengen von zermatschten Birnen. Überreife, saftige Petersbirnen hatten sich durch die lange Reise, die Hitze und der ständigen Schaukelei, in Wohlgefallen aufgelöst und die Wäsche braun gefärbt.

Der Kriegskamerad freute sich doch während der letzten Tage auf allerlei Köstlichkeiten, die ihm seine Ehefrau schicken würde. Sie hatte auch jedes Eckchen mit den köstlichen Birnen ausgefüllt. Wer das Gewicht von Birnen kennt, dazu die Kilozahl des Holzkoffers hinzurechnet, hat eine ungefähre Vorstellung vom Gesamtgewicht.

Vater hätte später nach dem Krieg nicht bei fröhlichen Anlässen von dieser Birnenreise erzählen dürfen. Er hatte jedenfalls stets die Lacher auf der Gegenseite, sobald sich das Gespräch um Birnen drehte. Den Kriegskameraden von der Fahner Höhe zählte unser Vater jedenfalls nicht mehr zu seinen guten Bekannten.

Immer, wenn ich ein Familienmitglied des Birnbaumbesitzers traf, konnte ich mir ein leichtes Schmunzeln nicht verkneifen. Aber dass diese große Schlappe ausgerechnet unserem umsichtigen und gescheiten Vater passieren musste, das sah ich als einen kleinen Wink des Schicksals an. Wäre ich mit diesem Birnentransport irgendwie verbandelt gewesen, hätte mich unser Vater garantiert einen Blödian nach dem anderen geheißen.

Weshalb der verwünschte Koffer auf unserem Dachboden unter den Ziegeln gelandet ist, finde ich nun heute nicht mehr heraus.

Auf jeden Fall sorgte dieses Vorkommnis stets für viel Gelächter, wo, oder von wem es auch immer zum Besten gegeben wurde.

## Weltuntergangsstimmung?

Der Herbst kam viel zu früh ins Land,
verfärbte rasch das erste Laub.
Das Wasser ging ihm flott zur Hand,
das Nass löschte den Sommerstaub.
Die Vögel zieh'n nach Süden hin,
verlassen unsere Gefilde.
Der Frühherbst war uns kein Gewinn,
sparte Sonnenschein und Milde.
Ich hoff', der Herbst besinnt sich noch,
lässt den Altweibersommer fliegen!
Denn alles Leben sehnt sich doch,
noch etwas Sonne abzukriegen!
Weltuntergang wird simuliert,
es wird geunkt und prophezeit,
gut, wer die Hoffnung nicht verliert –
das Licht hat uns noch stets befreit!

*Wenn die Neugier nicht wäre, Pfingstreiten-Umzug.*
*Sammlung Ewald Roth*

## Erster Reif liegt auf den Wiesen

Mir scheint der Morgen ganz verändert,
auf Wiesen liegt der erste Reif.
Ein jedes Gräschen – weiß gerändert;
ich spür's, die Finger werden steif.

Nun wird es ernst, die Tage schwinden,
die Sonne hat an Kraft verloren.
Die Zeit ist da, sich abzufinden,
Spätherbst wurd' über Nacht geboren!

Geht's langsam an, die Zeit ist da,
der Morgen wird mit „weiß" beginnen.
Es ist natürlich, was geschah,
wir sollten Gutes d'raus gewinnen!

Ein jeder Tag hat etwas Gutes,
nur finden lässt es sich nicht leicht.
Bleib' auf dem Weg, sei guten Mutes,
so hast du bald das Ziel erreicht!

*Pulverturm in Bad Langensalza am Japanischen Garten im Schnee.*
*Foto: Harald Rockstuhl*

## Die Winterruhe

Nun ist es draußen still im Garten,
kein Vogel mehr, der morgens singt.
Selbst die Amsel lässt uns warten,
die abends auch kein Lied mehr bringt.
Letzte Blütenblätter fallen
vom Rosenstrauch, seit Tagen schon.
Die Chrysanthemen blüh'n von allen
bis hin zum Frost, des Gärtners Lohn!

Genügsam sein zahlt sich jetzt aus,
Zeit ist es, auch die Geduld zu pflegen.
Der Herbststurm zwingt uns bald ins Haus;
die Natur wird sich zur Ruhe legen.

So, wie der Igel und die Bienen,
sie sammeln Kraft für's neue Jahr;
die Ruhe kann dem Neuen dienen,
so, wie es stets im Winter war.
Würden die Blumen stetig blühen
und auch die Sonne täglich scheinen,
zu viel wär' es der großen Mühen,
wir wären's über, will ich meinen.

Bin voller Hoffnung auf das Neue.
Der Glaube nährt die Zuversicht.
Wie ich mich auf den Frühling freue,
und all' das Dunkel schreckt mich nicht!

*Foto: Harald Rockstuhl*

## Der ungewöhnliche Herbstbeginn

Den Sommer hat er uns vermiest,
dem Landmann kam er nicht gelegen –
er hat den Lohn fast eingebüßt –
verregnet ist der Erntesegen!
Ansonsten ist der Frühherbst reich,
an Bildern, die das Herz erwärmen.
Es sind schon erste Nüsse reif,
wenn stetig Spechte hämmernd lärmen.
Schon wabern dünne Schleiernebel –
die ersten Blätter auf den Wegen!
Der Herbst hat viele solcher Faible –
er schickt uns Dunst, Tau oder Regen.
Wenn über uns Schneegänse ziehen,
und Kraniche rufen vom nahen Teich,
dann muss der Herbst sich nicht mehr mühen,
er richtet sich ein in seinem Reich.
Doch noch erfreut uns die herbstliche Sonne,
sie bringt allem Obst noch Süße und Biss.
Das Leben genießt die seltene Wonne –
wir brauchen Wärme, so viel ist gewiss.
Den schönen Herbst, lasst ihn uns genießen!
Wir speichern tief in uns das herbstliche Glück.
So leicht kann uns kein Winter verdrießen,
wir holen Momente der Freude zurück!

## Sei es, wie es sei!

Ach, wie die Jahre doch vergehen,
die Zeit fliegt einfach so dahin.
Sie läuft nicht rückwärts, bleibt nicht stehen,
fragt nicht, ob ich's zufrieden bin!

Würd' manchmal gern die Zeit anhalten,
genießen mehr den Augenblick,
möchte das Alter nicht verwalten,
holt' gern die Jugendzeit zurück!

Doch, bliebe dann das Maß gewahrt?
Wo blieb das Zünglein an der Waage?

Wird nicht mit Lust und Glück gespart,
dann folgen oftmals trübe Tage!
Wie lang' wird sich die Uhr noch drehen?
Manch' Aufregung wird es noch geben!
Und bleibt die Uhr irgendwann stehen,
bin ich doch dankbar für mein Leben!

## „Mein Wunschbild" einer Mutter!

Das Bild unseren lieben Mutter
bleibt ein Leben lang in uns bewahrt.
Auch dann noch, wenn wir längst Mütter sind,
bleibt's ein Juwel, der besonderen Art.

„Du hast mir Geschichten erzählt
und mich in den Schlaf gewiegt.
Du hast mich viel Gutes gelehrt,
Gutes, das Tränen besiegt.
Du wachtest an meinem Krankenbett,
hast mir oft Trost gespendet.
Du hast Dich, wie der treueste Freund
nie gegen mich gewendet.
Ich möchte dir von Herzen danken,
nicht nur an deinem Ehrentag!
Ich möchte dir ganz einfach sagen,
wie lieb und wie gern ich dich mag!"

## Schluss mit lustig!

Blumenstauden ausgerissen,
wie wertlos über'n Zaun geschmissen,
dem Weihnachtsbaum das Licht geklaut,
das Bushäuschen total versaut.
Vandalismus, das ist klar!
So gescheh'n im alten Jahr.
Traurig stimmen solche Taten!
Grenzen wären angeraten!
Wer kennt sie nicht, die Jugendstreiche?
Heut' stellt die Jugend selbst die Weiche!
Und fahren einige zu weit,
dann wird ein Bremsen höchste Zeit!

Nun hat das neue Jahr begonnen.
Sich eines Besseren besonnen?
Wir hoffen d'rauf! Es wäre schön,
'mal was Erfreuliches zu seh'n!!!

## Bilder, die das Herz berühren

Nur noch der Himmel ist geblieben!
Kein Obdach mehr, trotz Eis und Frost!
Wie Vieh von Haus und Hof vertrieben!
Was bleibt den Menschen noch an Trost?
Sie kampieren nachts im Freien
und suchen unter Planen Schutz.
Kann der Mensch das je verzeihen –
Massaker, all' der Kriege Schmutz?
Gott, was dauern mich die Kinder,
schon deshalb, weil sie hilflos sind
und leichte Beute für die Schinder!
Zum Teufel mit dem Kriegsgesind'!
Setzt ein Ende diesem Sterben!
Der Spendensumpf im eig'nen Land!
Mein Vertrauen liegt in Scherben,
verletzt das Herz, trübt den Verstand!

## Unser größtes Geschenk

Die Schöpfung schuf dereinst das Leben,
schenkte dem Menschen Hirn und Verstand.
Die Liebe wurde ihm gegeben,
doch der Hass nicht ewiglich verbannt!
Selbst schuf der Mensch stets schon das Böse,
so, wie die Lüge, den Neid, die Gier,
er zeigt nichts an menschlicher Größe,
wohnt nahe beim Bösen, Tür an Tür.
Die Natur sollten wir lieben,
doch was hat der Mensch daraus gemacht?
Ist nicht bei seinem Wort geblieben,
hat erst gehandelt, dann gedacht!

Es wird gemordet und getrogen,
geraubt, misshandelt und geschlagen.
Hat dies die Schöpfung je erwogen?
Mich ekelt es an manchen Tagen!
Ist es die Menschheit denn noch wert,
dass sich die Welt noch weiter dreht?
Nicht ich erhebe hier das Schwert,
ein jeder weiß' es, wo er steht!
Überall Feindschaft, wohin man auch sieht,
man kann die Opfer kaum noch zählen!
Ganz gleich, wohin das Schwächere flieht,
man will es finden und es quälen!

Was ist aus unserer Welt geworden?
So friedvoll hat es einst begonnen.
Beendet endlich all das Morden!
Noch hat das Böse nicht gewonnen!

## Ehre, wem Ehre gebührt!

Die Kraftstoffpreise explodieren,
wer soll das denn noch bilanzieren?
Der Staat verdient, auch die Konzerne,
vom „kleinen Mann“ nimmt man es gerne.
Der „kleine Mann“ wird nicht gefragt,
als ob ihn sonst nichts weiter plagt!
Längst zahlt er für die Inflation,
glaubt man, er spüre nichts davon?
Was ist aus uns'rem Land geworden?
Ich denk' an Wulff und Wulff's Konsorten!
Der – Herr – wird fürstlich honoriert,
der „kleine Mann“ ist angeschmiert.
Der „kleine Mann“ und Steuerzahler,
zahlt all die Blender und die Prahler!
Uns fehlt jemand, der früh erkennt,
das, was die Spreu vom Weizen trennt.
Herr Wulff gibt sich ganz ungeniert,
wenn er den „Ehren“-Sold kassiert.
Er hat erreicht, was er geplant,
von Anfang an bloß abgesahnt!

Ich wünscht' ihm ein strenges Strafgericht
und hoffe, er entkommt ihm nicht!
Wer keine „Ehre“ trägt in sich,
der ist als Mensch recht widerlich!

Milliarden braucht's für Griechenland
auch andere öffnen schon die Hand.
Mit Billionen jongliert man schon –
grenzt das nicht längst an Abstraktion?
Wir sind doch bloß ein kleines Land,
es braucht viel Herz und viel Verstand.
Ich hoffe, es ist angemessen –
auch unser Volk wird nicht vergessen!

## Die kleine Feldlerche

Als erste Vögel kehrten sie heim,
die Lerchen, sie sollten willkommen sein!
Sie stiegen, fielen und sangen dabei,
für uns Kinder war es wie Zauberei.
Früh schon hinaus in die Felder gehen,
um nach den wendigen Lerchen zu seh'n,
wie sie mit schwirrend bewegten Schwingen,
sich im Schraubenflug gen Himmel bringen,
mit ihrem schlicht – erdfarbenen Kleide,
in der Sonne schillern wie feine Seide,
dass es mir beinah das Herz zerreißt,
und dann doch wieder zusammenschweißt,
mit dem bescheidenen Vögelein,
denn nichts kann einzigartiger sein,
als dies mein Erleben in der Natur,
es war nicht das Flattern und Schweben nur,
das mich auf seltsame Weise berührt,
als habe man mich durch Träume geführt.
Es war das Trällern, Zirpen und Singen,
das mir ewig im Herzen wird klingen,
mich erinnern an unvergessliche Tage,
ein Kindheitserlebnis, ganz ohne Frage!

## Das Adventfenster

Unser Dorfkindergarten war in einem einstöckigen, hell getünchten Haus untergebracht, das in der Honiggasse Nr. 2 stand.
Das Haus, die Eingangstür, ein zweiflügeliges, flaches Tor und eine dicke Steinmauer schlossen unseren Spielhof nach der Honiggasse hin ab.
Wohl vier oder fünf Jahre alt mag ich gewesen sein, und ich befand mich in jenem Kindergarten, als ich zum ersten Mal ein Fenster intensiv und ganz bewusst betrachtete.
Es war Adventszeit, jene Zeit, in der es in einer warmen Stube besonders gemütlich ist. Es hatte noch nicht geschneit, aber der tägliche Regen sorgte dafür, dass sich die Dorfstraßen in eine einzige, große Schlammpfütze verwandelten. Bei solchem Sauwetter jage niemand einen räudigen Hund vor die Türe, so sagten die alten Bauern damals. Später wurde ich fast in jedem Jahr an diesen derben Ausspruch erinnert. Immer dann, wenn ich in der Adventszeit dem schlechten Wetter aus dem Wege zu gehen versuchte. Tatsächlich fand ich auch stets ein trockenes, warmes Plätzchen.
Wir Kinder saßen in der Puppenecke, dort, wo das Kasperletheater, der Puppenwagen, das Schaukelpferd und die Bausteinkiste ihren Platz hatten. Draußen war es schon dunkel geworden. Unsere kleinen Stühlchen waren in einem Kreis aufgestellt. In der Mitte hing ein großer Adventskranz, von roten, breiten Schleifen gehalten, von der Zimmerdecke herab. Auf ihm brannte die erste Kerze, und die Kindertante las Märchen aus einem alten Buch.
Wir sangen das Lied vom Nikolaus vor dem Tore, das wir Tage zuvor eingeübt hatten. Ob sich wohl hinter einer jeden Kinderstirn nach dem gesungenen Lied ein kleines, ganz persönliches Märchen zu entwickeln begann? Ich wusste es nicht, war so in meine Gedanken um den Nikolaus vertieft, dass ich dem vorgetragenen Märchen nicht mehr folgen konnte.
Ich starrte wie gebannt auf das dunkle Fenster, nahe dem Tor, hinter dem der Nikolaus sein musste.
Ganz genau betrachtete ich nun das Fenster mit seinem schmalen, verblichenen Vorhang und der hölzernen Fensterbank. Ein paar spärliche Tannenzweige darauf, versuchten wohl die Schäbigkeit ein wenig zu verdecken. Das Glas der Sprossenscheiben glänzte, als hätte jemand klares Wasser darüber gegossen. Das Licht der ersten brennenden Adventskerze spiegelte sich darin wider. Vom oberen Fensterwirbel hing ein dünner Faden mit einem roten Papierstern. Wie gern hätte ich einmal zum Nikolaus hinausgesehen. Das hintergründige Dunkel schien mir aber dann doch

etwas unheimlich, außerdem war das Fenster sowieso unerreichbar hoch für mich. So träumte ich meinen wunderschönen Traum, der seinen Platz hinter der Fensterscheibe hatte. Ich sah mich umgeben von kleinen Engeln, buntem Spielzeug und vor Freude strahlenden Kindern. Mittendrin saß meine alte Puppe Anna mit neuen Kleidern und leuchtenden Augen. Ich war überglücklich, und wohl etwas verwirrt, als ein Kind an mein Stühlchen gestoßen war und mich aus meinem Traum zurückholte.
Vielleicht konnte ich mich gerade wegen dieses Wunschtraumes so sehr in die Vorfreude auf Weihnachten hineinsteigern, dieses warme Gefühl der Geborgenheit so verinnerlichen, dass es die vielen Jahre meines Lebens überdauerte.
Wenn ich heute an jenem alten Haus vorbeikomme, schaue ich jedes Mal etwas wehmütig nach „meinem Adventfenster“, das mir einst so viel kindliche Hoffnung gab. Und immer noch beschleicht mich der Wunsch, noch einmal, abends zur Adventszeit, von drinnen nach draußen sehen zu können. Aber womöglich wäre es ernüchternd, und die schönen Erinnerungen verblassen.
So gehe ich mit der Gewissheit vorüber, dass wir die Hoffnung nicht verlieren, solange wir träumen können.

*Hannalore Gewalt – Krippenspiel – aufgebaut im Flur Ihres Hauses. Foto: Harald Rockstuhl 2013*

# Einstimmen auf den Advent

Die Natur schläft tief und fest,
warm zugedeckt von Eis und Schnee;
wenn man sie ruhig schlafen lässt,
tut Frost der Wintersaat nicht weh'!

Die Sonne weckt sie übers's Jahr,
wohltuend hilft ein warmer Regen;
und schon im Mai wird offenbar:
„Die Winterruhe war ein Segen!"

Die Wintersonne tut uns gut.
Der Sturm hat sich früh ausgetobt,
er schwang das Zepter resolut,
wie es im Herbst so oft geprobt.

Nun wird es ruhig in den Sphären.
Die Sehnsucht nach Geborgenheit,
ganz simpel lässt sie sich erklären:
Es ist Advent – Vorweihnachtszeit!

Wie einsam liegen Dorf und Gassen,
ganz sacht ein erster Hauch von Schnee.
Die Flur schläft ruhig, wie verlassen –
kein Vogelruf vom nahen See!

*Foto: Harald Rockstuhl*

## Das Adventlicht

Das letzte Grün ist fahl geworden,
Tristess, wo es einst bunt geblüht,
arg frostig stürmt's vom hohen Norden,
die Dunkelheit trübt das Gemüt.

Seh' noch das Vogelnest im Baum,
ich liebte so sehr den Gesang,
um Piepmätze mit weichem Flaum;
wird es mir nun ein wenig bang?

Ich schneid' mir grüne Tannenzweige,
drapiere sie mit Kerzenschein;
und wenn ich je zur Wehmut neige,
wird Licht mich trösten, Hoffnung sein.

## Warten auf Weihnacht

Lautlos fällt der Schnee zur Erde,
ein leichter Wind weht ihn durch's Land;
warten, dass es Weihnacht werde,
wo Hoffnung, die Erfüllung fand.

Der Advent bringt uns die Freude,
auch Wärme und Geborgenheit;
Besinnlichkeit beim Festgeläute –
Weihnacht, du stille, hohe Zeit!

Ein Stück weit öffnen sich die Herzen,
auf Zuversicht lässt sich gut bauen;
geborgen sein im Schein der Kerzen –
und auf die Hoffnung fest vertrauen!

## Weihnacht – o stille, hohe Zeit!

Still wird es in allen Gassen,
alle Wege führen nach Haus,
auf den Plätzen, in den Straßen,
löst leise sich der Trubel auf.
So, als käme es von oben,
fügt sich alles Schritt in Schritt.
Kinderlärm und all ihr Toben
schluckt die Dämm'rung, nimmt es mit.
Als leuchteten die Kerzen heller,
als sei viel wärmer heut' ihr Schein,
so, als verging die Zeit viel schneller –
es musst' etwas geschehen sein!
Unbewusst ist sie in allen,
diese Wärme, diese Liebe,
und es sollte uns gefallen,
dass es ganz tief in uns bliebe!
Freude schenken, manches verzeihen,
den Nächsten stützen, ihn versteh'n,
sich in das Heer der Helfer reihen,
sich nicht nach jedem Winde dreh'n!
Die Wärme und Geborgenheit,
das Wiederfinden, samt dem Glück!
Ich hoffe, diese hohe Zeit
bringt uns Verlorenes zurück!
Wir sollten all die Zeichen deuten,
denn noch nicht alles ist verloren.
Wenn in der Nacht die Glocken läuten,
bedenkt, ein Kind wurd' uns geboren!!!!

## Advent !

Ein kleines Mädchen, das nichts wusste vom Nikolaus, auch nichts von der wunderschönen Zeit des Advents. Es konnte auch nicht anders sein damals. Der Vater war, wie so viele Väter auch, draußen im Krieg. Die Mutter steckte weit mehr, als ich zu jener Zeit je verstehen konnte, in viel Arbeit und wohl tausend Nöten. Das waren kleine und große Sorgen, für uns Kinder nicht unbedingt spürbar, aber doch gab es da kleine Vorahnungen, genährt von den vielen, heimlichen Tränen unserer Mutter.
Im Elternhaus war von der Adventszeit, oder dem Nikolaustag, nichts zu merken. Es gab keinen brennenden und wärmenden Kerzenschein, keine frischen, grünen Zweige im Haus, auch keine zu Herzen gehenden Erzählungen der Mutter.
Aber damals verlor ich, wie durch einen unerklärten Zauber, meine Abneigung vor dem Kindergartenbesuch. Plötzlich hatte sich alles ins Gegenteil verkehrt, ich fieberte förmlich nach dem Kindergarten. Mir gefielen die Geschichten und Erzählungen der Kindertanten überaus gut. Sie machten mich fast an einem jeden Nachmittag so unendlich traurig und doch wieder glücklich zugleich. Wenn die Kerzen am Adventskranz brannten, der mit breiten, roten Schleifen von der Decke hing, verstummten urplötzlich all' die dünnen Kinderstimmchen, und nicht bloß ich allein versank in einen wundersamen Traum. Ich kann mich noch so deutlich daran erinnern, dass mir nun nach etwa 68 Jahren noch eine Gänsehaut über den Rücken rieselt. So vieles verstand ich nicht von den Begriffen und Zusammenhängen der orientalischen Welt. Vielleicht deshalb, weil in unserer Familie die Vorweihnachtszeit nicht verinnerlicht und gelebt wurde. Ja, kein einziges Wort wurde darüber verloren, und unsere Mutter war sehr ungehalten, wenn ich etwas erklärt haben wollte. Wie sollte ich dann die mir völlig fremde Welt begreifen? Auch später dann der Kirchenbesuch gab mir so viele Rätsel auf und brachte mich manchmal völlig durcheinander. So baute ich mir meine eigene, kleine Welt auf, und es sollte noch einige Zeit dauern, bis da ein wenig Licht in meinen kleinen Verstand kam.
Aber ich war so berauscht von diesen neuen Dingen, es gefiel mir, auch wenn ich wenig wirklich verstand. Als ich später eine eigene, kleine Familie hatte, mit ganz kleinem Portmonee, gestaltete ich diese schönste Zeit des Jahres nach meinem Glücksempfinden. Unseren Kindern erzählte ich von unvergesslichen Erinnerungen aus meiner Kinderzeit.
In jedem Jahr freue ich mich ganz besonders auf die Wärme und Geborgenheit der Adventszeit. So richtig genießen kann ich diese Wochen der Vorfreude. Ganz besonders im Advent versuche ich Freude und Wärme

weiterzugeben. Und immer dann, wenn mein kleines Geschenk freudig angenommen wird, erinnere ich mich sehr deutlich an die kargen Kriegs- und Nachkriegsjahre.

Ich wünsche allen Lesern eine wunderschöne und zufriedene Adventszeit, eine besinnliche Weihnacht und ein gesundes neues Jahr!

## Eine glückliche Kindheit, so wie sie sein soll!

Mein Ehemann Roland erzählt gelegentlich von seinen Kindheitserlebnissen. Dabei höre ich gerne zu, wohl auch, weil ich einen großen Unterschied im Erleben der Kindheitserinnerungen feststellen kann. Er als Junge in einem wohlbehüteten Familienverband mit seinen Eltern, Geschwistern und Großeltern. In fast einem jeden seiner Sätze höre ich das gute Miteinander zwischen den Familienmitgliedern, gleichfalls die Liebe, welche die Kinder beschützte und die Eltern und Großeltern glücklich sein ließ, heraus.
Anfangs machte es mich sehr traurig, weil ich dieses schöne Gefühl nie kannte und es ein Leben lang vermisste. Roland spricht so warmherzig von dem Erleben mit seinen Geschwistern, Eltern und Großeltern, dass ich fast ein wenig neidisch darauf bin. Aber ich gönne es ihm von Herzen, ich hätte es nur gern selbst erlebt.
Roland war ein ganz normales Kind, auch seine Kindheit verlief nicht ohne Streiche, oder unüberlegtem Handeln ab. Worüber die Eltern allerdings nie zornig waren und mit harten Strafen wie Schlägen, Demütigungen oder folgenschweren Erniedrigungen reagierten. Und dieser Unterschied zu meinen Erfahrungen hatte nichts damit zu tun, dass er in einem reicheren Hause aufwuchs, als ich.

*Rolands Bruder Eugen um 1925.*
*Foto: Familienalbum Gewalt*

*Hedwig Gewalt (Rolands Mutter) als junges Mädchen mit Nachbarskind, Erika Schütz, Kleinfahner, ca. 1917.*
*Foto: Familienalbum Gewalt*

Roland wurde nie geschlagen, weder von den Eltern, noch den Großeltern. Er musste nie ohne Essen schlafen gehen, er hatte alle Zeit der Welt für seine Schulaufgaben, er durfte seine Kindheit leben und genießen.
Natürlich half auch Roland im Hof oder auf dem Feld mit, aber nicht ein tägliches, hartes Arbeitspensum bestimmte seinen Tag. Es hatte bei ihm alles ein völlig anderes Maß, es ist ein gravierender Unterschied, ob das Helfen aus kindgerechten leichten Hilfsarbeiten besteht, oder ob die tägliche Pflicht ein Kind kräftemäßig total überfordert und nebenbei dessen Gesundheit schädigt.
Roland wuchs in einem größeren Bauernhof auf, ich unterschied die Größe der Höfe immer an den Zugtieren, d.h. Pferde oder Kühe. Wie ein jeder Junge, so war auch er schon als Kind ein begeisterter Pferdefreund. Gerne war er mit seinem Großvater zusammen, viele Lebenshilfen und auch die Liebe zum Acker und den Tieren verdankt er seinem Großvater. Mit der Großmutter ging er Kräuter und Waldbeeren sammeln, er lernte alles über die Bienen, über die Betreibung eines Backofens und der Pflege eines Gartens.
Während des Krieges waren auch im Hof seiner Eltern polnische und russische Kriegsgefangene beschäftigt. Roland war mit einem jeden gut befreundet, und er erzählt heute noch von diversen lustigen und unvergesslichen Erinnerungen aus dieser Zeit.
An eine russische Studentin mit dem Namen Rosa erinnert er sich gern. Damals waren die Winter streng, und wärmende Bekleidung wie überall Mangelware.
Von Bekannten wusste man, dass am Erfurter Nordbahnhof ein großes Lager mit Armeebekleidung bestand. Ein paar Filzstiefel, oder vielleicht ein Fahrrad wollten sie eventuell von der amerikanischen Wachmannschaft erstehen. Hühnereier wurden eingepackt, denn es war bekannt, dass die amerikani-

schen Soldaten davon nicht abgeneigt waren. So machten sich die Studentin Rosa, ihr Freund, ein polnischer Fremdarbeiter, und der kleine Roland auf die Reise. Es gab ganz schön viel zu strampeln bis nach Erfurt Nord und zurück. Roland saß auf der Querstange eines Herrenfahrrades, welches von dem jungen Mädchen gelenkt wurde. Sie hatten sich vorgenommen, auf der Rücktour für einen jeden ein Fahrrad zu haben. Rosa und deren Freund diskutierten ewig mit den Wachposten. Die Eier wurden abgegeben, Roland stand indessen am Eingang und hatte auf die 2 Fahrräder aufzupassen.
Nach einer Zeit schoben die beiden Verhändler ein Fahrrad aus dem Lager, mit einem Strick waren einige neue Filzstiefel zusammengebunden, alles wechselte den Eigentümer. Wie die

*Rosa, russische Fremdarbeiterin, Studentin aus Kiew. Foto: Familienalbum Gewalt*

*Roland Gewalt mit seiner kleineren Schwester Regina, ca. 1935. Foto: Familienalbum Gewalt*

*Meine Schulklasse Molschleben 1950. Foto: Familienalbum Gewalt*

Verhandlungen verliefen, blieb ein Geheimnis. Roland freute sich auf die neuen Stiefel und auf das Fahrrad, so war die weite Heimtour nur noch halb so anstrengend. Auch der nächste harte Winter war längst nicht mehr so furchterregend wie bisher.

Zuhause erzählte der Junge von seiner Fahrradtour, und die Schulkameraden waren rasch zu begeistern. Zwei Schulfreunde hatte Roland auf seiner Seite, alle drei waren ziemlich aufgeregt. Zuhause erzählte niemand von diesem geheimen Plan, zusammen nach Erfurt zu laufen, um eines dieser Armeelager nach Brauchbarem zu durchstöbern. Von der Rücktour, dann, wenn bereits alle Kräfte verbraucht waren, sprach auch niemand. Im Norden Erfurts sollte es noch ein solches Lager geben, das unbewacht, aber allerdings mit gebrauchten Klamotten bestückt war.

Sie verabredeten sich nach der Schule, allerdings wäre das Unternehmen beinahe geplatzt, denn einer der Schulkameraden hatte auch noch seinen jüngeren Bruder im Schlepptau. Aber nun war es einmal geplant, und es würde schon gut ausgehen, so dachten damals die mutigen Jungens.

*Fasching der Haushaltungsklasse (Vorstufe zur Krankenschwesterausbildung) Gothaer Krankenhaus 1954. Hannalore Gewalt ganz schüchtern und wie nicht dazugehörig (unten rechts am Boden). Foto: Familienalbum Gewalt*

Heute steht auf dem Verkehrsschild unter dem Pfeil „Erfurt" 21 km Wegstrecke. Ziemlich mutig bei solcher Hitze und den dreizehnjährigen unerfahrenen Burschen, samt einem Grünspunt.
Einundzwanzig km bis Ortseingang Erfurt, aber danach folgen noch viele km durch den Vorort Gispersleben und durch die Stadt, bis zum Ort der Begierde. Noch brannte das Feuer der Hoffnung und Begeisterung in der Truppe, und noch nicht die Blasen an den Füßen. Auch an den quälenden Durst unterwegs hatte niemand gedacht.
Die Strecke jedoch schien allmählich immer länger und länger zu werden, und der Nachmittag immer unbarmherziger. Der Durst hatte sich schon lange gemeldet, dem Jüngsten von ihnen lag er quälend auf der Zunge. Er machte seinem Bedürfnis aller paar Minuten Luft, aber Hilfe war nirgends zu erwarten. Sie hatten längst alles bereut, aber wie automatisch setzten sie dennoch einen Fuß vor den anderen. Hin und wieder kamen ihnen Menschen entgegen, denen man an ihrem Gepäck ansehen konnte, woher sie kamen, allerdings liefen sie bereits wieder der Heimat entgegen. Eine kurze Frage nach dem Weg beantworteten sie ziemlich wortkarg, auch ihnen sah man die Anstrengung und die Last der ergatterten Kleidungspacken an, diese drückte sie wohl ziemlich.

Endlich waren sie an dem bewussten Lager angelangt, es schienen alle Menschen, welche den Krieg überlebt hatten, auf den Beinen zu sein, um den Verlust an Kleidungsstücken wieder aufzubessern. Aus dem Stoff der alten Militärmäntel konnten geschickte Frauenhände viele Dinge zaubern. Ein begehrtes Objekt, wohl das begehrteste überhaupt waren Filzstiefel, als ob die Menschen vorausahnten, dass der Winter 1946 ganz besondere Strenge im Gepäck haben würde.
Eine alte Redewendung ist sehr geläufig, dann wenn Alt und Jung auf den Beinen sind, dann redete man von – Himmel und Menschen – ! Die Berge von Militärkleidung schienen förmlich zu leben. Nach unentschlossenem Wühlen etwas gefunden und sogleich auch wieder verworfen. Es hielt doch nach einiger Zeit jeder Junge einen „Schatz" in den Händen. Nun war der Wunschgedanke, wieder zu Hause zu sein und allen das Fundstück zu präsentieren, vorrangig. So nahmen sich die Jungen den Heimweg unter die Füße. Wieder auf der Landstraße meldeten sich auch die Blasen an den Füßen zurück. Der Jüngste quengelte fortwährend, er war müde, vom Durst gar nicht zu reden, es war einfach zuviel!
Trotz aller Qualen der Landstraße war der Weg durch den Vorort Gispersleben und das Nachbardorf doch geschafft. Die Idee, die Landstraße hinter sich zu lassen und quer über die Felder zu laufen, um einen Teil der Kilometer zu sparen, kam rasch. Schon marschierten die Jungen teils auf Feldwegen, aber auch quer über die Felder der Bauern. Die Euphorie war bloß ein kurzes Aufflammen von Freude, schon wieder hingen die Burschen völlig durch. Ein „Schatz" nach dem anderen landete an Feldrainen oder auf staubigen Wegen, aber auch nach dem Abwerfen des so begehrten Ballastes streikten die Kinderfüße mehr und mehr. Es nützte alles Jammern nichts, immerhin waren die vier ihrem Heimatort ein Stück näher gekommen.
Zuhause hatten die Eltern und Großeltern längst bemerkt, dass plötzlich, nach Schulschluss, vier Jungens nicht aufzufinden waren. Überall, wo man sie vermutete, wurde hektisch gesucht, schließlich waren amerikanische Besatzungstruppen im Lande, und langsam kam die Zeit der Ausgangssperre ins Gedächtnis.
Zwischenzeitlich waren sie im Nachbarort Witterda angekommen, wenn da nicht noch 4 km Wegstrecke bis zum so ersehnten Ortsschild mit dem Namen „Kleinfahner" gewesen wären.
Einer der Jungen lief plötzlich voraus, ihn schienen seine kaputten Füße kurz vor dem Ziel schneller zu funktionieren. Auch der ältere der beiden Geschwister hatte plötzlich die Idee, bei seiner Tante zu übernachten. So konnte er dem zu erwarteten Donnerwetter zu Hause vorerst aus dem Wege

gehen und bis zum Schulanfang am anderen Morgen hätten sich seine Füße wohl auch wieder etwas erholt.
So stand Roland allein mit dem total überforderten Quälgeist und den 4 km Wegstrecke. Wenn auch noch einige Tränen flossen und ungezählte Flüche zu verkraften waren, auch das ging vorüber, und plötzlich standen die beiden letzten Ritter der Landstraße vor dem Ortseingang des geliebten Heimatdörfchens. Zwar ohne jedes Mitbringsel oder Überraschungsgeschenk aus dem Fundus des Armeelagers, aber wieder die Arme des verlorengeglaubten Kindes um den Hals zu spüren, das wog alle Angst der vergangenen Stunden auf. Kein Wort des Vorwurfes kam von Rolands Eltern, es war die Freude über den wieder gefundenen Sohn wohl größer, als jedes andere Gefühl. Noch lange Zeit erzählten die Jungen von diesem Gewaltmarsch, wenn sie zusammen waren. Viel hatten die Schuljungen an jenem Tag gelernt, denn es gab da nicht bloß die lädierten Füße und die Überschätzung der kindlichen Körperkraft, da gab es auch die überaus große Freude auf ein Mitbringsel und dann wieder die Vorfreude auf das Zuhause und all die vielen lieben Freunde.
Beim Erzählen der waghalsigen Geschichte fiel mir ein, dass zu jener Zeit auch meine Mutter mit meinem Bruder in Erfurt waren. Sie erzählten von den überdimensionalen Bergen an gebrauchter Kleidung. Wie die beiden damals nach Erfurt gekommen waren, weiß ich nicht. Sicher hatte sich Mutter irgendjemandem angeschlossen. Auf jeden Fall brachten sie Filzstiefel und dicke Mützen, ähnlich einem Kopfschützer. Außer Nase, Mund und Augen verschwanden sogar der Hals und fast die Schultern unter den Mützen. Manchmal setzte ich ein solches Monster auf, wenn ich auf die Schlittenbahn wollte.
Ich sah zwar unmöglich aus, aber ich war vor Schnee und Frost sicher. Das Wichtigste waren auch bei uns die Filzstiefel, so gesehen hatte das Lager auch etwas Gutes. Leider gab es keine Kinderstiefel, ich hätte auch gern warme Füße gehabt.

*P.S.*
*Beim Schreiben des Aufsatzes fügte mein Ehemann noch hinzu, dass sie den Heimweg trotz aller brennenden Wehwehchens zumeist nicht bloß zügig gelaufen, sondern gerannt sind.*
*Wohl aus Angst vor der nahen Sperrstunde, aber auch wegen der Sorgen, die sich die Eltern ganz sicher machen würden. Es war schon eine Höchstleistung der Kinder, welche sie allerdings selbst ausgesucht hatten. Völlig fertig und ohne „Beute“ nach Hause zu kommen, sie hatten sich ihren Einzug ganz anders vorgestellt.*

## Die Freude am Garten

Einen kleinen Garten sein eigen zu nennen, war während der Kriegs- und Nachkriegszeit ein sehr beruhigendes Gefühl. Der Mensch lebt bekanntlich nicht bloß vom Brot allein, soll heißen, dass der menschliche Körper neben den banalen Grundnahrungsmitteln wie z.B. Brot, Kartoffeln, Gemüse und Obst für seine Ernährung benötigt.
Samenzuchtanstalten, wie der Erfurter Gartenbetrieb Chrestensen, versorgten die Landwirte samt Kleingärtner auf den Dörfern mit diversen Samentütchen.
So wuchs in den Gärten Rot-, Weißkohl, Rosenkohl, Grünkohl, Wirsing, Spinat, Sellerie, Kohlrabi und manchmal auch einige Pflanzen zu stattlichen Tabakstauden heran. Tomaten, Erd- und Himbeeren sah man schon seltener. Aber in fast keinem Garten fehlten rote sowie schwarze Johannisbeeren, auch rote oder gelbe Stachelbeeren. Das Sortiment unterschied sich je nach Geschmack und auch dem Geldbeutel.
Gartenerdbeeren genauso wie die saftigen Himbeeren, gerade dieses schmackhafte Beerenobst war so recht nach dem Geschmack der Kindermäulchen. Gab es auf dem Rasen dann noch einen Apfelbaum, oder was selten geschah, sogar ein Bäumchen mit den süßesten und knackigsten Kirschen, dann waren viele Kinderträume schon erfüllt.
Auch für die Hausfrauen fielen viele Sorgen weg, wenn stets eine ausreichende Abwechslung auf dem Mittagstisch garantiert war. Denn im Frühling einen Blumenkohl, eine Schüssel knackigen Spinat, oder die süßlichen Zuckerschoten in die Küche zu holen, da gab es wenig zu nörgeln. Petersiliensoße, oder junge Möhren mit ein paar Händen grüner Erbsen, da hätten wir Kinder am liebsten noch den kleinsten Rest vom Teller geleckt. Ich erinnere mich noch, dass unsere Mutter ein paar frische Zwiebeln, ein Körbchen Bohnen, ein Bund Möhren, ein Sträußchen Petersilie sowie eine Tüte neue Kartoffeln zu einer freundlichen Nachbarin schickte, weil sie oft nicht wusste, womit sie ihre vier Söhne samt den Familienvater satt bekommen sollte. Wenn ich alles auf den Küchentisch packte, weinte die Nachbarin oft, drückte mich dabei ganz fest an ihre Küchenschürze.
Nicht alle Familien hatten einen kleinen Garten zu bestellen, zu pflegen und dann zu beernten. Gemüsegeschäfte wurden erst einige Jahre nach Kriegsende in den Städten eingerichtet, auf dem Dorf ist es mir gar nicht bekannt. Heute liegen schon wieder viele Gärten brach, das Unkraut überwucherte längst alle reizenden Eckchen, aber hier und da lugt noch eine herrliche Blüte aus einem ehemaligen Bauerngarten durch das kniehohe

Gras- und Unkrautgemenge. Ob die jungen Leute keine Lust oder etwas Freude an einem Stückchen Land haben, weiß ich nicht, aber ich denke mir, sie sind nicht so aufgewachsen mit Feld, Garten und kleinem oder großem Bauernhof. Auf jeden Fall gab es während der Kindheit oder Jugendzeit von uns Dorfkindern niemals Langeweile. Im Gegenteil, an Arbeit mangelte es nicht, es hat eben alles zwei Seiten.

Wir „Landpomeranzen", wie wir von manchen Stadtbewohnern spöttisch genannt wurden, sind mit einem Garten aufgewachsen. Oft genug verfluchte ich den unserigen, wenn ich z.B. mit meinem schmerzenden Rücken Buschbohnen oder Stachelbeeren und Johannisbeeren pflücken musste. Die Beeren wuchsen damals nicht als Hochstämmchen, sondern als Büsche mit scharfen Stacheln und manch einer Brennnessel. Und die Sonne, die ich nie leiden mochte, brannte unbarmherzig, und machte mich nicht gesünder.

Aber später als junge Frau, richtete ich mir die Zeit so ein, dass mich die brennende Sonne nicht so sehr ärgern konnte. Froh war ich, wenn ich genügend Erd- oder Himbeeren zur Verfügung hatte, um auch noch die Marmelade selbst kochen zu können. Aber mit den Jahren hinterließen all die schweren Bückarbeiten ihre schmerzenden Spuren, immer seltener konnte ich meinem Ehemann bei den vielen Gartenarbeiten behilflich sein. So haben wir es uns eingerichtet, dass ein jeder die Arbeiten verrichtet, die noch möglich sind.

Spargel und junge Erbsen einfrieren, dann Kohlrabi in der Gefriertruhe verstauen, Erdbeeren und Himbeeren finden auch ihren Platz im Gefrierfach. Himbeersaft, Erdbeersaft, wie Aprikosen-, Erdbeer-, Himbeer- und Holundermarmelade, die Arbeit ist keinesfalls weniger geworden, aber im Winter freuen wir uns über die Vorräte, denn selbst gemacht ist einfach köstlicher. Und vor allen Dingen sind all die Gartenfrüchte nicht mit Unmengen an Dünge- und Spritzmitteln im Geschmack verändert.

Zum Beispiel ist das selbst gekochte Pflaumenmus nicht mit dem industriell hergestellten vergleichbar, auch der Holundersaft nach alter Rezeptur ist eine Köstlichkeit.

Wenn ich die erste Frühlingssuppe koche, mit allem, was der Garten so hergibt, bis hin zur Petersilie, dann bin ich ganz einfach glücklich. Und ich denke, dass es vielen Hausfrauen auch im Alter noch große Freude macht. Aber leider geht alles einmal zu Ende, immer öfter denke ich daran, dass es eines Tages gar nicht mehr gehen wird. Bis jetzt helfen wir uns noch gegenseitig, aber wie viele Witfrauen stehen schon allein im Garten, mir wird einfach Angst davor! Wie wird der Garten dann aussehen, ich möchte es mir gar nicht vorstellen.

*Zwei Gärtner mit Leib und Seele!*
*Bild oben: Roland Gewalt bei der jährlichen Kartoffelernte, Herbst 2008.*
*Bild unten: Rolands Äpfel von der Ehefrau präsentiert, Herbst 2008.*
*Foto: Familienalbum Gewalt*

Ich bin so aufgewachsen mit all dem Selbstgemachten, mit dem Gedanken im Hinterkopf möglichst so wenig wie möglich wegzuwerfen. Alles zu verwerten, sonst kämen wir mit einer kleinen Rente wohl gar nicht aus. Nicht nur in den Dörfern, auch in den Städten gibt es Menschen vom alten Stil, die an kleinen Dingen hängen, sie ehren und achten.
Zwei Jahre gab es keine Ente oder keine Gans auf unserem Hof, weil mit gebrochenem oder operiertem Handgelenk schlecht Federnrupfen ist. Aber in diesem Jahr gibt es wieder eine Gans als Rasenmäher, mit ihr grasen vier Flugenten im Garten, sie lernten vom ersten Tag von der Gänsemutter das Gras zu zupfen. Obwohl ich nie eine Bäuerin werden wollte, so freut es mich doch ungemein, die Junghennen und das weiße Federvieh wachsen zu sehen. Wir Dörfler hatten diesen Vorteil der Freude mit der Tier- und Pflanzenwelt ein Leben lang. Umso schwerer fällt es mir, in jedem Jahr mehr und mehr Dinge liegen lassen zu müssen. Wenn nicht bloß das Bücken, sondern auch noch das Laufen immer schwerer fällt, dann stellen sich eben derlei Gedanken ein.
Ich erinnere mich, dass es Zeiten in meiner Jugend gab, in denen ich mich nicht um das Dorfleben gerissen hätte, aber heute möchte ich keine Stunde davon missen, ausgenommen die schmerzhaftesten vielleicht.
Wohl dem, dem es Freude macht, seine Kräfte für die Pflege eines Gartens einzusetzen. Die Blumen und die Wuchskraft der Pflanzen danken es uns täglich. Nie hätte ich geglaubt, dass ich einmal so denken würde, aber das verdanke ich wohl, wie so viele positiven Lebenserfahrungen, meinem Ehemann!

## In der Obhut lieber Menschen

Eine passende und liebevolle Familie kann man sich zwar wünschen, aber aussuchen kann man sie sich nicht. Wir Kinder werden in sie hineingeboren und anschließend heißt es, das Beste daraus machen. Auch alles Unschöne und Unangenehme sollte uns eine Lehre sein, und wir müssen damit fertigwerden. In der anschließenden eigenen Familie können dann alle Fehler weggelassen werden, allerdings ist nichts auf der Welt komplett und fehlerfrei.

Wenn ich meinen Ehemann aus seiner Kindheit erzählen höre, dann bin ich schon ein wenig neidisch auf den kleinen Roland, welcher völlig ohne Schläge aufwuchs. So ein glückliches Leben ohne Angst, von lieben Menschen umgeben, es muss der Himmel auf Erden gewesen sein!
Beim Erzählen sehe ich Rolands Augen strahlen, so glücklich ist er noch heute. Es muss ein wunderschönes Verhältnis gewesen sein, vor allem erzählt er gern von seinem Großvater, denn nicht bloß die Eltern und Kinder gehörten zu einer Familie, auch die Großeltern zählten in unserer Kinderzeit dazu. Auch wenn es in einigen Familien, wie z.B. auch in unserer, ohne die Großeltern gehen musste, fehlte aber doch etwas, dass bemerke ich, wenn Roland von seinen Großeltern erzählt. Dieser alte Herr war dem Jungen stets ein Vorbild, er war gewissenhaft und zuverlässig, Roland konnte sich einfach immer auf seinen Großvater verlassen.
Von ihm hatte der Junge die Liebe zur Musik geerbt, er war Kantor und spielte die Orgel in der Kirche. Das Musikverständnis vererbte der Großvater an seinen Enkelsohn. Roland hatte Klavierunterricht, aber die harte Arbeit tat seinen Fingern gar nicht gut, auch einige Operationen machten die Hände nicht gelenkiger. So spielte Roland als junger Mann öfter bei Tanzveranstaltungen, aber mit der Zeit wurde es immer seltener, und wir verkauften schließlich das Klavier. Wohl ein Zeichen dafür, dass in dem Enkelsohn nicht genug musische Gene vorhanden waren.
Jetzt im Alter reut es ihn oft, und er würde es doch gern noch einmal versuchen. Aber die Musik war nicht das Einzige, was ihm sein Großvater hinterlassen hat. Auch die Liebe zur Natur, zu den Feldern, zu den Pferden, auch zu der Imkerei. Ich höre Roland mit Begeisterung vom Honigschleudern erzählen. Ein Freund aus der Nachbarschaft wartete auch schon immer auf die Wabenstücke, von denen Roland gerne etwas abgab, er beschreibt diese Köstlichkeit aus der Natur als einen besonderen Leckerbissen.

Rolands Großvater war ein sogenannter Pferdenarr, seine Armeezeit verbrachte er mit dem Einreiten junger Pferde. Alle Liebe zu diesen Tieren, besonders die unbedingte Pflicht einer zuverlässigen Pflege, übertrug sich auf den Enkel Roland.
In jedem Winter berichtet er wieder von den Großeltern, welche direkt neben dem Dorfteich wohnten. Immer rief man den Enkel vom Deich herein in die Stube, wenn die Bratäpfel fertig waren. Nicht einmal seine Schlittschuhe musste Roland abschnallen, denn direkt neben der Stubentür stand sein Hocker, daneben ein Scheuertuch für den abtauenden Schnee. Es gibt doch nichts Schöneres, als dass ein Enkel so voller Hingabe und spürbarer Dankbarkeit ein Leben lang von den lieben Großeltern berichtet. Ob es ein Glas heiße Milch mit Honig war, oder eine Knackwurst, welche Roland bei dem Großvater von der Stange schneiden durfte. Das war damals eine ganz besondere Ehre, welche der Großvater bloß seinem Enkel erlaubte, nicht einmal der Großmutter wurde diese so genannte Ehre zuteil.
Besonders das Schweinefleisch und die Wurst wurden genau eingeteilt, denn nur einmal im Jahr durfte zur damaligen Zeit ein Schwein geschlachtet werden, wobei die Knackwurst, oder die Salami, das Kostbarste vom Schwein war.
Die Güte des Großvaters, sein großer Fleiß, die Zuverlässigkeit zu seiner Arbeit in der Landwirtschaft und Pünktlichkeit, z.B. bei der Pferdefütterung, welche bereits früh gegen 4:00 Uhr erfolgte, all diese Dinge leben noch heute in dem kleinen Jungen von damals weiter. Ich denke, die Großeltern ahnten es voraus, dass sie in ihrem Enkelsohn einen würdigen Nachfolger fanden.
Einmal musste Roland bei einem Geländespiel mehrere Liegestütze als kleine Strafe ausführen. Roland gehörte während seiner Schulzeit zum so genannten Jungvolk, das wurde den Kindern ebenso zu einer Pflicht, wie es später zu meiner Zeit die Mitgliedschaft bei den Pionieren und später bei der Freien Deutschen Jugend war. Da gab es auch stets unter den Kindern einige, die sich besonders hervortaten und gern einmal das Kommando übernahmen, um die Jüngeren ein bisschen zu drangsalieren.
Roland war sich keiner Schuld bewusst, und in einem unbeobachteten Moment sprang er auf und rannte, so schnell ihn seine Füße trugen, dem Dorf zu. Und seine Füße trugen ihn ziemlich schnell, das wussten seine Freunde auch. Auch sie stiebten wie aufgescheucht hinter Roland her, um ihn wieder einzufangen. Das misslang natürlich, denn der Ausreiser war schneller auf dem Weg zum Großvater. Völlig abgehetzt hatte Roland noch keinen Atem gefunden, um von jenem Vorfall zu berichten, allerdings hatte

der Großvater gleich begriffen, dass sein Enkel Hilfe benötigte. Sogleich stand er auf Rolands Seite und somit neben ihm, als die Meute völlig außer sich angehetzt kam. Sie drucksten sich an der Gartenpforte vorbei, nicht ohne den Großvater freundlich zu grüßen. Das war eine selbstverständliche Pflicht, einem Erwachsenen gegenüber, Rolands Großvater hatte außerdem einen untadeligen Ruf.

Zur damaligen Zeit war der Ruf eines Menschen sehr wichtig, denn fast täglich brauchte man einander, und da musste man wissen, ob man sich auf einen Menschen verlassen konnte, oder eher nicht!

Über Generationen hielt sich der Ruf oder Leumund ziemlich lange in den Köpfen der Dorfbewohner. So erzählte Roland ebenfalls voller Stolz von seinem Großvater mütterlicherseits. Leider verstarb dieser Großvater sehr früh, so dass ihn Roland gar nicht kennen lernen konnte. Aber sein Ruf war sehr positiv, lange erzählte man von besonderen Begebenheiten, auf welche ich als Enkel auch stolz gewesen wäre. Es war ein kräftiger Bauer, betrieb eine größere Landwirtschaft und war als sehr integer bekannt. Er verstarb an einer Lungenentzündung, einer Erkrankung, welcher viele Menschen wegen fehlendem Antibiotikum zum Opfer fielen. Das Penizillin war kurz nach der Jahrhundertwende noch gar nicht entdeckt. Auch mit schützender Schlechtwetterkleidung sah es nicht rosig aus. So kam es, dass der Großvater wegen des Baues eines neuen Stalles viele Fuhren Ziegelsteine aus der Erfurter Ziegelei nach Kleinfahner holen musste. Bei Wind und Wetter auf dem Kutschbock sitzen, da war eine Lungenentzündung nicht verwunderlich.

Nach dem traurigen Vorfall stand die junge Witwe mit zwei Kleinkindern allein auf dem Hof. Zwar waren da auch noch die Urgroßeltern Rolands da, aber leider waren sie nicht mehr die Kräftigsten, denn sie hatten bereits ihre Kräfte auf den Äckern gelassen. Was nach dem Ableben des Bauern mit der Witfrau und ihren kleinen Mädchen geschah, es ist wenig Erfreuliches überliefert.

Es zeigte sich, wie allein und hilflos damals eine „Alleinerziehende" Mutter ohne Einkommen war. Von staatlicher Stelle war ebenfalls keinerlei Hilfestellung zu erwarten. Der jährliche Pachtzins wäre die einzige Unterstützung gewesen, wenn er denn immer gezahlt worden wäre. Oft erzählen Frauen ohne Ehemann, dass es auf der Welt überall Schlitzohren genug gäbe, welche eine Frau über den Tisch ziehen würden. Sehr schäbig, aber leider war es eine traurige Wirklichkeit. Rolands Großmutter war eine sehr bescheidene, einfache und fleißige Frau, die ich selbst auch noch kennen lernte. Sie hatte das Sparen wahrlich gelernt, denn drei Leben hingen davon ab. Obwohl manche Pächter die Witterung vorschoben, um sich vor

der Pachtzinszahlung geschickt zu drücken. Damals hätte ihr mancher Herzlose gern Land für ein Butterbrot abgeluchst, aber die Großmutter hielt beide Hände über das Erbe der beiden Kinder. Diese Großmutter lernte Roland als eine sehr warmherzige, gütige Oma kennen. Sie gab das Letzte auch für ihren Roland. Sie pflegte den Enkel ebenso liebevoll bei einer Erkrankung, wie sie es zuvor ihren Kindern angedeihen ließ. Wohl dem, der mit solchen fürsorglichen, lieben Großeltern aufwachsen durfte!
Die älteren Bürger erzählten noch lange nach dem Tod des Großvaters von der enormen Körperkraft des Großvaters, welcher eine Seele von Mensch gewesen sein muss.

So geschah es einmal beim Rücken einer großen Dreschmaschine von einer Scheune zur nächsten, dass die vorgespannten Pferde plötzlich scheuten und mit diesem Riesenkoloss durchgingen. Zu allem Unheil geschah dies auf einer sehr abschüssigen Dorfstraße. Irgendetwas hatte die Pferde erschreckt, und weder ein straffer Zügel, noch ein überdimensional lauter Zuruf konnte das Gespann stoppen.
Das Gespann preschte an der Schmiede vorbei. Blitzschnell griff sich der kräftige Bauer einen Ackerpflug mit einer Hand und warf ihn wie selbstverständlich in letzter Minute vor ein Rad des Eisenmonsters. Ein kräftiger Ruck stoppte das Gefährt und ließ die Pferde auf der Stelle Halt machen.
In der Dorfgeschichte blieb dieser Vorfall Gesprächsstoff über viele Jahrzehnte. So leicht hätte das kein Zweiter nachgemacht, für Rolands Großvater war es eine ganz normale Hilfeleistung. Sein Enkel Roland erfuhr vom Schmied davon. Dieser wieder vom Schmied zuvor.
Etwas von den Kräften beider Großväter hatte der Enkelsohn geerbt, das sollte sich irgendwann bewahrheiten.
Viel später, als Roland auch für eine kleine Familie zu sorgen hatte, ergab sich eine Situation des unvorhergesehenen Kräftemessens. Beim Aufladen der letzten Zuckerrüben war der Schäfer ebenfalls auf dem Acker, um seiner Herde die Reste der Ernte aufnehmen zu lassen. Ein kräftiger Hammel fiel den Männern auf. Bei der Abschätzung des ungefähren Gewichtes des stattlichen Hammels, schlug der Schäfer eine Wette vor. Wer sich traute, den Hammel bis zum nächsten Feldstall auf seinen Schultern zu tragen, dem würde das Prachtexemplar gehören. Außer Roland wagte sich niemand, den Hammel auf die Schultern zu wuchten. Roland nahm all seinen Mut und seine Kraft zusammen, um die Wette zu gewinnen. Es war bloß eine Wette, aber beim Erzählen der Geschichte gestand Roland, dass er in jenem Moment an seinen Großvater dachte.

Mit einem Hauruck und etwas Schützenhilfe der Umstehenden hing der Schafbock auf Rolands kräftigen Schultern. Der Hammel gab indess keine Ruhe, er bot all seine Kraft gegen die des Herausforderers auf, um sich aus seiner Lage zu befreien. Das enorme Gewicht war nicht ausschlaggebend, sondern die wuchtigen Schläge des Schafes, die sich gegen die Halswirbelsäule Rolands richteten. Er hatte zwar das männliche Schaf mit seinen kräftigen Händen an den Läufen fest im Griff, aber wie er berichtete, waren die regelmäßigen, gewaltigen Schläge und Zuckungen kaum zu ertragen. Sogleich ließ Roland den Hammel etwas tiefer rutschen, so dass der Angriff nicht mehr mit gleicher Wucht seine Halswirbelsäule traf. Noch ein paar Meter, und schon war der Feldstall erreicht. Erleichtert ließ Roland den Hammel herunter, und ebenfalls fielen die Jalousien des Schäfers mit einem Schlag zu. Das hatte niemand der Wettzeugen, und schon gar nicht der Schäfer selbst, für möglich gehalten. Der Atem blieb allen fast stehen, und auch Roland fühlte sich etwas wohler ohne diese Last. Obwohl er den Schäfer ansprach wegen des Wettgewinns, so verzichtete er auch sogleich drauf. Es hätte ganz sicher einigen Ärger bei des Schäfers Ehefrau gegeben, alle hatten ihren Spaß, der Schäfer seine Schrecksekunde und Roland blieb die Ehre.

Der Enkelsohn Roland von damals berichtete nach einer Pause, dass der Schäfer am Abend einen Hasen brachte, den er im Rucksack hatte, sicher nach einem Fang seiner scharfen Hunde.

So waren alle mehr als zufrieden.

Roland hat schon auch eine große Portion Mut geerbt, denn zu keiner Zeit war ihm ein Baum zu hoch. Im Sommer zur Kirschernte zählten einige kräftige Männer der Gothaer Berufsfeuerwehr zu den Pflückern. Die längsten Leitern maßen so etwa 10–11 Meter Länge. Roland fungierte als Gruppenleiter, und außer ihm war keiner der Muskelprotze in der Lage, die schweren und sehr langen Leitern von einer Stelle zur anderen, oder zum nächsten Baum zu tragen und fachgerecht an die Äste, oder in eine obere Astgabel zu legen. Dazu kam, dass unter den riesigen, alten Bäumen nicht etwa eine ebene Wiese, sondern ein Kartoffelacker mit etwa 50 cm Krautlängen stand. Ein Hängenbleiben in einer unsichtbaren Ackerwinde hätte ein Unglück bedeuten können. Aber zum Glück ging immer alles gut. Roland genoss stets große Anerkennung und Achtung.

Zum Kinderfest war es in Kleinfahner üblich, dass eine Kletterstange, eine etwa 8 Meter lange, glatt geschälte Fichte, für die mutigsten Jungens aufgestellt wurde. Oben winkten allerlei Nettigkeiten an einen Kranz gebunden.

*Bild oben: Sogenannte Herrengasse, Roland Gewalds Elterhaus mit Wein bewachsen.*
*Bild unten: Kleinfahner um 1938. Postkarte Photogeschäft Rabe, Erfurt.*
*Foto: Familienalbum Gewalt*

Für Roland war weder der Auf- noch der Abstieg eine wirkliche Hürde. Noch heute steht ein Kickelhahn mit einem Reiterjungen aus Pappmaschee auf unserem Stubenschrank. Oft waren die schwächeren, mutloseren Jungen traurig, weil sie nicht den Mut und das Geschick hatten, sich einen Preis zu holen. Roland kletterte noch einmal hinauf und holte ein Geschenk für einen anderen Jungen herunter. Sehr glücklich machte er den Beschenkten, obwohl er es nicht selbst wagte, aber das ist auch nicht immer das Wichtigste.
Bei einem Spaziergang vor vielen Jahren wollte mir der Roland von damals zeigen, dass ihn die Höhe eines Baumes nicht bange macht. Ehe ich mich versah, hatte er schon die Spitze erreicht und meinen Ängsten noch eines aufzusetzen, hangelte er sich an einigen Ästen von einem Baum zum anderen. Mir blieb indes beinahe das Herz stehen, aber für Roland war es einfach eine Lust.
Ich wurde nie eine gute Kirschpflückerin, weil ich vor Angst stets eine Hand zum Festhalten brauchte. Mein Ehemann Roland dagegen wolle den Pflückern von der Feuerwehr zeigen, dass sie völlig sicher auf den hohen Leitern seien. Er stieg bis hoch zur letzten Sprosse und reckte sich noch nach entfernten Ästen. Meine Ängste verhinderten das nicht, ich bin jedes Mal tausend Tode gestorben.
Ich höre Roland gern von seiner Kinder- oder Jugendzeit erzählen, wohl weil sich vieles so grundlegend anders anfühlt, als ich in der Familie je erlebte.
Auf jeden Fall weiß ich mit Bestimmtheit, dass es nicht unbedeutend ist, in welchen Familienverhältnissen man aufwächst und welche Erbanlagen man annehmen und damit fertig werden muss. Umsorgt und glücklich, ohne Angst aufzuwachsen, die Eltern und Großeltern ehren und lieben können, das muss das größte Glück im Leben eines Kindes sein!

*Hannalore Gewalt um 1970*
*Foto: Familienalbum Gewalt*

## Einzug der Amerikaner

Gern höre ich meinem Mann Roland zu, wenn er gelegentlich von früher erzählt. Nicht bloß, weil Roland sieben Jahre älter ist, als ich es bin, auch, weil er z.B. den Krieg schon als ein Junge etwas anders erlebte, als es in meiner Erinnerung gespeichert blieb.
Gemeinsam erinnern wir uns an ein zeitiges Frühjahr 1945. Es war April und schon relativ warm, die Kirschbäume blühten, schon das allein war in jedem Jahr Grund genug, etwas fröhlicher und leichter gestimmt zu sein.
Plötzlich waren die amerikanischen Soldaten in allen Ecken. Panzerspähwagen, Lastwagen, Panzer, Jeeps, Feldküche und natürlich Soldaten, Offiziere, samt einem aufgeregten Treiben. Überall vermuteten die Amis, wie sie genannt wurden, Hitleranhänger, desertierte Armeeangehörige, welche sich augenblicklich auf der eiligst eingerichteten Kommandantur zu melden hatten. Im Wohnzimmer von Rolands Elternhaus war diese zentrale Stelle etabliert. Das Bauernhaus lag zentral, an der Hauptstraße, und ein großer Hof samt zwei nebeneinander gebauten Scheunen für die Amerikaner geradezu ideal. Das große Rolltor stand ab dem ersten Tag meist offen, die Fahrzeuge fuhren rein und raus, konnten im Hof problemlos wenden.
Alle größeren Bauernhöfe wurden in Beschlag genommen, was bedeutete, dass alle Hausbewohner sofort das Feld zu räumen hatten. Diese Anordnung wurde in allen Ortschaften auf gleiche Weise getroffen.
Rolands Familie zog mit dem Allernotwendigsten um, in das Haus der Großeltern, am Dorfteich gelegen. Ziemlich eng ging es nun täglich zu, aber dieser Umstand war während eines Weltkrieges noch einer der „normalen“ Unbequemlichkeiten. Der Schuljunge Roland freute sich insgeheim über diesen Umzug, auf diese Art war er seinen so geliebten Großeltern noch ein Stück näher gekommen. Kinder sehen derlei erzwungene Veränderungen sowieso von einer völlig anderen Warte aus, für Abenteuer sind sie schnell zu haben, auch wenn sie erzwungenermaßen geschehen.
Das elterliche Gehöft durfte bloß noch betreten werden, um die Tiere weiterhin zu versorgen, was nicht nach Stoppuhr geschehen kann. Die morgendliche und allabendliche Fütterung des Tierbestandes ging seinen gewohnten Gang. Machte die Geburt von Jungtieren auch in der Mittagszeit eine weitere Versorgung notwendig, geschah dies problemlos.
Natürlich nutzte der Schuljunge Roland eine jede Gelegenheit, den Eltern zur Hand zu gehen, nun gerade auch aus Neugier, um zu sehen, was sich unter dem Kommando der Einquartierten so alles tat.

Roland konnte beobachten, dass riesengroße Lastwagen in den Hof fuhren, auf denen überdimensionale massige Kisten gepackt waren. Diese Kisten waren voller Köstlichkeiten und normaler Lebensmittel zur Verpflegung der gesamten amerikanischen Kampftruppe. Eben diese Riesenmonster von Proviantkisten hievten die Soldaten der amerikanischen Kampftruppen herunter. Im oberen Scheunentennen, welcher nicht betoniert war, standen an der Schurzwand nebeneinander Kisten parat, in welche die einzelnen Genuß- oder auch Lebensmittel sortiert wurden.
Der Schuljunge Roland kam täglich zusammen mit seinen Eltern und dem Großvater auf den Hof. Dort sah er den Soldaten bei der Arbeit zu, wie sie einzelne Rationen zur Verpflegung der Soldaten zurecht machten, die als Beobachter, Melder, oder sonst irgendwie außerhalb des Stützpunktes tätig waren.
Mit einem Bajonett zwängten die Versorgungsleute die Blechbanderolen um die Riesenkisten auf, danach brachte der angehobene Deckel Träume zum Vorschein, die manch einer noch nie gesehen, oder aber in diesen entbehrungsreichen Kriegszeiten nie mehr damit gerechnet hätte. Kekse, Schokolade, Kaugummi, Zigaretten, Milchpulver, Eipulver, Mehl, Zucker, Kaffee, Cornedbeef, (Rindfleisch mit Bohnen), abgepacktes Kommissbrot, Fischkonserven, Wurst, einfach alles, was das Herz begehren kann.
Roland schwanden die Sinne bei so vielen Köstlichkeiten. Ein Soldat gab dem Jungen ebenfalls ein Bajonett und bedeutete ihm, ihnen bei der Arbeit zu helfen. Nichts hätte Roland lieber getan, und schnell hatte er alle Drehs heraus, er war den Soldaten eine zuverlässige Hilfe. Nach getaner Arbeit wurde der Gehilfe fürstlich entlohnt, etwas, womit der Junge eigentlich nicht gerechnet hätte. Bald war sein geräumiges Nachtschränkchen voll der Leckerbissen, und es hätte ewig so weitergehen können.
Im betonierten Scheunentennen, der sich gut zu Arbeiten mit dem Dreschflegel eignete, standen nun Kisten, Eimer, Kübel und vor allem eine riesige Feldküche mit allem Zubehör. Dort kochten die Köche Unmengen an Kaffee, kochten Mittagessen, es ging zu wie in einem Taubenschlag.
Die gesamte Mannschaft benahm sich vorbildlich den Eigentümern gegenüber. Immer nach dem Melken, frühs und abends, musste Rolands Mutter die noch warme Milch zentrifugen, also die Sahne von der Magermilch trennen. Die Zentrifuge stand in der so genannten Mehlkammer, auf einen derben Holzblock aufgeschraubt. In dieser Art Speisekammer standen zwei Mehlladen, eine für Weizenmehl und eine für Roggenmehl.

Frühs mussten Roland und die Mutter über die noch schlafenden Soldaten steigen. Überall wo irgendwie Platz war, lag man und schlief. Aber spätestens als das Geklappere der Milchkannen und das eigenartige Schnarren der Zentrifuge, das Schnarchen einiger Soldaten übertönte, war der Schlaf zu Ende. Einen großen Teil der Sahne, der Milch, Butter und vor allem der Eier floß natürlich abgewandelt und veredelt auf die Teller der Amerikaner.
Für eine Zeit hatte der Kommandant das Sagen, über alle Handlungen in und um das kleine Kirschdörfchen Kleinfahner.
Roland sah den damaligen Ortsbürgermeister und den Dorfpfarrer in die Kommandantur gehen. Auf der Grenze zum Nachbarort Witterda wurden vier erschossene deutsche Soldaten gefunden. Vorausgegangen war eine Art militärisches Vorkommnis im Nachbardorf Witterda. Dabei ist ein Amerikaner zu Tode gekommen, aber ob diese vier erschossenen deutschen Soldaten an jener Schießerei beteiligt waren, wurde nie ergründet. Auf jeden Fall wurde genehmigt, die vier Leichen auf einen Wagen zu laden und sie auf dem Gemeindefriedhof einigermaßen würdevoll zu begraben.
Nach einer geraumen Zeit packten die Amerikaner ihre Sachen zusammen und verschwanden so schnell, wie sie gekommen waren. Kurz danach kam ein neuer militärischer Trupp von Amerikanern, es waren die so genannten Besatzer. Eine wüste Horde, wie man von ihnen sagte, war die zusammengewürfelte Truppe. Bislang gab es keine Beschwerden von wegen Diebstahl an Wertsachen, Schmuck, Kulturgütern oder ähnlichem. Nun aber stöberten die Soldaten der Besatzertruppe in allen möglichen Ecken, um sich persönlich zu bereichern.
Rolands Eltern hatten nie großen Wert auf luxuriöse Dinge gelegt, es waren rechtschaffene Bauersleut, die nur ihre Arbeit kannten und den ererbten Besitz für die nächste Generation erhalten wollten. Luxus war für sie stets Verschwendung.
Für Rolands Eltern gab es gar keine Gefahr, die Besatzertruppe war dieses Mal in die anderen größeren Höfe eingezogen.
Für den Schuljungen Roland war das Zusammentreffen mit den Amerikanern eine wichtige Erfahrung. Sein Nachtschränkchen war ja gut bestückt, und nun teilte er sich die Köstlichkeiten gut ein, darin war er immer schon Meister. Natürlich gab er seiner Schwester davon ab, aber sie hatte sich an bestimmte Regeln zu halten, auch darin war er sehr streng.
Aber diesen großen Unterschied zwischen den zwei Trupps, der Kampftruppe und der Besatzungstruppe, den hat er wohl nie verstanden.
Es gibt eben immer und überall solche und solche Menschen!

# Die letzte Buchlesung

Bevor ich begann, meine diversen Erinnerungen zu Papier zu bringen, wusste ich nicht so genau, was man unter einer Buchlesung verstand. Sie sollte mithelfen, das betreffende Buch bekannt zu machen, und die zukünftigen Lesergruppen dafür zu begeistern. Aber viel mehr wusste ich nicht, wie so eine Lesung ablief, was gelesen wurde, alles in allem konnte ich mir wenig darunter vorstellen, wenngleich ich den Sinn dessen schon verstand. Es machte mir ein wenig Angst, wenn ich daran dachte, es war Neuland für mich. Der Produktmanager meines Verlages offerierte mir, dass für mich die Arbeit nun erst so richtig losginge. Mein erstes Buch war geschrieben, und nach meinem Empfinden wäre es nun am Verlag gewesen, dafür zu sorgen, die Bücher unter die Menschen zu bringen.
Falsch gedacht, ich sollte diejenige sein, die für den Verkauf eine möglichst nutzbringende Reklame macht. Lesungsorte und die dazu nötigen Zuhörer zu finden, daran mangelte es nicht. So war die erste Buchvorstellung recht schnell organisiert. Mir war dabei schon ein bißchen mulmig, weil es sich um etwas völlig Neues handelte. Einen Trost gab es, der Produktmanager des Verlages wollte meiner ersten Testung beiwohnen. Er war danach sehr positiv überrascht, das beruhigte mich schon. In einem kleinen Dörfchen nahe meines Heimatortes, fanden sich wohl fast alle Einwohner in der Gaststätte ein, eine erste Buchlesung im Dorf, wer wollte das schon verpassen? Obwohl ich nicht wusste, ob ich alles richtig machte, war doch in mir nichts zu bemerken, was man mit Lampenfieber erklären könnte. Es lag ganz sicher daran, dass ich eine ziemliche Quasselstrippe war, die mit Begeisterung, ohne Punkt und Komma reden und Menschen mitreißen konnte. Allerdings hatte ich ein wenig mit meiner Fassung zu ringen, als ich den Aufsatz „Kriegsweihnachten“ las. Gerade etwas von den damaligen Weihnachtsfesten zu berichten, und das auch noch in Verbindung mit unserem ziemlich lieblosen Familienverband, das war unbedingt problembelastet. Ich bekam es wieder in die richtige Spur, zur Begeisterung aller Zuhörer. Ich hätte nie gedacht, dass sich eine derartige Menschenansammlung so total diszipliniert benehmen könnte. Diese Ruhe und eine gewisse Spannung wurde tatsächlich durch nichts gestört. So blieb es bis zu meiner letzten Buchlesung. Alles, was ich las oder erzählte, interessierte die Zuhörer unbedingt, weil es ihr Leben und auch ihre Erinnerungen waren. Eine gute Buchlesung zeichnet sich dadurch aus, wenn außer dem Autor niemand sonst spricht, egal ob die Veranstaltung in einem gefüllten Saal, oder in einem normalen Raum stattfindet.

*Hannalore Gewalt mit Ihrem Ehemann zur Buchvorstellung am 27. September 2007 in Herbsleben. Die Autorin völlig verändert wegen einer Erkrankung.*
*Foto: Harald Rockstuhl*

Ganz sicher organisiert ein Schriftsteller seine Lesungen sehr viel professioneller, als ich es als kleine Autorin tat. Wir lachten oft und weinten gelegentlich zusammen, es entwickelte sich in jedem Fall immer als ein wunderbares Erlebnis, bis auf etwa fünf Ausnahmen. Es war einfach eine Lust, dabei gewesen zu sein, und ich glaube nicht zu übertreiben, wenn ich sage, dass wir als Fremde zusammenkamen und nach zwei bis drei Stunden fast zu Freunden geworden sind.
Mein Mann und ich knapsten uns die Zeit von unserer Haus- und Gartenarbeit ab. Durch meine diversen Erkrankungen hätte ich diese Zeit eigentlich für mein Arbeitspensum zu Hause benötigt, weil viele Arbeiten schon gar nicht mehr möglich waren, oder nur sehr langsam vorangingen. Aber meine eingebrachte Zeit war bei den Lesungen mehr als gut investiert, für mich war es jedes Mal ein Festakt. Soweit ich wusste, hatte kein Thüringer Autor die Zeit des Krieges, und vor allem die danach, so allumfassend festgehalten. Es sollte in den Köpfen der Menschen hängen bleiben, mit wie viel Kraft und selbstlosem Engagement jeder einzelne Überlebende seinen Einsatz für den Neuaufbau organisierte. In unzähligen Werken hielt man die Leistungen von Politikern, Wissenschaftlern, Kirchenleuten, Künstlern und sogenannten, oder aber auch tatsächlichen Helden, fest.

Allerdings war zu bedenken, dass die Bauern, Landarbeiter und einfachen Gehilfen vom Lande, die zwar in der Lage waren, eine ganze Nation zu ernähren und am Leben zu halten, ansonsten aber in punkto Anerkennung, oder gar Ehrung, völlig leer ausgingen. Das wollte ich unbedingt ändern, denn ich hatte es bei den Eltern, und auch am eigenen Leibe erfahren, wie unsagbar schwer damals das tägliche Brot zu verdienen war. Fast alle Arbeiten waren manuell zu erledigen, nur mit der Hände Kraft und des Körpers Ausdauervermögen. Diese Handarbeit war eine angemessene Ehrung wert.
Nach etwas 170 Lesungen, in vielen Gegenden des Thüringer Landes, war mein Nervenkostüm durch die enormen Belastungen total ruiniert. Weil ich ständig durch ein Stichwort, oder auch zwischen den Zeilen lesend, an meine lieblose Kindheit innerhalb unserer Familie erinnert wurde. Schmerzhafte Narben hinterließen diese Querelen auf meiner Seele, sie wurde zerschunden und wird es ganz sicher ewig bleiben.
Oft schaffte ich es, den drückenden Kloß im Hals hinunter zu würgen, allerdings trat dieser unangenehme Zustand in steter Regelmäßigkeit immer wieder auf. Ich fürchtete mich ziemlich davor, denn wenn das ständige Kneifen in den Oberschenkel einmal nicht mehr helfen könnte, hätte ich wahrlich schlechte Karten. Aber noch hinterließ das verzweifelte Kneifen blaue Flecken, und der Schmerz drängte die Tränen wieder zurück.
Der Gemeindepfarrer eines kleinen Dörfchens nahe der Stadt Erfurt, lud mich kurz vor Weihnachten zu einer Buchlesung ein. In jener Kirchgemeinde war der Kirchturm abgebrannt. Durch das vorbildliche Engagement der Gemeindeglieder, und dem finanziellen Zuschuss der amtlichen Stellen, gab es einen neuen Turm samt erneuerter Kirche. Der Herr Pfarrer hielt eine zu Herzen gehende Andacht, anlässlich des nahen Weihnachtsfestes, und der feierlichen Einstimmung auf die Buchlesung. Bereits im Kirchenraum verspürte ich eine starke Ergriffenheit, so dass ich all meine Kraft aufbieten musste, um die Beherrschung zu behalten. Der Raum, in welchem die Lesung stattfinden sollte, war sehr feierlich ausgestattet. Die vielen brennenden Kerzen lösten eine aufwühlende Ergriffenheit bei mir aus. Zum allerersten Male hatte ich gegen meine eingefahrenen Gewohnheiten einen Notizzettel geschrieben. Ich freute mich so sehr auf diesen Nachmittag, und es sollte alles kontinuierlich ablaufen, von meiner Seite aus nicht zum kleinsten Hänger kommen. Sehr weit kam ich allerdings nicht mit meiner Beherrschung. Schon nach etwa 15 Minuten erinnerte ich mich durch ein einziges Stichwort innerhalb eines Gedichtes an die traurigste Weihnachtszeit, die ich als fünfjähriges Mädchen erfahren musste.

*Wie hier in Herbsleben am 27. September 2007 war Hannalore Gewalt bei über 170 Buchlesungen in ganz Thüringen zu Gast. Foto: Harald Rockstuhl*

Ich spürte plötzlich, es ist aus! Es war mir nicht möglich, den Kopf zu heben und zu meinen Zuhörern zu sehen. Hinter meinem Taschentuch versteckt, brachte ich gerade noch ein „Entschuldigung bitte!“ heraus. Beim Vorübergehen an den Tischen hörte ich sehr viele Taschentücher in Aktion. Es war nicht bloß ein einfaches Weinen, mir kam es vor, als würde in mir alles zusammenbrechen. Nicht einmal mit meinem Mann konnte ich über diesen Quasi-Zusammenbruch sprechen. Die gesamte Rücktour, und die ganze Nacht hindurch, kamen unzählige Bilder meiner schlimmen und lieblosen Kindheit zurück. Dies alles war für mich schwer zu verkraften, wieder dieses verfluchte Selbstmitleid!

Am anderen Morgen rief ich den Herrn Pfarrer an, um mich nochmals gebührend zu entschuldigen. Und wider Erwarten kam mir der Gemeindepfarrer sehr verständnisvoll entgegen. Er erzählte mir, dass mein Weinkrampf alle Anwesenden gerührt hatte, nachdem ich mit meinem Mann gegangen war, brachen sich alle Tränen bei den Zuhörern Bahn. Es kam eine Diskussion in Gang, die wohl ihresgleichen suchte. Traurige Begebenheiten, Brüderlichkeit, gemeinsam überstandene Trauer, allesamt gerade in der Weihnachtszeit aufkommende Gründe für Tränen. Alle Anwesenden hatten begriffen, dass zu Weihnachten nicht immer nur fröhlich

gefeiert wird. Sehr traurig, nachdenklich und ergriffen können die Menschen sein, und auch das gehört zu Weihnachten. Gerade diese Weihnachtszeit ist die Zeit der empfindlichen Seelen.
Auf jeden Fall beruhigte mich das Gespräch mit dem Herrn Pfarrer etwas. Zwar wurde durch meinen Weinkrampf die gemeinsame Feier in ihrer Ursprünglichkeit gesprengt, aber wenn dadurch menschliche Gefühle berührt wurden, dann war es auf keinen Fall umsonst. Nach der Einschätzung des Herrn Pfarrer war es das ehrlichste, berührendste und feierlichste Zusammentreffen in der Weihnachtszeit. Nach diesem Zwischenfall sagte ich alle zukünftigen Lesungen ab. Bis auf den heutigen Tag werden immer noch Lesungen gefragt, und ich würde so liebend gerne zusagen! Es war für mich, bis auf wenige Ausnahmen, immer ein ganz besonderes Erlebnis, das ich eigentlich jedem Menschen wünschen würde, weil es unser Selbstbewusstsein stärkt.

Was in meinen Kräften stand, habe ich getan, aber ich werde nicht jünger und schon gar nicht gesünder.

Ich habe versucht, den Bauern und den Landarbeitern ein Denkmal zu setzen, weil sie es mehr als verdienten!

*Meine Lehrzeit im Forstrevier Bad Berka.*
*Foto: Familienalbum Gewalt*

## Der Drang zu schreiben

Festhalten wollt' ich schwarz auf weiß,
was der Erinnerung entflieht.
Nicht gleich gelang es auf Geheiß,
doch hab' auf's Beste mich bemüht.
Fünf Bücher stehen im Regal,
wer darf schon solches Glück erleben?
Vergebens war's auf keinen Fall,
das hat die Fanpost längst ergeben.
Es war mir wert, dafür zu leben,
mein Traum, der in Erfüllung ging.
Es war mir wert, danach zu streben,
wenn auch mein Traum noch so hoch hing!

*Hannalore Gewalt beim Schreiben am Tisch Ihres Wohnzimmers 2013.*
*Foto: Harald Rockstuhl*

# Neues Jahr!

Neues Jahr, ich grüße dich!
Komm, nimm mich unter deine Flügel!
Sei mein Freund und führe mich,
mit festem, auch mit losem Zügel.
Nähr' mich, wenn ich hungrig bin,
lösch' meinen Durst zur rechten Zeit,
bette mich zum Abend hin,
und sei mein Licht bei Dunkelheit!
Ich will dir folgen durch die Weiten,
dir Freund sein und mich selbstlos geben.
Viel' Freude möcht' ich dir bereiten,
schenk' mir dafür ein Jahr voll Leben!

*Gut gelaunt auf dem Weg zum Kartoffelfeld.*
*Mein Bruder Hans, Vater, Tante Marianne, Inge Kettenbeil*
*sowie Hannalore Gewalt – 1953. Familienalbum Gewalt*